广视角 · 全方位 · 多品种

权威 · 前沿 · 原创

皮书系列为
“十二五”国家重点图书出版规划项目

U0886324

宏观经济蓝皮书

中国经济增长报告(2012~2013)（赠阅读卡）

张　平　刘霞辉 / 主编　　2013 年 7 月出版　　估价 :69.00 元

◆　本书由中国社会科学院经济研究所组织编写，独创了中国各省（区、市）发展前景评价体系，通过产出效率、经济结构、经济稳定、产出消耗、增长潜力等近 60 个指标对中国各省（区、市）发展前景进行客观评价，并就“十二五”时期中国经济面临的主要问题进行全面分析。

经济蓝皮书春季号

中国经济前景分析——2013 年春季报告（赠阅读卡）

陈佳贵　李　扬 / 主编　　2013 年 5 月出版　　估价：59.00 元

◆　本书是经济蓝皮书的姊妹篇，是中国社会科学院“中国经济形势分析与预测”课题组推出的又一重磅作品，在模型模拟与实证分析的基础上，从我国面临的国内外环境入手，对 2013 年春季及全年经济全局及工业、农业、财政、金融、外贸、就业等热点问题进行多角度考察与研究，并提出政策建议，具有较强的实用性、科学性和前瞻性。

就业蓝皮书

2013 年中国大学生就业报告（赠阅读卡）

麦可思研究院 / 主编　王伯庆 / 主审　2013 年 6 月出版　估价 :98.00 元

◆　大学生就业是社会关注的热点和难点，本书是在麦可思研究院“中国 2010 届大学毕业生求职与工作能力调查”数据的基础上，由麦可思公司与西南财经大学共同完成的 2013 年度大学毕业生就业及重点产业人才分析报告。

国际城市蓝皮书

国际城市发展报告(2013)（赠阅读卡）

屠启宇 / 主编　　2013 年 1 月出版　　估价 :69.00 元

◆　国际城市蓝皮书是由上海社会科学院城市与区域研究中心主办、世界经济研究所国际政治经济学研究室协办的关于国际城市发展动态的年度报告，力求为中国城市发展的决策者、操作者、研究者和关注者把握与借鉴国际城市发展动态、规律和实践，提供及时、全面、权威的解读。

社会政法类

社会政法类皮书聚焦社会发展领域的热点、难点问题，
提供权威、原创的资讯与视点

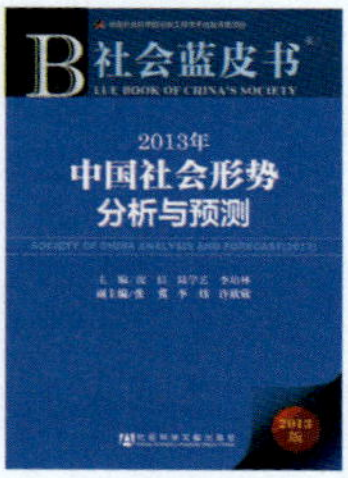

社会蓝皮书

2013 年中国社会形势分析与预测（赠阅读卡）

汝　信　陆学艺　李培林 / 主编　2012 年 12 月出版　估价：59.00 元

◆　本书为中国社会科学院核心学术品牌之一，荟萃中国社会科学院等众多学术单位的原创成果。本年度报告结合中共“十八大”会议精神，深入探讨中国迈向更加公平、公正的全面小康社会的路径。

法治蓝皮书

中国法治发展报告 No.11(2013)（赠阅读卡）

李　林 / 主编　2013 年 3 月出版　估价 :85.00 元

◆　本书是中国社会科学院法学研究所精心打造的年度报告。在多篇法治国情调研报告中，着力分析中国在立法、依法行政、预防与惩治腐败等方面的进展，并提出原创性箴言。

教育蓝皮书

中国教育发展报告 (2013)（赠阅读卡）

杨东平 / 主编　2013 年 3 月出版　估价：59.00 元

◆　本书由著名教育学家杨东平担任主编，直面当前教育改革中出现的教育公平、高校教育结构调整、义务教育均衡发展、学校布局调整与校车系统建设等热点、难点问题，提供极具价值的学者建言。

社会建设蓝皮书

2013 年北京社会建设分析报告（赠阅读卡）

陆学艺　唐　军　张　荆 / 主编　2013 年 5 月出版　估价 :69.00 元

◆　本书由著名社会学家陆学艺领衔主编，依据社会学理论框架和分析方法，对北京市的人口、就业、分配、社会阶层以及城乡关系等社会学基本问题进行了广泛调研与分析，对广受社会关注的住房、教育、医疗、养老、交通等社会热点问题做了深刻了解与剖析，对日益显现的征地搬迁、外籍人口管理、群体性心理障碍等进行了有益探讨。

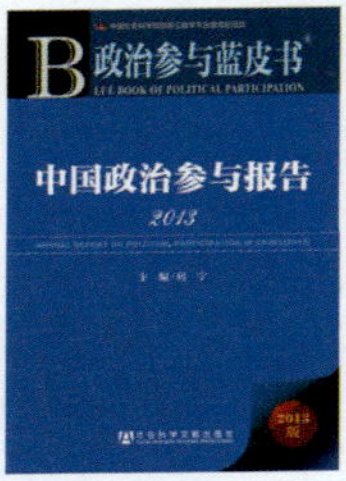

政治参与蓝皮书

中国政治参与报告 (2013)（赠阅读卡）

房　宁 / 主编　2013 年 7 月出版　估价：58.00 元

◆　本书是国内第一本运用社会科学数据对“中国公民政策参考”进行持续研究的年度报告，依据全国性问卷调查数据，对中国公民的政策参与客观状况和政策参与主观状况作了总体说明，并对不同性别、不同年龄、不同学历、不同政治面貌、不同职业、不同区域、不同收入的公民群体的政策参与客观状况和主观状况作了具体说明。

社会心态蓝皮书

中国社会心态研究报告 (2012~2013)（赠阅读卡）

王俊秀　杨宜音 / 主编　　2012 年 12 月出版　　估价 :59.00 元

◆　本书由中国社会科学院社会学研究所社会心理研究中心编撰，从社会感受、价值观念、行为倾向等方面对于生活压力感、社会支持感、经济变动感受、微博使用行为、心理危机干预等问题，用社会心理学、社会学、经济学、传播学等多种学科的方法角度进行了调查和研究，深入揭示了我国社会心态状况。

城乡统筹蓝皮书

中国城乡统筹发展报告 (2013)（赠阅读卡）

程志强　潘晨光 / 主编　　2013 年 3 月出版　　估价 :59.00 元

◆　全书客观地总结了各地城乡统筹发展进程中的经验，详细论述了统筹城乡经济社会发展的理论基础，从多个角度对新时期加快我国城乡统筹发展进程进行了深入的研究与探讨。

环境绿皮书

中国环境发展报告 (2013)（赠阅读卡）

杨东平 / 主编　　2013 年 4 月出版　　估价 :69.00 元

◆　本书由民间环保组织“自然之友”组织编写，由特别关注、生态保护、宜居城市、可持续消费以及政策与治理等版块构成，以公共利益的视角记录、审视和思考中国环境状况，呈现 2013 年中国环境与可持续发展领域的全局态势，用深刻的思考、科学的数据分析 2012 年的环境热点事件。

环境竞争力绿皮书

中国省域环境竞争力发展报告(2010 ~ 2012)（赠阅读卡）

李建平　李闽榕　王金南 / 主编　　2013 年 3 月出版　　估价 :148.00 元

◆　本报告融马克思主义经济学、环境科学、生态学、统计学、计量经济学和人文地理学等理论和方法为一体，充分运用数理分析、空间分析以及规范分析与实证分析相结合的方法，构建了比较科学完善、符合中国国情的环境竞争力指标评价体系，对中国内地 31 个省级区域的环境竞争力进行全面、深入的比较分析和评价。

反腐倡廉蓝皮书

中国反腐倡廉建设报告 No.3（赠阅读卡）

李秋芳 / 主编　　2013 年 8 月出版　　估价：59.00 元

◆　本书从“惩治与专项治理、多主体综合监督、公共权力规制、公共资金资源资产监管、公职人员诚信管理、社会廉洁文化建设”六个方面对全国反腐倡廉建设进程与效果进行了综述，结合实地调研和问卷调查，反映了社会公众关注的难点焦点问题，并从理念和举措上提出建议。

行 业 报 告 类

行业报告类皮书立足重点行业、新兴行业领域，
提供及时、前瞻的数据与信息

金融蓝皮书

中国金融发展报告 (2013)（赠阅读卡）

李　扬　王国刚 / 主编　2012 年 12 月出版　　估价：59.00 元

◆　本书由中国社会科学院金融研究所主编，对 2012 年中国金融业总体发展状况进行回顾和分析，聚焦国际及国内金融形势的新变化，解析中国货币政策、银行业、保险业和证券期货业的发展状况，预测中国金融发展的最新动态，包括投资基金、保险业发展和金融监管等。

房地产蓝皮书

中国房地产发展报告 No.10（赠阅读卡）

潘家华　李景国 / 主编　　2013 年 5 月出版　　估价 :69.00 元

◆　本书由中国社会科学院城市发展与环境研究所组织编写，秉承客观公正、科学中立的原则，深度解析 2012 年中国房地产发展的形势和存在的主要矛盾，并预测 2013 年中国房价走势及房地产市场发展大势。观点精辟，数据翔实，对关注房地产市场的各阶层人士极具参考价值。

住房绿皮书

中国住房发展报告 (2012~2013)（赠阅读卡）

倪鹏飞 / 主编　　2012 年 12 月出版　　估价 :69.00 元

◆　本书从宏观背景、市场体系和公共政策等方面，对中国住房市场作全面系统的分析、预测与评价。在评述 2012 年住房市场走势的基础上，预测 2013 年中国住房市场的发展变化；通过构建中国住房指数体系，量化评估住房市场各关键领域的发展状况；剖析中国住房市场发展所面临的主要问题与挑战，并给出政策建议。

旅游绿皮书

2013 年中国旅游发展分析与预测（赠阅读卡）

张广瑞　刘德谦　宋　瑞 / 主编　2013 年 5 月出版　估价 :69.00 元

◆　本书由中国社会科学院旅游研究中心组织编写，从 2012 年国内外发展环境入手，深度剖析 20112 年我国旅游业的跌宕起伏以及背后错综复杂的影响因素，聚焦旅游相关行业的运行特征以及相关政策实施，对旅游发展的热点问题给出颇具见地的分析，并提出促进我国旅游业发展的对策建议。

产业蓝皮书

中国产业竞争力报告 (2013) No.3（赠阅读卡）

张其仔 / 主编　2013 年 12 月出版　估价 :79.00 元

◆　本书对中国产业竞争力的最新变化进行了系统分析，对 2012 年中国产业竞争力的走势进行了展望，对各省、56 个地区和 44 个园区的产业国际竞争力进行了评估，是了解中国产业竞争力、各地产业竞争力最新变化的支撑平台。

能源蓝皮书

中国能源发展报告 (2013)（赠阅读卡）

崔民选 / 主编　2013 年 7 月出版　估价 :79.00 元

◆　本书结合中国经济面临转型的新形势，着眼于构建安全稳定、经济清洁的现代能源产业体系，盘点 2012 年中国能源行业的运行和发展走势，对 2012 年我国能源产业和各行业的运行特征、热点问题进行了深度剖析，并提出了未来趋势预测和对策建议。

文化传媒类

文化传媒类皮书透视文化领域、文化产业，
探索文化大繁荣、大发展的路径

文化蓝皮书

中国文化产业发展报告(2012~2013)（赠阅读卡）

张晓明　胡惠林　章建刚 / 主编　2013 年 1 月出版　估价 :59.00 元

◆　本书是由中国社会科学院文化研究中心和文化部、上海交通大学共同编写的第 10 本中国文化产业年度报告。 内容涵盖了我国文化产业分析及政策分析，既有对 2012 年文化产业发展形势的评估，又有对 2013 年发展趋势的预测；既有对全国文化产业宏观形势的评估，又有对文化产业内各行业的权威年度报告。

传媒蓝皮书

2013 年：中国传媒产业发展报告（赠阅读卡）

崔保国 / 主编　　2013 年 4 月出版　　估价 :69.00 元

◆　本书云集了清华大学、人民大学等众多权威机构的知名学者，对 2012 年中国传媒产业发展进行全面分析。剖析传统媒体转型过程中，中国传媒界的思索与实践；立足全球传媒产业发展现状，探索我国传媒产业向支柱产业发展面临的路径；并为提升国际传播能力提供前瞻性研究与观点。

新媒体蓝皮书

中国新媒体发展报告 No.4(2013)（赠阅读卡）

尹韵公 / 主编　　2013 年 5 月出版　　估价 :69.00 元

◆　本书由中国社会科学院新闻与传播研究所和上海大学合作编写，在构建新媒体发展研究基本框架的基础上，全面梳理 2012 年中国新媒体发展现状，发表最前沿的网络媒体深度调查数据和研究成果，并对新媒体发展的未来趋势做出预测。

国别与地区类

国别与地区类皮书关注全球重点国家与地区，
提供全面、独特的解读与研究

国际形势黄皮书

全球政治与安全报告 (2013)（赠阅读卡）

李慎明　张宇燕 / 主编　　2012 年 12 月出版　　估价 :59.00 元

◆　本书是由中国社会科学院世界经济与政治研究所精心打造的又一品牌皮书，关注时下国际关系发展动向里隐藏的中长期趋势，剖析全球政治与安全格局下的国际形势最新动向以及国际关系发展的热点问题，并对 2013 年国际社会重大动态作出前瞻性的分析与预测。

美国蓝皮书

美国问题研究报告 (2013)（赠阅读卡）

黄　平　倪　峰 / 主编　　2013 年 6 月出版　　估价 :69.00 元

◆　本书由中华美国学会和中国社会科学院美国研究所组织编写，从美国内政、外交、中美关系等角度系统论述 2013 年美国政治经济发展情况，既有对美国当今实力、地位的宏观分析，也有对美国近年来内政、外交政策的微观考察，对观察和研究美国及中美关系具有较强的参考作用。

欧洲蓝皮书

欧洲发展报告 (2012~2013)（赠阅读卡）

周　弘 / 主编　　2013 年 3 月出版　　估价 :79.00 元

◆　欧洲长期积累的财政和债务问题，终于在世界金融危机的冲击下转变成主权债务危机。在采取紧急应对危机举措的同时，欧盟还提出一系列经济治理方案。正当欧盟内部为保卫欧元而苦苦奋战之时，欧盟却在对外战线上成功地完成对利比亚的一场战争。关注欧洲蓝皮书，关注欧盟局势。

地方发展类

地方发展类皮书关注大陆各省份、经济区域，
提供科学、多元的预判与咨政信息

北京蓝皮书

北京经济发展报告 (2012~2013)（赠阅读卡）

赵　弘 / 主编　　2013 年 5 月出版　估价：59.00 元

◆　本书是北京蓝皮书系列之一种，研创团队北京市社会科学院紧紧围绕北京市年度经济社会发展的目标，突出对北京市经济社会发展中全局性、战略性、倾向性的重点、热点、难点问题进行分析和预测的综合研究成果。

北京蓝皮书

北京社会发展报告 (2012~2013)（赠阅读卡）

戴建中 / 主编　　2013 年 6 月出版　估价：59.00 元

◆　本书是北京蓝皮书系列之一种，研创团队以北京市社会科学院研究人员为主，同时邀请北京市党政机关和大学的专家学者参加。本书为北京市政策制定和执行提供了依据和思路，为了解中国首都的社会现状贡献了丰富的资料和解读，具有一定的影响力，因持续追踪社会热点问题而引起广泛的关注。

上海蓝皮书

上海经济发展报告 (2013)（赠阅读卡）

沈开艳 / 主编　　2013 年 1 月出版　　估价 :59.00 元

◆　本书是上海蓝皮书系列之一种，围绕上海如何实现经济转型问题展开，通过对复苏缓慢的国际经济大环境、趋于紧缩的国内宏观经济背景的深入分析，认为上海迫切需要解决而又密切相关的现实问题是“增长动力转型”与“产业发展转型”两大核心。

上海蓝皮书

上海社会发展报告 (2013)（赠阅读卡）

卢汉龙　周海旺 / 主编　2013 年 1 月出版　估价：59.00 元

◆　本书是上海蓝皮书系列之一种，围绕机制创新、社会政策、社会组织等方面，对上海近年来的社会热点问题进行了调研，在总结现有状况及成因的基础上，提出了一些建议与对策，关注了上海的主要社会问题，可为决策层制订相关政策提供借鉴。

河南蓝皮书

河南经济发展报告 (2013)（赠阅读卡）

喻新安 / 主编　2013 年 1 月出版　估价：59.00 元

◆　本书是河南蓝皮书系列之一种，由河南省社会科学院主持编撰，以中原经济区“三化”协调科学发展为主题，深入全面地分析了当前河南经济发展的主要特点以及 2012 年的走势，全方位、多角度研究和探讨了河南探索“三化”协调发展的举措及成效，并对河南积极构建中原经济区建设提出了对策建议。

甘肃蓝皮书

甘肃省经济发展分析与预测 (2013)（赠阅读卡）

朱智文　罗　哲 / 主编　2012 年 12 月出版　估价：69.00 元

◆　本书是甘肃蓝皮书系列之一种，近年来甘肃经济社会发展的年度综合性研究成果之一，是对不同时期甘肃省实现区域创新和改革开放的年度总结。全书以特有的方式将经济运行情况、预测分析、政策建议三者结合起来，在科学分析经济发展形势的基础上为甘肃未来经济发展做出了科学预测及提出政策建议。

经济类

城市竞争力蓝皮书
中国城市竞争力报告No.11
著(编)者:倪鹏飞　2013年5月出版 / 估价:69.00元

城市蓝皮书
中国城市发展报告NO.6
著(编)者:潘家华　魏后凯　2013年8月出版 / 估价:59.00元

城乡一体化蓝皮书
中国城乡一体化发展报告(2013)
著(编)者:汝　信　付崇兰　2013年8月出版 / 估价:59.00元

低碳发展蓝皮书
中国低碳发展报告(2012~2013)
著(编)者:齐　晔　2013年7月出版 / 估价:69.00元

低碳经济蓝皮书
中国低碳经济发展报告(2013)
著(编)者:薛进军　赵忠秀　2013年7月出版 / 估价:98.00元

东北蓝皮书
中国东北地区发展报告(2013)
著(编)者:张新颖　2013年8月出版 / 估价:79.00元

发展和改革蓝皮书
中国经济发展和体制改革报告No.6
著(编)者:邹东涛　2013年7月出版 / 估价:75.00元

国际城市蓝皮书
国际城市发展报告(2013)
著(编)者:屠启宇　2013年1月出版 / 估价:69.00元

国家竞争力蓝皮书
中国国家竞争力报告No.2
著(编)者:倪鹏飞　2013年4月出版 / 估价:69.00元

宏观经济蓝皮书
中国经济增长报告(2012~2013)
著(编)者:张　平　刘霞辉　2013年7月出版 / 估价:69.00元

减贫蓝皮书
中国减贫与社会发展报告
著(编)者:黄承伟　2013年7月出版 / 估价:59.00元

金融蓝皮书
中国金融发展报告(2013)
著(编)者:李　扬　王国刚　2012年12月出版 / 估价:59.00元

经济蓝皮书
2013年中国经济形势分析与预测
著(编)者:陈佳贵　李　扬　2012年12月出版 / 估价:59.00元

经济蓝皮书春季号
中国经济前景分析——2013年春季报告
著(编)者:陈佳贵　李　扬　2013年5月出版 / 估价:59.00元

经济信息绿皮书
中国与世界经济发展报告(2013)
著(编)者:王长胜　2012年12月出版 / 估价:69.00元

就业蓝皮书
2013年中国大学生就业报告
著(编)者:麦可思研究院　王伯庆　2013年6月出版 / 估价:98.00元

民营经济蓝皮书
中国民营经济发展报告No.10（2012～2013）
著(编)者:黄孟复　2013年9月出版 / 估价:69.00元

农村绿皮书
中国农村经济形势分析与预测(2012~2013)
著(编)者:中国社会科学院农村发展研究所
国家统计局农村社会经济调查司
2013年4月出版 / 估价:59.00元

企业公民蓝皮书
中国企业公民报告NO.3
著(编)者:邹东涛　2013年7月出版 / 估价:59.00元

企业社会责任蓝皮书
中国企业社会责任研究报告(2013)
著(编)者:陈佳贵　黄群慧　彭华岗　钟宏武
2012年11月出版 / 估价:59.00元

区域蓝皮书
中国区域经济发展报告(2012~2013)
著(编)者:戚本超　景体华　2013年4月出版 / 估价:69.00元

人口与劳动绿皮书
中国人口与劳动问题报告No.14
著(编)者:蔡　昉　2013年6月出版 / 估价:69.00元

生态城市绿皮书
中国生态城市建设发展报告(2013)
著(编)者:李景源　孙伟平　刘举科　2013年3月出版 / 估价:128.00元

西北蓝皮书
中国西北发展报告(2013)
著(编)者:杨尚勤 石　英 王建康　2013年3月出版 / 估价:65.00元

西部蓝皮书
中国西部发展报告(2013)
著(编)者:姚慧琴　徐璋勇　2013年7月出版 / 估价:69.00元

长三角蓝皮书
全球格局变化中的长三角
著(编)者:王　战　2013年6月出版 / 估价:69.00元

中部竞争力蓝皮书
中国中部经济社会竞争力报告(2013)
著(编)者:教育部人文社会科学重点研究基地
南昌大学中国中部经济社会发展研究中心
2013年10月出版 / 估价:59.00元

中部蓝皮书
中国中部地区发展报告（2013~2014）
著(编)者:喻新安　2013年10月出版 / 估价:59.00元

中国省域竞争力蓝皮书
中国省域经济综合竞争力发展报告(2012~2013)
著(编)者:李建平　李闽榕　高燕京
2013年3月出版 / 估价:198.00元

中小城市绿皮书
中国中小城市发展报告(2013)
著(编)者:中国城市经济学会中小城市经济发展委员会
《中国中小城市发展报告》编纂委员会
2013年8月出版 / 估价:98.00元

珠三角流通蓝皮书
珠三角流通业发展报告(2013)
著(编)者:王先庆　林至颖　2013年8月出版 / 估价:69.00元

社会政法类

殡葬绿皮书
中国殡葬事业发展报告(2013)
著(编)者:朱　勇　李伯森　2013年3月出版 / 估价: 59.00元

城市生活质量蓝皮书
中国城市生活质量指数报告(2013)
著(编)者:张　平　2013年7月出版 / 估价:59.00元

城乡统筹蓝皮书
中国城乡统筹发展报告(2013)
著(编)者:程志强、潘晨光　2013年3月出版 / 估价:59.00元

创新蓝皮书
创新型国家建设报告(2012~2013)
著(编)者:詹正茂 2013年7月出版 / 估价: 69.00元

慈善蓝皮书
中国慈善发展报告(2013)
著(编)者:杨　团　2013年7月出版 / 估价:69.00元

法治蓝皮书
中国法治发展报告No.11(2013)
著(编)者:李　林　2013年3月出版 / 估价:85.00元

反腐倡廉蓝皮书
中国反腐倡廉建设报告No.3
著(编)者:李秋芳　2013年8月出版 / 估价:59.00元

非传统安全蓝皮书
中国非传统安全研究报告(2012~2013)
著(编)者:余潇枫　2013年7月出版 / 估价:69.00元

妇女发展蓝皮书
福建省妇女发展报告(2013)
著(编)者:刘群英　2013年10月出版 / 估价:58.00元

妇女发展蓝皮书
中国妇女发展报告No.5
著(编)者:王金玲　高小贤　2013年5月出版 / 估价:65.00元

妇女教育蓝皮书
中国妇女教育发展报告No.3
著(编)者:张李玺　2013年10月出版 / 估价:69.00元

公共服务蓝皮书
中国城市基本公共服务力评价(2012~2013)
著(编)者:侯惠勤　辛向阳　易定宏　出版 / 估价:55.00元

公益蓝皮书
中国公益发展报告(2013)
著(编)者:朱健刚　2013年5月出版 / 估价:78.00元

国际人才蓝皮书
中国海归创业发展报告(2013)No.2
著(编)者:王辉耀　路江涌　2013年6月出版 / 估价:69.00元

国际人才蓝皮书
中国留学发展报告(2013) No.2
著(编)者:王辉耀　2013年8月出版 / 估价:59.00元

行政改革蓝皮书
中国行政体制改革报告(2013)No.3
著(编)者:魏礼群　2013年3月出版 / 估价:69.00元

华侨华人蓝皮书
华侨华人研究报告(2013)
著(编)者:丘　进　2013年5月出版 / 估价:128.00元

环境竞争力绿皮书
中国省域环境竞争力发展报告(2010~2012)
著(编)者:李建平　李闽榕　王金南
2013年3月出版 / 估价:148.00元

环境绿皮书
中国环境发展报告(2013)
著(编)者:杨东平　2013年4月出版 / 估价:69.00元

教师蓝皮书
中国中小学教师发展报告(2013)
著(编)者:曾晓东　2013年3月出版 / 估价:59.00元

教育蓝皮书
中国教育发展报告(2013)
著(编)者:杨东平　2013年2月出版 / 估价:59.00元

金融监管蓝皮书
中国金融监管报告2013
著(编)者:胡　滨　2013年5月出版 / 估价:59.00元

科普蓝皮书
中国科普基础设施发展报告(2013)
著(编)者:任福君　2013年4月出版 / 估价:79.00元

口腔健康蓝皮书
中国口腔健康发展报告(2013)
著(编)者:胡德渝　2013年12月出版 / 估价:59.00元

老龄蓝皮书
中国老龄事业发展报告(2013)
著(编)者:吴玉韶　2013年4月出版 / 估价:59.00元

民间组织蓝皮书
中国民间组织报告(2012~2013)
著(编)者:黄晓勇　2013年4月出版 / 估价:69.00元

民族蓝皮书
中国民族区域自治发展报告(2013)
著(编)者:郝时远　2013年7月出版 / 估价:98.00元

女性生活蓝皮书
中国女性生活状况报告No.7(2013)
著(编)者:韩湘景　2013年10月出版 / 估价:78.00元

气候变化绿皮书
应对气候变化报告(2013)
著(编)者:王伟光　郑国光　2013年11月出版 / 估价:59.00元

汽车社会蓝皮书
中国汽车社会发展报告(2013)
著(编)者:王俊秀　2013年6月出版 / 估价:59.00元

青少年蓝皮书
中国未成年人新媒体运用报告(2012~2013)
著(编)者:李文革　沈　杰　季为民
2013年7月出版 / 估价:69.00元

人才竞争力蓝皮书
中国区域人才竞争力报告(2013)
著(编)者:桂昭明　王辉耀　2013年2月出版 / 估价:69.00元

人才蓝皮书
中国人才发展报告(2013)
著(编)者:潘晨光　2013年8月出版 / 估价:79.00元

人权蓝皮书
中国人权事业发展报告No.3(2013)
著(编)者:李君如　2013年11月出版 / 估价:98.00元

社会保障绿皮书
中国社会保障发展报告(2013)No.6
著(编)者:王延中　2013年4月出版 / 估价:69.00元

社会工作蓝皮书
中国社会工作发展报告(2012~2013)
著(编)者:蒋昆生　戚学森　2013年7月出版 / 估价:59.00元

社会管理蓝皮书
中国社会管理创新报告No.2
著(编)者:连玉明　2013年9月出版 / 估价:79.00元

社会建设蓝皮书
2013年北京社会建设分析报告
著(编)者:陆学艺　唐　军　张　荆
2013年5月出版 / 估价:69.00元

社会科学蓝皮书
中国社会科学学术前沿(2012~2013)
著(编)者:高　翔　2013年9月出版 / 估价:69.00元

社会蓝皮书
2013年中国社会形势分析与预测
著(编)者:汝　信　陆学艺　李培林
2012年12月出版 / 估价:59.00元

社会心态蓝皮书
中国社会心态研究报告(2012~2013)
著(编)者:王俊秀　杨宜音　2012年12出版 / 估价:59.00元

生态文明绿皮书
中国省域生态文明建设评价报告(2013)
著(编)者:严　耕　2013年10月出版 / 估价:98.00元

食品药品蓝皮书
食品药品安全与监管政策研究报告(2013)
著(编)者:唐民皓　2013年6月出版 / 估价:69.00元

世界创新竞争力黄皮书
世界创新竞争力发展报告(2012~2013)
著(编)者:李建平　李闽榕　赵新力
2013年11月出版 / 估价:79.00元

世界社会主义黄皮书
世界社会主义跟踪研究报告(2012~2013)
著(编)者:李慎明　2013年3月出版 / 估价:99.00元

危机管理蓝皮书
中国危机管理报告(2013)
著(编)者:文学国　范正青　2013年12月出版 / 估价:79.00元

小康蓝皮书
中国全面建设小康社会监测报告(2013)
著(编)者:潘　璠　2013年11月出版 / 估价:59.00元

形象危机应对蓝皮书
形象危机应对研究报告(2013)
著(编)者:唐　钧　2013年9月出版 / 估价:118.00元

舆情蓝皮书
中国社会舆情与危机管理报告(2013)
著(编)者:谢耘耕　2013年8月出版 / 估价:78.00元

政治参与蓝皮书
中国政治参与报告(2013)
著(编)者:房　宁　2013年7月出版 / 估价:58.00元

宗教蓝皮书
中国宗教报告(2013)
著(编)者:金　泽　邱永辉　2013年7月出版 / 估价:59.00元

行业报告类

保健蓝皮书
中国保健服务产业发展报告No.2
著(编)者:中国保健协会　中共中央党校
2013年7月出版 / 估价:198.00元

保健蓝皮书
中国保健食品产业发展报告No.2
著(编)者:中国保健协会
中国社会科学院食品药品产业发展与监管研究中心
2013年3月出版 / 估价:198.00元

保健蓝皮书
中国保健用品产业发展报告No.2
著(编)者:中国保健协会　2013年3月出版 / 估价:198.00元

保险蓝皮书
中国保险业竞争力报告(2013)
著(编)者:罗忠敏　2013年7月出版 / 估价:89.00元

餐饮产业蓝皮书
中国餐饮产业发展报告(2013)
著(编)者:中国烹饪协会　中国社会科学院财经战略研究院
2013年5月出版 / 估价:60.00元

测绘地理信息蓝皮书
中国地理信息产业发展报告(2013)
著(编)者:徐德明　2013年12月出版 / 估价:98.00元

茶业蓝皮书
中国茶产业发展报告 (2013)
著(编)者:李闽榕　杨江帆　2013年11月出版 / 估价:79.00元

产权市场蓝皮书
中国产权市场发展报告(2012~2013)
著(编)者:曹和平　2013年12月出版 / 估价:69.00元

产业安全蓝皮书
中国保险产业安全报告(2013)
著(编)者:李孟刚　2013年10月出版 / 估价:59.00元

产业安全蓝皮书
中国产业外资控制报告(2012~2013)
著(编)者:李孟刚　2013年10月出版 / 估价:69.00元

产业安全蓝皮书
中国金融产业安全报告(2013)
著(编)者:李孟刚　2013年10月出版 / 估价:69.00元

产业安全蓝皮书
中国轻工业发展与安全报告(2013)
著(编)者:李孟刚　2013年10月出版 / 估价:69.00元

产业安全蓝皮书
中国私募股权产业安全与发展报告(2013)
著(编)者:李孟刚　2013年10月出版 / 估价:59.00元

产业安全蓝皮书
中国新能源产业发展与安全报告(2013)
著(编)者:北京交通大学中国产业安全研究中心
2013年3月出版 / 估价:69.00元

产业安全蓝皮书
中国能源产业安全报告(2013)
著(编)者:北京交通大学中国产业安全研究中心
2013年3月出版 / 估价:69.00元

产业安全蓝皮书
中国海洋产业安全报告(2012~2013)
著(编)者:北京交通大学中国产业安全研究中心
2013年3月出版 / 估价:59.00元

产业蓝皮书
中国产业竞争力报告(2013) NO.3
著(编)者:张其仔　2013年12月出版 / 估价:79.00元

电子商务蓝皮书
中国城市电子商务影响力报告(2013)
著(编)者:荆林波　2013年5月出版 / 估价:69.00元

电子政务蓝皮书
中国电子政务发展报告(2013)
著(编)者:洪　毅　王长胜　2013年9月出版 / 估价:59.00元

杜仲产业绿皮书
中国杜仲种植与产业发展报告(2013)
著(编)者:胡文臻　杜红岩　2013年8月出版 / 估价:78.00元

房地产蓝皮书
中国房地产发展报告No.10
著(编)者:魏后凯　李景国　2013年5月出版 / 估价:69.00元

服务外包蓝皮书
中国服务外包发展报告(2012~2013)
著(编)者:王　力　刘春生　黄育华
2013年9月出版 / 估价:89.00元

工业设计蓝皮书
中国工业设计发展报告(2013)
著(编)者:王晓红　2013年7月出版 / 估价: 69.00元

会展经济蓝皮书
中国会展经济发展报告(2013)
著(编)者:过聚荣　2013年4月出版 / 估价:65.00元

会展蓝皮书
中外会展业动态评估年度报告(2013)
著(编)者:张 敏 2013年8月出版 / 估价:68.00元

基金会蓝皮书
中国基金会发展报告(2013)
著(编)者:刘忠祥 2013年7月出版 / 估价:79.00元

基金会绿皮书
中国基金会发展独立研究报告(2013)
著(编)者:基金会中心网 2013年11月出版 / 估价:49.00元

交通运输蓝皮书
中国交通运输业发展报告(2013)
著(编)者:崔民选 王军生 2013年6月出版 / 估价:69.00元

金融蓝皮书
中国金融发展报告(2013)
著(编)者:李 扬 王国刚 2012年12月出版 / 估价:59.00元

金融蓝皮书
中国金融中心发展报告(2012~2013)
著(编)者:王 力 黄育华 2013年10出版 / 估价:59.00元

金融蓝皮书
中国商业银行竞争力报告(2013)
著(编)者:王松奇 2013年10月出版 / 估价:79.00元

金融监管蓝皮书
中国金融监管发展报告(2013)
著(编)者:胡 滨 2013年5月出版 / 估价:59.00元

科学传播蓝皮书
中国科学传播报告(2013)
著(编)者:詹正茂 2013年6月出版 / 估价:69.00元

口岸生态绿皮书
中国口岸地区生态文化发展报告No.1(2013)
著(编)者:胡文臻 刘 静 2013年8月出版 / 估价:78.00元

“老字号”蓝皮书
中国“老字号”企业发展报告No.3(2013)
著(编)者:张继焦 丁惠敏 黄忠彩
2013年10月出版 / 估价:69.00元

“两化”融合蓝皮书
中国“两化”融合发展报告(2013)
著(编)者:曹淑敏 工业和信息化部电信研究院
2013年8月出版 / 估价:98.00元

流通蓝皮书
湖南省商贸流通产业发展报告No.2
著(编)者:柳思维 2013年10月出版 / 估价:75.00元

流通蓝皮书
中国商业发展报告(2012~2013)
著(编)者:荆林波 2013年4月出版 / 估价:89.00元

旅游安全蓝皮书
中国旅游安全报告(2013)
著(编)者:郑向敏 谢朝武 2013年5月出版 / 估价:78.00元

旅游绿皮书
2013年中国旅游发展分析与预测
著(编)者:张广瑞 刘德谦 宋 瑞
2013年5月出版 / 估价:69.00元

贸易蓝皮书
中国贸易发展报告(2013)
著(编)者:荆林波 2013年5月出版 / 估价:49.00元

煤炭蓝皮书
中国煤炭工业发展报告No.5(2013)
著(编)者:岳福斌 2012年12月出版 / 估价:69.00元

煤炭市场蓝皮书
中国煤炭市场发展报告(2013)
著(编)者:曲剑午 2013年8月出版 / 估价:79.00元

民营医院蓝皮书
中国民营医院发展报告(2013)
著(编)者:陈绍福 王培舟 2013年9月出版 / 估价:89.00元

闽商蓝皮书
闽商发展报告(2013)
著(编)者:李闽榕 王日根 林 琛
2013年3月出版 / 估价:69.00元

能源蓝皮书
中国能源发展报告(2013)
著(编)者:崔民选 2013年7月出版 / 估价:79.00元

农产品流通蓝皮书
中国农产品流通产业发展报告(2013)
著(编)者:贾敬敦 王炳南 张玉玺 张鹏毅 陈丽华
2013年7月出版 / 估价:98.00元

期货蓝皮书
中国期货市场发展报告(2013)
著(编)者:荆林波 2013年7月出版 / 估价:69.00元

企业蓝皮书
中国企业竞争力报告(2013)
著(编)者:金 碚 2013年11月出版 / 估价:79.00元

汽车蓝皮书
中国汽车产业发展报告(2013)
著(编)者:国务院发展研究中心产业经济研究部
中国汽车工程学会 大众汽车集团(中国)
2013年7月出版 / 估价:79.00元

人力资源蓝皮书
中国人力资源发展报告(2012~2013)
著(编)者:吴 江 田小宝 2013年6月出版 / 估价:69.00元

软件和信息服务业蓝皮书
中国软件和信息服务业发展报告(2013)
著(编)者:洪京一 工业和信息化部电子科学技术情报研究所
2013年6月出版 / 估价:98.00元

商会蓝皮书
中国商会发展报告 No.5 (2013)
著(编)者:黄孟复 2013年8月出版 / 估价:59.00元

商品市场蓝皮书
中国商品市场发展报告(2013)
著(编)者:荆林波 2013年7月出版 / 估价:59.00元

私募市场蓝皮书
中国私募股权市场发展报告(2013)
著(编)者:曹和平 2013年10月出版 / 估价:69.00元

体育蓝皮书
中国体育产业发展报告(2012~2013)
著(编)者:江和平 张海潮 2013年5月出版 / 估价:69.00元

投资蓝皮书
中国投资发展报告(2013)
著(编)者:杨庆蔚 2013年3月出版 / 估价:79.00元

物联网蓝皮书
中国物联网发展报告(2013)
著(编)者:黄桂田 张全升 2013年10月出版 / 估价:80.00元

西部工业蓝皮书
中国西部工业发展报告(2013)
著(编)者:方行明 刘方健 姜 凌 等
2013年7月出版 / 估价:69.00元

西部金融蓝皮书
中国西部金融发展报告(2013)
著(编)者:李忠民 2013年10月出版 / 估价:69.00元

信息化蓝皮书
中国信息化形势分析与预测(2013)
著(编)者:周宏仁 2013年7月出版 / 估价:98.00元

休闲绿皮书
2013年中国休闲发展报告
著(编)者:刘德谦 唐 兵 宋 瑞
2013年5月出版 / 估价:59.00元

中国林业竞争力蓝皮书
中国省域林业竞争力发展报告No.3(2012~2013)（上下册）
著(编)者:郑传芳 李闽榕 张春霞 张会儒
2013年8月出版 / 估价:139.00元

中国农业竞争力蓝皮书
中国省域农业竞争力发展报告No.2（2010~2012）（上下
著(编)者:郑传芳 宋洪远 李闽榕 张春霞
2013年7月出版 / 估价:128.00元

中国总部经济蓝皮书
中国总部经济发展报告(2013~2014)
著(编)者:赵 弘 2013年9月出版 / 估价:69.00元

住房绿皮书
中国住房发展报告(2012~2013)
著(编)者:倪鹏飞 2012年12月出版 / 估价:69.00元

资本市场蓝皮书
中国场外交易市场发展报告(2012~2013)
著(编)者:高 峦 2013年2月出版 / 估价:79.00元

文化传媒类

传媒蓝皮书
2013年：中国传媒产业发展报告
著(编)者:崔保国 2013年4月出版 / 估价:69.00元

创意城市蓝皮书
北京文化创意产业发展报告(2013)
著(编)者:张京成 王国华 2013年3月出版 / 估价:69.00元

创意城市蓝皮书
青岛文化创意产业发展报告(2013)
著(编)者:马 达 2013年5月出版 / 估价:69.00元

动漫蓝皮书
中国动漫产业发展报告(2013)
著(编)者:卢 斌 郑玉明 牛兴侦
2013年4月出版 / 估价:69.00元

广电蓝皮书
中国广播电影电视发展报告(2013)
著(编)者:庞井君 2013年6月出版 / 估价:88.00元

广告主蓝皮书
中国广告主营销传播趋势报告N0.8
著(编)者:中国传媒大学广告主研究所
中国广告主营销传播创新研究课题组
黄升民 杜国清 邵华冬
2013年11月出版 / 估价:98.00元

纪录片蓝皮书
中国纪录片发展报告(2013)
著(编)者:何苏六 2013年10月出版 / 估价:78.00元

两岸文化蓝皮书
两岸文化产业合作发展报告(2013)
著(编)者:胡惠林　肖夏勇　2013年7月出版 / 估价:59.00元

全球传媒蓝皮书
全球传媒产业发展报告(2013)
著(编)者:胡正荣　2013年1月出版 / 估价:79.00元

视听新媒体蓝皮书
中国视听新媒体发展报告(2013)
著(编)者:庞井君　2013年6月出版 / 估价:69.00元

文化创新蓝皮书
中国文化创新报告(2013)No.4
著(编)者:于　平　傅才武
2013年7月出版 / 估价:79.00元

文化蓝皮书
中国文化产业发展报告(2012~2013)
著(编)者:张晓明　胡惠林　章建刚
2013年1月出版 / 估价:59.00元

文化蓝皮书
中国城镇文化消费需求景气评价报告(2013)
著(编)者:王亚南　2013年5月出版 / 估价:79.00元

文化蓝皮书
中国公共文化服务发展报告(2013)
著(编)者:于　群　李国新　2013年10月出版 / 估价:98.00元

文化蓝皮书
中国文化消费需求景气评价报告(2013)
著(编)者:王亚南　2013年6月出版 / 估价:79.00元

文化蓝皮书
中国乡村文化消费需求景气评价报告(2013)
著(编)者:王亚南　2013年6月出版 / 估价:79.00元

文化蓝皮书
中国中心城市文化消费需求景气评价报告(2013)
著(编)者:王亚南　2013年5月出版 / 估价:79.00元

文化品牌蓝皮书
中国文化品牌发展报告(2013)
著(编)者:欧阳友权　2013年6月出版 / 估价:75.00元

文化软实力蓝皮书
中国文化软实力研究报告(2013)
著(编)者:张国祚　2013年7月出版 / 估价:79.00元

文化遗产蓝皮书
中国文化遗产事业发展报告(2013)
著(编)者:刘世锦　2013年9月出版 / 估价:79.00元

文学蓝皮书
中国文情报告(2012~2013)
著(编)者:白　烨　2013年1月出版 / 估价:59.00元

新媒体蓝皮书
中国新媒体发展报告No.4(2013)
著(编)者:尹韵公　2013年5月出版 / 估价:69.00元

移动互联网蓝皮书
中国移动互联网发展报告(2013)
著(编)者:官建文　2013年4月出版 / 估价:79.00元

国别与地区类

G20国家创新竞争力黄皮书
二十国集团（G20）国家创新竞争力发展报告(2013)
著(编)者:李建平　李闽榕　赵新力
2013年12月出版 / 估价:118.00元

澳门蓝皮书
澳门经济社会发展报告(2012~2013)
著(编)者:郝雨凡　吴志良　2013年4月出版 / 估价:69.00元

德国蓝皮书
德国发展报告(2013)
著(编)者:李乐曾　郑春荣　2013年5月出版 / 估价:69.00元

东南亚蓝皮书
东南亚地区发展报告(2013)
著(编)者:王　勤　2013年11月出版 / 估价:59.00元

东盟蓝皮书
东盟发展报告(2013)
著(编)者:黄兴球　庄国土　2013年11月出版 / 估价:59.00元

俄罗斯黄皮书
俄罗斯发展报告(2013)
著(编)者:李永全　2013年9月出版 / 估价:69.00元

非洲黄皮书
非洲发展报告No.15(2012~2013)
著(编)者:张宏明　2013年7月出版 / 估价:79.00元

港澳珠三角蓝皮书
粤港澳区域合作与发展报告(2012~2013)
著(编)者:梁庆寅　陈广汉　2013年8月出版 / 估价:59.00元

国际形势黄皮书
全球政治与安全报告(2013)
著(编)者:李慎明　张宇燕　2012年12月出版 / 估价:59.00元

韩国蓝皮书
韩国发展报告(2013)
著(编)者:牛林杰　刘宝全　2013年6月出版 / 估价:69.00元

拉美黄皮书
拉丁美洲和加勒比发展报告(2012~2013)
著(编)者:吴白乙 2013年5月出版 / 估价:79.00元

美国蓝皮书
美国问题研究报告(2013)
著(编)者:黄 平 倪 峰 2013年6月出版 / 估价:69.00元

欧亚大陆桥发展蓝皮书
欧亚大陆桥发展报告(2012~2013)
著(编)者:李忠民 2013年10月出版 / 估价:59.00元

欧洲蓝皮书
欧洲发展报告(2012~2013)
著(编)者:周 弘 2013年3月出版 / 估价:79.00元

日本经济蓝皮书
日本经济与中日经贸关系发展报告(2013)
著(编)者:王洛林 张季风 2013年5月出版 / 估价:79.00元

日本蓝皮书
日本发展报告(2013)
著(编)者:李 薇 2013年5月出版 / 估价:59.00元

上海合作组织黄皮书
上海合作组织发展报告(2013)
著(编)者:李进峰 吴宏伟 2013年7月出版 / 估价:79.00元

世界经济黄皮书
2013年世界经济形势分析与预测
著(编)者:王洛林 张宇燕 2013年1月出版 / 估价:59.00元

香港蓝皮书
香港发展报告(2013)
著(编)者:薛凤旋 2013年6月出版 / 估价:49.00元

新兴经济体蓝皮书
金砖国家发展报告(2013)——合作与崛起
著(编)者:林跃勤 周 文 2013年3月出版 / 估价:69.00元

亚太蓝皮书
亚太地区发展报告(2013)
著(编)者:李向阳 2013年1月出版 / 估价:59.00元

印度蓝皮书
印度国情报告(2012~2013)
著(编)者:吕昭义 2013年9月出版 / 估价:59.00元

越南蓝皮书
越南国情报告(2013)
著(编)者:吕余生 2013年7月出版 / 估价:65.00元

中亚黄皮书
中亚国家发展报告(2013)
著(编)者:孙 力 2013年6月出版 / 估价:79.00元

地方发展类

北部湾蓝皮书
泛北部湾合作发展报告(2013)
著(编)者:吕余生 2013年7月出版 / 估价:79.00元

北京蓝皮书
北京公共服务发展报告(2012~2013)
著(编)者:张耘 2013年3月出版 / 估价:65.00元

北京蓝皮书
北京经济发展报告(2012~2013)
著(编)者:赵弘 2013年5月出版 / 估价:59.00元

北京蓝皮书
北京社会发展报告(2012~2013)
著(编)者:戴建中 2013年6月出版 / 估价:59.00元

北京蓝皮书
北京文化发展报告(2012~2013)
著(编)者:李建盛 2013年4月出版 / 估价:69.00元

北京蓝皮书
中国社区发展报告(2013)
著(编)者:于燕燕 2013年6月出版 / 估价:59.00元

北京旅游绿皮书
北京旅游发展报告(2013)
著(编)者:鲁 勇 2013年10月出版 / 估价:98.00元

北京律师蓝皮书
北京律师发展报告NO.3(2013)
著(编)者:王隽 周塞军 2013年9月出版 / 估价:70.00元

北京人才蓝皮书
北京人才发展报告(2012~2013)
著(编)者:张志伟 2013年5月出版 / 估价:69.00元

城乡一体化蓝皮书
中国城乡一体化发展报告·北京卷(2012~2013)
著(编)者:张宝秀 黄序 2012年7月出版 / 估价:59.00元

大湄公河次区域蓝皮书
大湄公河次区域合作发展报告(2012~2013)
著(编)者:刘 稚 2013年4月出版 / 估价:69.00元

甘肃蓝皮书
甘肃省经济发展分析与预测(2013)
著(编)者:朱智文 罗 哲 2012年12月出版 / 估价:69.00元

甘肃蓝皮书
甘肃省社会发展分析与预测(2013)
著(编)者:安文华　包晓霞　2012年12月出版 / 估价:69.00元

甘肃蓝皮书
甘肃省舆情发展分析与预测(2013)
著(编)者:陈双梅　郝树声　2012年12月出版 / 估价:69.00元

甘肃蓝皮书
甘肃省县城社会发展分析与预测(2013)
著(编)者:魏胜文　柳　民　曲　玮
2012年12月出版 / 估价:69.00元

甘肃蓝皮书
甘肃省文化发展分析与预测(2013)
著(编)者:刘进军　周晓华　2012年12月出版 / 估价:69.00元

关中天水经济区蓝皮书
中国关中—天水经济区发展报告(2013)
著(编)者:李忠民　2013年7月出版 / 估价:59.00元

广东外经贸蓝皮书
广东对外经济贸易发展研究报告(2012~2013)
著(编)者:陈万灵　2013年3月出版 / 估价:65.00元

广西北部湾经济区蓝皮书
广西北部湾经济区开放开发报告(2013)
著(编)者:广西北部湾经济区规划建设管理委员会办公室
广西社会科学院　广西北部湾发展研究院
2013年7月出版 / 估价:69.00元

广州蓝皮书
2013年中国广州经济形势分析与预测
著(编)者:庾建设　郭志勇　沈　奎
2013年6月出版 / 估价:69.00元

广州蓝皮书
2013年中国广州社会形势分析与预测
著(编)者:易佐永　杨　秦　顾涧清
2013年7月出版 / 估价:69.00元

广州蓝皮书
广州城市国际化发展报告(2013)
著(编)者:朱名宏　2013年4月出版 / 估价:59.00元

广州蓝皮书
广州创新型城市发展报告(2013)
著(编)者:李江涛　2013年4月出版 / 估价:59.00元

广州蓝皮书
广州经济发展报告(2013)
著(编)者:李江涛　刘江华　2013年4月出版 / 估价:69.00元

广州蓝皮书
广州农村发展报告(2013)
著(编)者:李江涛　汤锦华　2013年4月出版 / 估价:59.00元

广州蓝皮书
广州汽车产业发展报告(2013)
著(编)者:李江涛　杨再高　2013年4月出版 / 估价:59.00元

广州蓝皮书
广州商贸业发展报告(2013)
著(编)者:陈家成　王旭东　荀振英
2013年4月出版 / 估价:69.00元

广州蓝皮书
广州文化创意产业发展报告(2013)
著(编)者:甘　新　2013年3月出版 / 估价:59.00元

广州蓝皮书
中国广州城市建设发展报告(2013)
著(编)者:董　皞　冼伟雄　李俊夫
2013年8月出版 / 估价:69.00元

广州蓝皮书
中国广州科技与信息化发展报告(2013)
著(编)者:庾建设　谢学宁　2013年8月出版 / 估价:59.00元

广州蓝皮书
中国广州文化创意产业发展报告(2013)
著(编)者:王晓玲　2013年8月出版 / 估价:59.00元

广州蓝皮书
中国广州文化发展报告(2013)
著(编)者:徐俊忠　汤应武　陆志强
2013年8月出版 / 估价:69.00元

贵州蓝皮书
贵州法治发展报告(2013)
著(编)者:吴大华　2013年4月出版 / 估价:69.00元

贵州蓝皮书
贵州社会发展报告(2013)
著(编)者:王兴骥　2013年4月出版 / 估价:59.00元

海峡经济区蓝皮书
海峡经济区发展报告(2013)
著(编)者:李闽榕　王秉安　谢明辉（台湾）
2013年10月出版 / 估价:78.00元

海峡西岸蓝皮书
海峡西岸经济区发展报告(2013)
著(编)者:福建省人民政府发展研究中心
2013年7月出版 / 估价:85.00元

杭州都市圈蓝皮书
杭州都市圈经济社会发展报告(2013)
著(编)者:辛　薇　2013年7月出版 / 估价:59.00元

河南经济蓝皮书
2013年河南经济形势分析与预测
著(编)者:刘永奇　2013年2月出版 / 估价:65.00元

河南蓝皮书
2013年河南社会形势分析与预测
著(编)者:刘道兴　牛苏林　2013年1月出版 / 估价:59.00元

河南蓝皮书
河南城市发展报告(2013)
著(编)者:谷建全　王建国　2013年1月出版 / 估价:69.00元

河南蓝皮书
河南经济发展报告(2013)
著(编)者:喻新安　2013年1月出版 / 估价:59.00元

河南蓝皮书
河南文化发展报告(2013)
著(编)者:谷建全　卫绍生　2013年3月出版 / 估价:69.00元

黑龙江产业蓝皮书
黑龙江产业发展报告(2013)
著(编)者:于　渤　2013年5月出版 / 估价:69.00元

黑龙江蓝皮书
黑龙江经济发展报告(2013)
著(编)者:曲　伟　2013年5月出版 / 估价:69.00元

黑龙江蓝皮书
黑龙江社会发展报告(2013)
著(编)者:艾书琴　2013年1月出版 / 估价:65.00元

湖南城市蓝皮书
城市社会管理
著(编)者:罗海藩　2013年5月出版 / 估价:59.00元

湖南蓝皮书
2013年湖南产业发展报告
著(编)者:梁志峰　2013年5月出版 / 估价:89.00元

湖南蓝皮书
2013年湖南法治发展报告
著(编)者:梁志峰　2013年5月出版 / 估价:79.00元

湖南蓝皮书
2013年湖南经济展望
著(编)者:梁志峰　2013年5月出版 / 估价:79.00元

湖南蓝皮书
2013年湖南两型社会发展报告
著(编)者:梁志峰　2013年5月出版 / 估价:79.00元

湖南县域绿皮书
湖南县域发展报告No.2
著(编)者:朱有志　袁 准　周小毛
2013年7月出版 / 估价:69.00元

江苏法治蓝皮书
江苏法治发展报告No.2(2013)
著(编)者:李　力　龚廷泰　严海良
2013年7月出版 / 估价:88.00元

京津冀蓝皮书
京津冀区域一体化发展报告(2013)
著(编)者:文　魁　祝尔娟　2013年3月出版 / 估价:89.00元

经济特区蓝皮书
中国经济特区发展报告(2013)
著(编)者:陶一桃　钟　坚　2013年3月出版 / 估价:89.00元

辽宁蓝皮书
2013年辽宁经济社会形势分析与预测
著(编)者:曹晓峰　张　晶　张卓民
2013年1月出版 / 估价:69.00元

内蒙古蓝皮书
内蒙古经济发展蓝皮书(2012~2013)
著(编)者:黄育华　2013年7月出版 / 估价: 69.00元

浦东新区蓝皮书
上海浦东经济发展报告(2013)
著(编)者:左学金　陆沪根　2012年12月出版 / 估价:59.00元

青海蓝皮书
2013年青海经济社会形势分析与预测
著(编)者:赵宗福　2013年3月出版 / 估价:69.00元

人口与健康蓝皮书
深圳人口与健康发展报告(2013)
著(编)者:陆杰华　江捍平　2013年10月出版 / 估价:98.00元

山西蓝皮书
山西资源型经济转型发展报告(2013)
著(编)者:李志强　容和平　2013年3月出版 / 估价:79.00元

陕西蓝皮书
陕西经济发展报告(2013)
著(编)者:杨尚勤　石　英　裴成荣
2013年3月出版 / 估价:65.00元

陕西蓝皮书
陕西社会发展报告(2013)
著(编)者:杨尚勤　石　英　江　波
2013年3月出版 / 估价:65.00元

陕西蓝皮书
陕西文化发展报告(2013)
著(编)者:杨尚勤　石　英　王长寿
2013年3月出版 / 估价:59.00元

上海蓝皮书
上海传媒发展报告(2013)
著(编)者:强　荧　焦雨虹　2013年1月出版 / 估价:59.00元

上海蓝皮书
上海法治发展报告(2013)
著(编)者:潘世伟　叶　青　2012年12月出版 / 定价:69.00元

上海蓝皮书
上海经济发展报告(2013)
著(编)者:沈开艳　2013年1月出版 / 估价:59.00元

上海蓝皮书
上海社会发展报告(2013)
著(编)者:卢汉龙　周海旺　2013年1月出版 / 估价:59.00元

上海蓝皮书
上海文化发展报告(2013)
著(编)者:蒯大申　2013年1月出版 / 估价:59.00元

上海蓝皮书
上海文学发展报告(2013)
著(编)者:陈圣来　2013年1月出版 / 估价:59.00元

上海蓝皮书
上海资源环境发展报告(2013)
著(编)者:张仲礼　周冯琦　2013年1月出版 / 估价:59.00元

上海社会保障绿皮书
上海社会保障改革与发展报告(2012~2013)
著(编)者:汪　泓　2013年1月出版 / 估价:65.00元

深圳蓝皮书
深圳经济发展报告(2013)
著(编)者:吴　忠　2013年5月出版 / 估价:69.00元

深圳蓝皮书
深圳劳动关系发展报告(2013)
著(编)者:汤庭芬　2013年5月出版 / 估价:69.00元

深圳蓝皮书
深圳社会发展报告(2013)
著(编)者:吴　忠　余智晟　2013年11月出版 / 估价:69.00元

温州蓝皮书
2013年温州经济社会形势分析与预测
著(编)者:胡瑞怀　王春光　2013年1月出版 / 估价:69.00元

武汉城市圈蓝皮书
武汉城市圈经济社会发展报告(2012~2013)
著(编)者:肖安民　2013年5月出版 / 估价:59.00元

武汉蓝皮书
武汉经济社会发展报告(2013)
著(编)者:刘志辉　2013年5月出版 / 估价:59.00元

扬州蓝皮书
扬州经济社会发展报告(2013)
著(编)者:张爱军　2013年1月出版 / 估价:78.00元

长株潭城市群蓝皮书
长株潭城市群发展报告(2013)
著(编)者:张　萍　2013年6月出版 / 估价:69.00元

浙江蓝皮书
浙江金融业发展报告(2013)
著(编)者:刘仁伍　2013年4月出版 / 估价:69.00元

浙江蓝皮书
浙江民营经济发展报告(2013)
著(编)者:刘仁伍　2013年4月出版 / 估价:59.00元

浙江蓝皮书
浙江区域金融中心发展报告(2013)
著(编)者:刘仁伍　2013年4月出版 / 估价:79.00元

浙江蓝皮书
浙江市场经济发展报告(2013)
著(编)者:刘仁伍　2013年4月出版 / 估价:79.00元

郑州蓝皮书
2012~2013年郑州文化发展报告
著(编)者:王　哲　2013年5月出版 / 估价:69.00元

中国省会经济圈蓝皮书
合肥经济圈经济社会发展报告No.4(2012~2013)
著(编)者:王开玉 等　2013年7月出版 / 估价:79.00元

中原蓝皮书
中原经济区发展报告(2013)
著(编)者:刘怀廉　2013年3月出版 / 估价:68.00元

社会科学文献出版社
SOCIAL SCIENCES ACADEMIC PRESS (CHINA)

社会科学文献出版社成立于1985年，是直属于中国社会科学院的人文社会科学专业学术出版机构。

成立以来，特别是1998年实施第二次创业以来，依托于中国社会科学院丰厚的学术出版和专家学者两大资源，坚持"创社科经典，出传世文献"的出版理念和"权威、前沿、原创"的产品定位，走学术产品的系列化、规模化、数字化、国际化、市场化经营道路，社会科学文献出版社先后策划出版了著名的图书品牌和学术品牌"皮书"系列、《列国志》、"社科文献精品译库"、"全球化译丛"、"气候变化与人类发展译丛"、"近世中国"等一大批既有学术影响又有市场价值的图书。

在国内原创著作、国外名家经典著作大量出版的同时，社会科学文献出版社长期致力于中国学术出版走出去，先后与荷兰博睿出版社合作面向海外推出了《经济蓝皮书》、《社会蓝皮书》等十余种皮书的英文版；此外，《从苦行者社会到消费者社会》、《二十世纪中国史纲》、《中华人民共和国法制史》等11种著作入选新闻出版总署"经典中国国际出版工程"。

面对数字化浪潮的冲击，社会科学文献出版社力图从内容资源和数字平台两个方面实现传统出版的再造，并先后推出了皮书数据库、列国志数据库、中国田野调查数据库等一系列数字产品。

在新的发展时期，社会科学文献出版社结合社会的需求、自身的条件以及行业的发展，提出了新的创业目标：精心打造人文社会科学成果推广平台，发展成为一家集图书、期刊、声像电子和数字出版物为一体，面向海内外高端读者和客户，具备独特竞争力的人文社会科学内容资源经营商和海内外知名的专业学术出版机构。

中国皮书网

发布皮书研创资讯，传播皮书精彩内容
引领皮书出版潮流，打造皮书服务平台

栏目设置：

- □ 资讯：皮书动态、皮书观点、皮书数据、 皮书报道、 皮书新书发布会、电子期刊
- □ 标准：皮书评价、皮书研究、皮书规范、皮书专家、编撰团队
- □ 服务：最新皮书、皮书书目、重点推荐、在线购书
- □ 链接：皮书数据库、皮书博客、皮书微博、出版社首页、在线书城
- □ 搜索：资讯、图书、研究动态
- □ 互动：皮书论坛

www.pishu.cn

中国皮书网依托皮书系列“权威、前沿、原创”的优质内容资源，通过文字、图片、音频、视频等多种元素，在皮书研创者、使用者之间搭建了一个成果展示、资源共享的互动平台。

自2005年12月正式上线以来，中国皮书网的IP访问量、PV浏览量与日俱增，受到海内外研究者、公务人员、商务人士以及专业读者的广泛关注。

2008年10月，中国皮书网获得“最具商业价值网站”称号。

2011年全国新闻出版网站年会上，中国皮书网被授予“2011最具商业价值网站”荣誉称号。

权威报告　热点资讯　海量资源

当代中国与世界发展的高端智库平台

皮书数据库 www.pishu.com.cn

皮书数据库是专业的人文社会科学综合学术资源总库，以大型连续性图书——皮书系列为基础，整合国内外相关资讯构建而成。包含七大子库，涵盖两百多个主题，囊括了近十几年间中国与世界经济社会发展报告，覆盖经济、社会、政治、文化、教育、国际问题等多个领域。

皮书数据库以篇章为基本单位，方便用户对皮书内容的阅读需求。用户可进行全文检索，也可对文献题目、内容提要、作者名称、作者单位、关键字等基本信息进行检索，还可对检索到的篇章再作二次筛选，进行在线阅读或下载阅读。智能多维度导航，可使用户根据自己熟知的分类标准进行分类导航筛选，使查找和检索更高效、便捷。

权威的研究报告，独特的调研数据，前沿的热点资讯，皮书数据库已发展成为国内最具影响力的关于中国与世界现实问题研究的成果库和资讯库。

皮书俱乐部会员服务指南

1. 谁能成为皮书俱乐部会员?

- 皮书作者自动成为皮书俱乐部会员;
- 购买皮书产品（纸质图书、电子书、皮书数据库充值卡）的个人用户。

2. 会员可享受的增值服务:

- 免费获赠该纸质图书的电子书;
- 免费获赠皮书数据库100元充值卡;
- 免费定期获赠皮书电子期刊;
- 优先参与各类皮书学术活动;
- 优先享受皮书产品的最新优惠。

阅 读 卡

3. 如何享受皮书俱乐部会员服务?

（1）如何免费获得整本电子书?

购买纸质图书后，将购书信息特别是书后附赠的卡号和密码通过邮件形式发送到pishu@188.com，我们将验证您的信息，通过验证并成功注册后即可获得该本皮书的电子书。

（2）如何获赠皮书数据库100元充值卡?

第1步：刮开附赠卡的密码涂层（左下）;

第2步：登录皮书数据库网站（www.pishu.com.cn），注册成为皮书数据库用户，注册时请提供您的真实信息，以便您获得皮书俱乐部会员服务;

第3步：注册成功后登录，点击进入“会员中心”;

第4步：点击“在线充值”，输入正确的卡号和密码即可使用。

皮书俱乐部会员可享受社会科学文献出版社其他相关免费增值服务

您有任何疑问，均可拨打服务电话：010-59367227　QQ:1924151860

欢迎登录社会科学文献出版社官网(www.ssap.com.cn)和中国皮书网（www.pishu.cn）了解更多信息

中国社会科学院创新工程学术出版资助项目

经济蓝皮书春季号

BLUE BOOK OF
CHINA'S ECONOMY (SPRING)

中国经济前景分析

ANALYSIS ON THE PROSPECT OF CHINA'S ECONOMY (2013)

——2013年春季报告

主　编／李　扬
副主编／李　平　李雪松　张　平

社会科学文献出版社
SOCIAL SCIENCES ACADEMIC PRESS (CHINA)

图书在版编目（CIP）数据

中国经济前景分析：2013年春季报告/李扬主编. —北京：社会科学文献出版社，2013.4
（经济蓝皮书春季号）
ISBN 978-7-5097-4483-3

Ⅰ.①中… Ⅱ.①李… Ⅲ.①中国经济-经济预测-研究报告-2013 ②中国经济-经济发展趋势-研究报告-2013 Ⅳ.①F123.2

中国版本图书馆CIP数据核字（2013）第067830号

经济蓝皮书春季号
中国经济前景分析
——2013年春季报告

主　　编／李　扬
副 主 编／李　平　李雪松　张　平

出 版 人／谢寿光
出 版 者／社会科学文献出版社
地　　址／北京市西城区北三环中路甲29号院3号楼华龙大厦
邮政编码／100029

责任部门／皮书出版中心（010）59367127　责任编辑／陈　帅　王　颉
电子信箱／pishubu@ssap.cn　责任校对／白桂和
项目统筹／邓泳红　责任印制／岳　阳
经　　销／社会科学文献出版社市场营销中心（010）59367081　59367089
读者服务／读者服务中心（010）59367028

印　　装／北京季蜂印刷有限公司
开　　本／787mm×1092mm　1/16　印　　张／21
版　　次／2013年4月第1版　字　　数／259千字
印　　次／2013年4月第1次印刷
书　　号／ISBN 978-7-5097-4483-3
定　　价／59.00元

本书如有破损、缺页、装订错误，请与本社读者服务中心联系更换
版权所有　翻印必究

中国经济形势分析与预测
学术咨询委员会

顾　　问　刘国光　王洛林　李京文

主　　任　李　扬

副 主 任　刘树成　汪同三

委　　员　（按姓氏笔画排序）

王国刚　田雪原　吕　政　朱　玲　张卓元
张晓山　李　平　李　周　杨圣明　周叔莲
金　碚　高培勇　蔡　昉　裴长洪　潘家华

中国经济形势分析与预测
编　辑　组

组　长　李金华

副组长　彭　战

成　员　韩胜军　张　杰　陈星星　王喜峰

主要编撰者简介

李　扬　中国社会科学院副院长，研究员，长期从事中国经济相关研究，涉及货币、银行、金融市场等领域，专著《财政补贴经济分析》获1990年孙冶方经济科学奖著作奖。其他代表作包括《中国金融改革研究》《金融全球化研究》等。

李　平　中国社会科学院数量经济与技术经济研究所所长，研究员，长期从事技术经济、产业经济等领域研究工作，代表作有《特大型投资项目的区域和宏观经济影响分析》《中国工业绿色转型》《"十二五"时期工业结构调整和优化升级研究》等。

李雪松　中国社会科学院数量经济与技术经济研究所副所长，研究员，从事中国宏观经济预测与经济政策模拟研究，获得2006年孙冶方经济科学奖，入选"新世纪千百万人才工程"国家级人选，著有《高级经济计量学》等。

张　平　中国社会科学院经济研究所副所长，研究员，长期从事经济理论、经济增长、宏观经济等研究工作，著有《改革年代的经济增长与结构变迁》《经济增长前沿》《增长与分享：分配理论与政策框架》等，先后三次合作获得孙冶方经济科学奖。

摘　要

2012 年以来，受欧债危机影响，世界经济及多个主要经济体的经济增速继续放缓，国内经济发展面临的困难增多，经济增长下行压力和产能相对过剩的矛盾有所加剧，全年国内生产总值增长 7.8%。2013 年，在国际经济缓慢复苏、美欧日继续实施量化宽松政策背景下，中国宏观经济有望保持增长速度适当、物价温和上涨的发展态势，预计我国 GDP 增长率为 8.0% 左右。总体来看，中国宏观经济运行继续朝着宏观调控预期方向发展。

面对通货膨胀压力、结构性减缓等问题，2013 年政府需要采取一系列政策措施加以调控。农业综合生产能力、农产品单产水平和总产量都将继续提高，农业经营体系和农村社会管理体制有望在新一轮改革中创新，生态建设力度将继续加大，城乡统筹程度会有所提高。中国工业经济增速仍将处于平稳较快增长区间，工业经济增长动力机制将发生转变，全年工业经济增速将维持在 11% 左右。财政政策的总体趋势是“稳中求进”，财政调控中出现经济增幅波动空间收窄、通货膨胀管理空间收窄等问题，加快推进财税体制改革进程将是财税政策的主要方向。预计 2013 年我国金融压力将出现缓慢回升，由低压力区制向中压力区制转移，但是仍然会处于中压力区制的均值以下。由于中国首现劳动年龄人口的减少、人口红利的消失，就业矛盾越来越从总量问题转变为结构性和摩擦性问题，政府需要加大人力资本投入、创造人力资源涌流的制度环境。中国对外贸易发展出现转折，进出口特别是出口贸易增长速度从以往的两位数高速增长转变为个位数的中速增长，世界占比提高将是中国货物出口贸易的长期趋势。在国际经济继续缓慢复苏但仍具有许多不确定性的背景下，我国出口增速显著回落，预计 2013 年我国进口和出口将比 2012 年略有增加。

尽管我国经济发展面临不少风险和挑战，不平衡、不协调、不可持续问题依然突出，潜在通胀和资产泡沫的压力加大，国际金融危机深层次影响持续显现，国际经济形势依然错综复杂，但中国经济社会发展基本面长期趋好，国内市场潜力巨大，社会生产力基础雄厚，科技创新能力增强，人力资源依然丰富，生产要素综合优势明显，社会主义市场经济体制机制不断完善，中国经济在未来的发展中仍然具备难得的机遇和有利条件。

Abstract

Affected by the debt crisis, economic growth of the world economy and a number of major economies have continued slowing down since 2012. China's domestic economic development faces more difficulties and there's downward pressure in the economic growth and contradictions of excess capacity is intensified. The gross domestic product growth is 7. 8% in 2012. In 2013, China's macro-economy is expected to maintain an appropriate growth rate, and the commercial price increases moderately as the slow recovery of the international economy, and the U. S. , Europe and Japan continue to implement quantitative easing policy. It is expected that China's GDP growth rate is about 8. 0% in 2013. In general, China's macro-economy will continue moving on as the expectation of macro-economic control.

In 2013, Chine's government need take a series of policy measures in coping with inflationary pressure and structural adjustment. The comprehensive agricultural production capacity, agricultural products per unit area yield and total production will continue increasing. Agricultural operation system and rural social management system are expected to innovate in the new round of reform, the ecological construction will make greater efforts, and the level of urban and rural overall development will be increased. It is expected that China's industrial economic growth will make steady and rapid growth, and the dynamic mechanism of China's industrial economic growth will change. In 2013, the annual industrial economic growth will be maintained at around 11%. The general stand of fiscal policy will be maintaining stability in economy, and there are problems of space narrowing in economic growth and inflation management in the fiscal control. The main point of fiscal policy is accelerate the reform of the taxation system. Forecasting indicate that in 2013 the stress state of China's financial system will pick up slowly, switching from low-stress regime to mid-stress regime, but will still below the median of mid-stress regime. The decline in working age population in 2012 indicates the disappearing of the demographic dividend in China. As the Chinese laborers are confronting with more structural and frictional employment difficulties, the government should invest more public resources in education and to create better institutional environment for labor mobility. In 2012, China's foreign trade development is at a turning point, which is the import and export, especially export growth rate is changed from previous double-digit growth rate into single digits. The long-term trend of China's export goods trade is that the world market share increases. As the international economy continues recovering but still facing many uncertainties, China's export growth significantly declines in 2012. It is expected that China's imports and exports will make a slight increase in 2013.

Although there is still problems of unbalanced, uncoordinated and unsustainable in China's economy, and it faces a lot of risks and challenges such as increasing pressures on potential inflation and asset bubbles, deep-seated impact of the international financial crisis, and the complex situations of international economy, China's economic and social development is expected to be better in the long run as there is great potential in the domestic market, social productive forces, and the technological innovation capability. Rich human resources, the advantages of production factors, and constant improvement in the socialist market economy system make China's economy still has rare opportunities and favorable conditions to make development in future.

目录

皮书数据库阅读**使用指南**

CONTENTS

新征程　新挑战

（代前言）

李　扬

党的十八大和全国“两会”闭幕，标志着中国经济发展迈上了新的征程。全球危机继续发酵、中国经济进入减速通道、经济结构调整任务更形艰巨、国际协调日趋复杂等等，是来自实体经济领域的主要挑战。面对新的挑战，党中央、国务院提出了尊重规律、实现有质量、有效益、无水分、可持续经济增长的战略方针。本文的任务，就是分析主要的新挑战，并探讨应对挑战的一些新举措。

中国经济开始结构性减速

中国经济经过 30 余年平均高达 9.8% 的增长，目前正在由“结构性增速”时期进入“结构性减速”时期。这意味着，今年及今后一段时期我国的经济增长，将落在一个位于 7.5% 左右的较过去 30 年平均水平略低的平台上。

尤其值得注意的是，此轮经济增长减速具有明显的“结构性”特征。

如所周知，经济增长是由很多因素以某种方式组合起来共同发生作用的结果，这就是经济增长的结构问题。有关联的结构可有很多，其中最重要者，当推生产要素结构和产业结构。

首先，从劳动、资本、技术进步三大生产要素结构来看。劳动力投入的增长是支撑我们过去30余年高速发展的主要因素之一。每年1000多万农民工进城加入工业劳动大军，有效地支撑了中国经济的高速增长。但是，今后，随着农村适龄转移人口渐趋枯竭以及整个人口结构老龄化日趋严重，这种劳动投入的增长率将趋于下降，摩擦性失业和结构性失业也将长期存在。从资本投入来看，人口日趋老龄化、传统工业化接近尾声，以及消费率的缓慢提高，将引致中国几十年居高不下的储蓄率进入下降通道。伴随储蓄率下降，无通货膨胀的资本投入亦呈逐年下降之势。至于技术进步，我们当然希望它能发挥更为积极的作用。但是，技术进步缓慢、资本回报率低，一向就是我国经济发展的弊端。总之，劳动力和资本投入增长率下降，技术进步缓慢，这三个因素叠加，总的结果自然是未来的经济增长率趋于下降。

其次，从一、二、三次产业结构来看。在过去30年里，中国产业结构的变化趋势是：一产比重直线下降，二产比重迅速提高，三产份额缓慢增长。与产业结构这种变化相对应的，正是我国的工业化进程。这一进程的本质，就是大量的劳动人口和资源从劳动生产率较低的一次产业即农业、种植和养殖业等产业，向劳动生产率较高的二次产业即制造业和建筑业转移。有学者的分析显示，在中国，制造业部门的劳动生产率相当于农业部门的4倍。基于此，人口和资源大规模向制造业等二次产业转移，将带动整体的劳动生产率日益提高，自然地，经济增长速度也随之加快。这个过程可称为“结构性增速”时期。但是，经过30余年的发展，我国制造业等二产业已趋于饱和，大量人口和资源需要向以服务业为主的第三产业转移。然而，学者们的研究显示，中国服务业的劳动生产率远低于制造业。据中国社会科学院陆家嘴研究基地课题组研究，即便在服务业劳动生产率最高的上海，服务业的劳动生产率也仅相当于制造业的70%。基于这样的差异，越来越多的劳动和资源从制造业向服务业的转移，同时就意味着中国经济总体的劳动生产率下降，经济增长率由此也进入下降通道。

以上分析表明，从2012年便已开始的我国经济减速，并非周期性的，更不是政策性的，而是经济成长阶段移转使然。这是一个发生在实体层面上的自然过程。在历史上，发达经济体也都经历过类似的过程。

断定中国经济进入结构性减速时期，虽然听起来不那么令人振奋，但是，考虑到结构性减速为我国转变经济发展方式和调整经济结构提供了新的压力、动力和机遇，这一变化值得欢迎。利用这一压力，抓住这一机遇，我国的经济运行将全面转移到尊重规律、重视质量、提高效益和可持续的轨道上来。沿着这一发展轨道前行，我国的经济增长速度将被压去水分，更为真实，从而会给我们的人民带来更多的福祉。总之，我国经济发展仍处于重要战略机遇期，经济社会发展基本面长期趋好，比过去稍慢但质量和效益均有所提高的增长速度，恰恰体现了科学发展观的根本要求，也恰为我们穿越中等收入陷阱提供了切实的物资保证。

追求没有水分的增长

党的十八大报告提出了推动经济持续健康发展的新方针。中央经济工作会议进一步强调，我们要的是尊重经济规律、有质量、有效益、可持续的速度，要在不断转变经济发展方式、不断优化经济结构中实现增长。对速度加上这四个“定语”，且不再把“快”字摆在首要位置，表明我国经济工作的基本方针已经调整到新的基点上。应当说，这是十八大以来关涉经济发展战略方针的一个重大亮点。过去我们经济工作的方针是“平稳较快”“又好又快”，其中都少不了一个“快”字。虽然“快”字居后，但实际工作中首先落实的都是“快”。“快”字当头，自然免不了泥沙俱下。如今，经济发展的重点落在了质量、效益上，尊重经济规律和保持发展的可持续性等基本经济原则得到重申，这是中国经济长期健康发展的根本保证。

尊重经济规律这句老话，在政府文件中已经久违了。作为经济研究者，对经济规律的复归倍感亲切。强调尊重规律，就要求我们认真研究支撑经济增长和发展变化的要素及其结构方式，不是根据主观好恶“拍脑袋”决策，而是要在把握诸方面规律的基础上求得可持续的发展结果。遵循规律来发展经济，自然要讲求质量和效益。在这里，提高质量，针对的是过去重数量扩张而言；提高效益，则直接针对的是过去高投入、低产出的弊端。强调重质量、重效益，就是要求我们切实改变求量、求快的粗放型发展模式，真正转变到内涵式的科学发展轨道上来。

提高效益、讲求质量，就是要把经济增长中的水分“挤”出来。可持续，意味着我们希望经济平稳发展，避免大起大落。过去我们讲可持续，较多指的是环境的可持续。实际上，可持续是一个涵盖内容广泛的经济学概念；环境的可持续，只是其中一项重要内容。对经济运行而言，速度过高或过低，其实并不足患，我们最警惕的应是经济剧烈波动、忽上忽下。因此，宏观经济调控的各项举措，自始至终都立足于“熨平”经济波动。

中国经济虽然多年高速增长，但其中存在虚高成分。过高的成本、产能过剩和环境污染所造成的经济损失，令“实在”的增长远没有表面上呈现出的那样精彩。摒弃唯速度的科学发展模式，就是把发展中的水分挤出来。

说到水分，人们通常想到的是“虚报”，是统计数据的浮夸。在我看来，近年来中国经济增长中的水分，主要并不表现在统计数据的浮夸上。这不是说地方政府不存在高报经济成果的倾向和事实，相反，这种情况相当普遍地存在。我们想指出的是，另一方面的因素，即中国经济高速成长过程中不可避免的“漏统”，可能会抵消高报而有余，从而使得中国经济的实绩可能比统计数据显示得还要高一些。基本原因在于，中国经济的发展始终伴随着一个可称为货币化的过程，而在这个过程中所产生的国民产出通常难以被统计体系全面准确地捕捉到。有两个大家熟悉的事实为这一判断提供了坚实的佐证。其一，2004 年和 2008 年，我国分别进行过两次全国性经济普查，每一次普查之后都向上修正了原先的数据，修正幅度接近 10%。其二，长达 20 余年来，我国货币供给的增长速度一直保持在高于实际 GDP 增长与物价上涨速度之和的态势，换言之，在相当长时期中，我国一直存在规模很大的货币供给找不到对应的去处，用专业术语来说，即我国长期存在大量货币“迷失”的现象。然而，信用货币不像实体货币，它们不会被窖藏，更不可能迷失，于是存在两种可能：或者，有一部分国民产品未能被及时、准确、全面地捕捉到，造成 GDP 被低估，或者，物价上涨的水平被低估了。在现实中，GDP 被漏统和物价上涨被低估的情况，都是客观存在的。

然而，虽然表现为“瞎编”数据的低劣的“人造”水分已经大规模减少，但是，由于我们增长方式长期未有改善，增长的外延水分、内涵水分和生态破坏水分等三类水分，都是严重存在的。

其一，增长的外延水分。多年来，我国经济增长主要靠投资拉动。投资在当年是内需，可提高经济增长率，而在来年则会形成供应，需要新的内需去“吸收”，如此循环往复。在这样的循环关系中，我们需要研究两类问题：一是过去的投资是否形成了现实生产能力，二是如果投资形成了生产能力，是否存在着更多的新增需求来“吸收”这些新增供给？显然，如果这些投资顺利地形成生产能力，生产出的产品又都能被国内需求所吸收，那么，这种增长是无水分的；反之，如果投资不能顺利地形成生产能力，变成“胡子工程”甚至是“豆腐渣工程”，与这部分投资对应的增长率就是水分；进一步，有些投资的确形成了生产能力，但是，生产出的东西形成积压、卖不出去，或者索性自形成生产能力之后就压根没有开过工，而且是在大量人群收入水平未能提高，从而消费力不足的同时出现产能过剩和产品积压，与这种状况对应的经济增长便是水分。毋庸讳言，产能过剩这种水分，已经构成我国经济进一步发展的“死荷重”。

其二，增长的内涵水分。我们知道，所谓“经济”，就是用“最小”去争取“最大”。更严密地说，就是以最小的投入得到定量的产出，或以定量的投入获取最大的产出。如果我们不能做到用“最小”去匹配“最大”，则也可称我们的经济活动中存在水分。近年来，我们的日子比较好过，GDP 增长很快，财政收入更是年年都有跳跃性增长，官方外汇储备也达世界第一。于是，在发展生产和推行各项事业过程中，我们较多地强调投入，甚至不计成本地投入，强调增加贷款、减免税收、“给政策”等等，但很少顾及产出，更很少考量投入和产出的关系。如此造成经济效益提高缓慢，在有些领域，有些时候，甚至还有所下降。换言之，我们目前的经济增长，实际上可以依靠更少的投入便可实现；或者，凭借目前的投入，我们事实上可以实现更高的产出。这种无效率或低效率的损失，应当被视为增长的内涵水分。

其三，破坏生态形成的水分。过去30年的高速增长伴生了高污染和环境破坏。这种粗放的方式不仅难以为继，还对我们的生活环境造成了严重破坏。据中国社会科学院专家测算，20世纪80年代至90年代，生态退化和环境污染带来的经济损失约相当于GDP的8%，2005年以来这一数字有所降低，但仍达4%左右。如果扣除生态退化与环境污染造成的此类经济损失，我们的真实经济增长速度便仅有5%左右。不讲生态保护的增长，直接减少了人类的福祉，这样的经济增长当然要大打折扣。这些折扣就是水分。

在我看来，实现尊重经济规律、有质量、有效益、可持续的增长，其重要目标之一就是要达成实实在在、没有水分的增长。如果经济增速下降无非只是压缩了水分，这种减速值得我们举双手欢迎。从理论和国际经验看，不断地挤出经济增长中的水分，正是我们穿越中等收入陷阱，走向发达经济体的必由之路。

从需求管理转向供给管理

由于我国经济增长开始结构性减速，未来5～10年，我国宏观经济运行的目标，宜从“平稳较快”转变到“稳速增效”上。所谓“稳速”，就是将经济增长速度稳定在潜在增长率区间，并依据它的趋势变化进行增速目标调整，宏观经济政策绝不刻意追求超越潜在增长率；所谓“增效”，就是要切实尊重经济规律，将提高质量、降低成本、提升劳动生产率和发展的可持续性置于更为重要的位置，并以此为依托，改善收入分配，防范金融风险。

为应对国际金融危机，全世界的货币当局几乎自危机之初就在实施大规模的货币扩张：美联储4次数量宽松在前；欧洲央行启动最后贷款人机制随后；安倍政府立足未稳，日本央行便在其胁迫下，在不到2个月的时间内，使日元对美元汇价下降7%，对一揽子货币汇价更急降20%；中国自2009年推出4万亿投资以来，M2走势重攀高位，形成令人生畏的“堰塞湖”；等等。再加上密如蛛网的各国央行间的货币互换，这个世界实际上已经处在货币泛滥的洪水之中。但是，为了救燃眉之急，各国政府依然故我，大有“我死之后，哪管洪水滔天”之势。这些事实说明，新的国际货币战争事实上已经开始，不过只是凭借新的借口，采用了新的形式。

各国宏观当局目前的做法是典型的凯恩斯主义需求管理。需求管理除了货币扩张，还包括财政刺激。不过，鉴于发达经济体大都陷于主权债务危机之中，面临各式各样的财政悬崖，财政扩张空间很小，从而，货币扩张几乎成了唯一选择。

凯恩斯主义产生于20世纪30年代的大萧条时期。在理论上，它提供了一个全新的视角，不仅有助于人们厘清大萧条的本质，而且将西方经济学理论体系提升到了新的高度。在政策上，它首次力倡政府采取积极行动，并设计了一套以财政赤字为枢纽的需求管理政策。客观地说，在防范危机恶化，从而避免产生多米诺骨牌效应方面，凯恩斯主义的政策确有明显效果，但是，由于这些政策致力于从外部“注入”需求，并将自己的眼界囿于短期，其疗效或属麻醉缓释，或属饮鸩止渴，并不能从根本上解除结构性失衡、矫正经济发展方式的扭曲，从而不可能最终引导经济走出危机。

首先，需求管理或能发挥扩张需求总量的作用，但显然无助于结构转型与结构优化。如今全球各大经济体均陷入危机而难以自拔，根本原因在于，长期以来，这些经济体形成了以过高的消费率、过低的储蓄率和过滥的福利制度为特征的消费拉动型经济发展方式；在于存在着以产业空心化和服务业过度发展为主要弊端的深层次结构扭曲；在于金融业过度放松管制和滥用金融创新，形成了过高的金融杠杆率；在于其政府的赤字率和债务率均长期超越正常水平，滑到了破产的悬崖边缘。所有这些问题，岂是简单地增加需求所能解决？我们看到的事实是，美国的货币扩张并未能有效提高其国民储蓄率，未能使美国政府脱离财政悬崖；而中国的货币扩张，客观上也产生了导致结构进一步扭曲的负作用，诸如产能过剩、单位 GDP 能耗上升等问题，近年来事实上均有所恶化。

其次，全球需求刺激政策已经走到末路。由于需求管理政策长期过度使用，其效率已然递减，恰似强弩之末。更值得警惕的是，需求刺激政策的潜在风险由微而著。危机以来各国相继采取的“非常规措施”，固然避免了危机产生多米诺骨牌效应，但也带来了过多的货币供应，致使政府债台高筑，造成市场纪律松懈，并引发了愈演愈烈的社会动荡。如此等等，均使得需求管理的治理效用开始转向负面。上升到国际范围，各国均实施需求扩张政策，极易引发国家和地区间的贸易战、货币战等以邻为壑的恶性竞争。其结果将是全球经济的进一步衰退，以及全面的通货膨胀和资产泡沫，严重者，则会将全球经济拖入滞涨的泥沼。

因此，如果我们判断当前全球危机的本质是实体经济层面的结构性失衡、发展方式偏颇和创新能力缺失，如果我们认定转变经济发展方式和大力发展实体经济，构成我国未来 10 年甚至更长时期发展的真正基础，那么，我们的宏观政策就要及早转型，需求管理应当缓行、慎行，而供给面的体制机制调整则应尽快进行。如果还片面地固着于需求管理，热衷于通过需求扩张来把经济增长速度“搞上去”，我们可能会错过战略性调整的良机，失去引领全球转型发展的先机。习近平总书记最近强调，加快推进经济结构战略性调整是大势所趋，刻不容缓。国际竞争历来就是时间和速度的竞争，谁动作快，谁就能抢占先机，掌控制高点和主动权；谁动作慢，谁就会丢失机会，永远仰别人的鼻息。我们认为，在当今世界上，哪一个国家的宏观政策及早从需求管理向供给管理转型，政策重点尽快由短期的“救市”和“维稳”，转向长期的提升效率和提高增长潜力，哪一个国家就能更快地调整好自身结构以适应全球发展新格局，也就能在新一轮的全球经济竞赛中胜出。

说到供给管理，人们很容易将之归于产业政策，并联想到如金融、财政等各项具体政策中着眼于鼓励或限制的正、负向菜单等等。这是误读。供给管理固然少不了产业调整规划，但更注重的却是以激发企业和市场活力为要义的体制改革和政策安排。一方面，它旨在通过降低市场准入门槛、降低税负、降低融资成本等一系列体制、机制改革，激发企业主体的活力，让它们承担起变革的责任；另一方面，它致力于通过解除各种僵硬的体制机制约束，提高要素市场（劳动力、资本、土地等）效率，借以全面提升经济体系的竞争力。简言之，产业政策与供给管理政策的区别在于，前者以政府为主导，通常要拟定详细的产业调整规划，并高度依托各级政府部门，通过行政、经济、法律等多重手段予以实施；后者则以企业为基础、以市场为主导，依靠企业和市场去发现并纠正结构失衡，政府的功用，只是为企业和市场发挥作用创造体制和机制的条件，维持良好的竞争环境。

党的十八大提出要实现经济的持续健康发展，强调结构优化，强调质量与效益，这些都是从供给面来立论的。提高质量和效益，说到底，为的是提高劳动生产率，并借以提升我们的国际竞争力。我们必须清醒地看到，发达经济体和发展中经济体之间的差距，并不主要存在于经济总量上，而是深藏于劳动生产率的差距之中；正是这种劳动生产率的差距，在根本上决定了两类国家的经济差距。因此，所谓发展问题，所谓赶超问题，所谓超越“中等收入陷阱”

问题，实质上就是缩小两类经济体之间劳动生产率的差距问题。因此，供给面体制机制的调整，其要旨是提高增长潜力，改进生产效率，提高劳动生产率，使经济发展更多地依靠科技进步、劳动者素质提高以及管理创新驱动，从而为我国经济发展迈上新的台阶打下坚实的基础。

财政政策和货币政策需协调配合

在最近几次中央有关经济工作的会议中，都提到要加强财政政策和货币政策的协调配合，在“十二五”规划纲要中，也有同样的表述。财政政策和货币政策的调控领域都是宏观经济运行，调控的对象都是货币资金，这就决定了两大调控体系必须协调配合，政策效应必须“内洽”。遗憾的是，迄今为止，我国还没有形成有效的财政政策和货币政策协调配合的机制和体制，在某些情况下，两大政策之间尚有掣肘。

面对更为复杂和严峻的国内外形势，建立有效的财政政策和货币政策的协调配合机制问题，必须尽快提上议事日程。初步想来，在理清财政和金融两大部门之间“剪不断、理还乱”的资金联系关系的前提下，两大政策体系协调配合的主要渠道或关键点大致有五个方面。

其一，两大政策体系的配合态势。如所周知，财政政策和货币政策的自身，都至少有松、紧、中性三种状态。简单地排列，至少可有“松/松”“松/紧”“松/中”“紧/松”“紧/中”“紧/紧”等6种状况；如果考虑到多种次级状态，两大政策的配合模式会令人眼花缭乱。于是，选择何种组合，使之既有效达成宏观调控的总目标，又有利于两大政策最接近地实现各自目标，就是一个既有科学性，亦有艺术性的大题目。如此看，我们在两大政策配合上行之十余年“积极＋稳健”的提法，就显得过于简单了。

其二，国债政策。国债作为弥补赤字的筹资手段，主要是财政政策范畴，但是，一旦进入市场，它们便广泛地进入央行、各类金融机构、非金融机构乃至广大居民的资产负债表，形成持有人广泛、交投活跃的金融资产，这时的国债就成为货币金融政策的调控对象。如果央行以它们为实施公开市场操作的载体，则国债成为重要的货币政策工具；如果国债被外国央行、政府和居民广泛持有，则国债更成为一个国际金融范畴。鉴于此，财政当局和货币当局在国债政策上密切配合，就国债的期限结构、利率结构、品种结构、发行（回赎）规则、持有者结构、市场结构、税收待遇等达成高度一致，当属提升我国宏观调控政策效力的题中应有之义。

其三，未来工业化和城镇化进程中长期投融资机制的建设。未来，新型工业化将大规模展开，城镇化也将成为我国经济增长的主要引擎。工业化和城镇化都需要大规模的长期资金，而长期资金的筹措，正是财政政策和货币政策配合的传统领域。关于长期资金的筹措以及政府在其中的重要作用，在两个月前于俄罗斯结束的 G20 财长和央行会议公告中有一段很好的表述：“我们认识到，以长期投资为目的的融资，包括基础设施融资，是所有国家经济增长和创造就业机会的关键因素。……长期投资融资来源包括本币债券市场、国内资本市场，并且机构投资者在投资中发挥很大的作用。同时，各国的特殊因素将影响长期融资的获得。因此，在吸引长期融资上，国家多有可为。”不仅如此。由于在城镇化过程中兼有公共性和商业性的“混合型产品”的生产将占相当重要的地位，公共资金和商业性资金密切配合便会成为常态，这就对财政政策和货币政策的协调配合提出了新的任务，政策性金融机构的发展和政策性金融安排，就需要重新议定。

其四，国家外汇储备的管理。官方外汇储备管理以及相应的汇率政策的责任归属等等，历来是一个需要极大智慧方能有效处理的大问题。我国传统上由央行负责管理国家外汇储备。随着外汇储备迅速增长并对货币政策的独立性形成越来越大的制约，随着外汇储备投资中汇兑损益的归属问题日益突出，随着我国日益融入国际社会从而使得宏观调控政策内外协调问题亟须确定稳定且有效的框架，官方外汇储备管理职责在财政、货币两大部门之间的设定问题，这一体制便遇到了越来越大的挑战。5 年前我国第一个主权财富基金——中国国家投资公司——的建立，以及其后央行同各大国有商业银行、其他金融机构以及非金融机构所做的各类资金安排，开启了我国官方外汇储备管理体制的改革进程。然而，注意到其他国家的丰富实践，我们的改革显然才刚刚破题。

其五，宏观经济政策的国际协调机制。随着我国国际地位的提高，随着全球治理机制改革任务日趋复杂和紧迫，宏观调控政策的国际协调问题，已成为我国对外政策的重要组成部分。这要求我们形成前瞻、全面、统一、连续的宏观经济政策体系，并据以同其他国家和国际组织寻求磨合甚至进行斗争。倘若我国的财政政策和货币政策不能形成合力，我们在国际舞台上将处在极为不利的地位。远的不说，我国近年来在 G20 峰会及一系列相关会议上的不愉快经历，已足以让我们感受到不协调的弊端了。

B.1 中国经济形势分析与预测
——2013 年春季报告

"中国经济形势分析与预测"课题组*

摘　要：

2013 年国际金融危机深层次影响持续显现，国际经济形势错综复杂，中国经济依然具备难得的机遇和有利条件。在国际经济缓慢复苏、美欧日继续实施量化宽松政策背景下，中国宏观经济有望保持增长速度适当、物价温和上涨的发展态势。做好 2013 年及今后几年的经济工作，要适应国内外经济形势新变化，重视需求与供给的重要变化，宏观经济政策应由需求管理为主转向需求管理与供给管理的有机结合。

关键词：

中国经济　宏观调控　国民经济

一　2013 年国民经济主要指标预测

2013 年，在国际经济缓慢复苏、美欧日继续实施量化宽松政策背景下，中国经济有望持续稳定增长的态势，预计 2013 年我

---

* 课题总负责：李扬；执行负责人：李平、李雪松、张平；执笔：李雪松、张涛、李军、樊明太、沈利生、王文波；本报告起草组成员还有：赵京兴、李文军、张延群、娄峰、刘强、万相昱、刘生龙等。

国 GDP 增长率为 8.0% 左右，增速比上年提高 0.2 个百分点。其中，第一产业增长 4.3%，增速比上年回落 0.2 个百分点；第二产业和第三产业分别增长 8.3% 和 8.4%，增速比上年分别提高 0.2 个和 0.3 个百分点。三次产业分别拉动 GDP 增长 0.3 个、4.2 个和 3.5 个百分点，对 GDP 增长的贡献率分别为 4.2%、52.1% 和 43.7%，第三产业对 GDP 增长的贡献率连续三年不断有所提高。

2013 年，在“十二五”规划项目稳步推进、政府换届和新型城镇化等因素影响下，预计全社会固定资产投资将达到 451540 亿元，名义增长 20.5%，增速比上年提高 0.2 个百分点，受投资品价格有所上扬的影响，实际增长 17.9%，增速比上年回落 1.1 个百分点。2013 年全社会固定资产投资占 GDP 的比例比上年继续显著增加，预计 2013 年该比例将达到 78.2%。

2013 年，在城乡居民收入继续较快增长，政策支持绿色消费，中央倡导“厉行节约、反对浪费”的良好消费观念等因素综合影响下，预计我国社会消费品零售额将达到 238960 亿元，名义增长 13.6%，增速比上年回落 0.7 个百分点，实际增长 10.6%，增速比上年回落 1.5 个百分点。

2013 年，在国际经济继续缓慢复苏但仍具有许多不确定性的背景下，预计我国进口和出口将分别达到 19870 亿和 22310 亿美元，分别增长 9.3% 和 8.9%，增速比上年分别提高 5.0 个和 1.0 个百分点，全年外贸顺差 2440 亿美元，比上年略有增加。

2013 年，我国具备较好的价格稳定的物质基础，但也应看到，国际大规模量化宽松政策将对我国的价格产生影响，国内土地、劳动力等要素成本在快速上升，国内基础产品价格形成机制也存在改革和调整压力，预计 2013 年社会消费品价格指数（CPI）上涨 3.4%

左右，涨幅比上年提高0.8个百分点，仍处于温和可控的区间之内。

总体看来，2013年我国宏观经济有望保持增长速度适当、物价温和上涨的发展态势。表1列出了2013年国民经济主要指标的预测结果。

表1 2013年国民经济主要指标预测

指标名称	2012年统计值	2013年预测值
1. 总量		
GDP增长率(%)	7.8	8.0
2. 产业		
第一产业增加值增长率(%)	4.5	4.3
第二产业增加值增长率(%)	8.1	8.3
其中:重工业增长率(%)	8.2	8.3
轻工业增长率(%)	7.5	7.6
第三产业增加值增长率(%)	8.1	8.4
其中:邮电交通通信业增长率(%)	8.4	8.5
批发零售业增长率(%)	10.0	10.2
第一产业对GDP增长的拉动(百分点)	0.4	0.3
第二产业对GDP增长的拉动(百分点)	4.0	4.2
第三产业对GDP增长的拉动(百分点)	3.4	3.5
第一产业贡献率(%)	4.6	4.2
第二产业贡献率(%)	52.3	52.1
第三产业贡献率(%)	43.1	43.7
3. 投资		
全社会固定资产投资(亿元)	374676	451540
名义增长率(%)	20.3	20.5
实际增长率(%)	19.0	17.9
固定资产投资占GDP比例(%)	72.1	78.2
支出法投资率(%)	47.6	47.5

续表

指标名称	2012 年统计值	2013 年预测值
4. 消费		
社会消费品零售总额(亿元)	210307	238960
名义增长率(%)	14.3	13.6
实际增长率(%)	12.1	10.6
5. 外贸		
出口总额(亿美元)	20489	22310
出口增长率(%)	7.9	8.9
进口总额(亿美元)	18178	19870
进口增长率(%)	4.3	9.3
外贸顺差(亿美元)	2311	2440
6. 价格		
居民消费价格指数上涨率(%)	2.6	3.4
商品零售价格指数上涨率(%)	2.0	2.7
投资品价格指数上涨率(%)	1.1	2.2
GDP 平减指数(%)	1.9	3.0
7. 居民收入		
城镇居民人均可支配收入实际增长率(%)	9.6	9.8
农村居民人均纯收入实际增长率(%)	10.7	10.8
8. 财政		
财政收入(亿元)	117210	130960
财政收入增长率(%)	12.8	11.7
财政支出(亿元)	125712	142960
财政支出增长率(%)	15.1	13.7
9. 金融		
新增贷款(亿元)	81961	89060
新增货币发行(亿元)	3911	6300
居民储蓄存款余额(亿元)	391841	448250
居民储蓄存款余额增长率(%)	14.0	14.4
M2(亿元)	974160	1100680
M2 增长率(%)	14.4	13.0
各项贷款余额(亿元)	629907	718970
各项贷款余额增长率(%)	15.0	14.1

二　适应国内外经济形势新变化，宏观经济政策应由以需求管理为主转向需求管理与供给管理的结合

2012年以来，受欧债危机影响，世界经济及多个主要经济体的经济增速继续放缓。其中，欧洲经济的减速最为突出，2012年欧元区的增速降为－0.4%，增速比2011年低1.8个百分点。美国在2012年的经济增长略好于2011年，但其增长幅度难以抵消欧元区经济衰退对全球经济所造成的负面影响。2012年新兴市场和发展中国家的经济增速也将普遍低于2011年的水平。受欧债危机与世界经济增速放缓影响，2012年我国出口增速显著回落，经济增速为7.8%，降至亚洲金融危机以来的最低水平，国内经济发展面临的困难增多，经济增长下行压力和产能相对过剩的矛盾有所加剧，企业生产经营成本上升和创新能力不足的问题并存，金融领域存在潜在风险，经济发展和资源环境的矛盾突出。

2012年我国经济增速下降的原因，可以从需求面与供给面来分析。

从需求面分析，2012年中央按照稳中求进的工作总基调，及时加强和改善宏观调控，把稳增长放在更加重要的位置，着力扩大内需，稳定外需。比如，加快投资项目审批、增加对节能环保产品的补贴、确定促进外贸稳定增长的八项政策措施等，在这些政策作用下，2012年内需（投资与消费）实际增速均高于2011年的水平，2012年全年经济运行第三季度触底，第四季度温和回升。但由于外需增速的显著下降，2012年全年经济增长实现7.8%可以说来之不易，这些成绩的取得主要是实行需求管理取得的成效和

结果。

从供给面分析，生产要素结构变化与潜在增长率的下移是2012年乃至未来十年中国经济需要面对的重大问题。比如，劳动要素市场已经悄然发生了变化，2012年在外贸增速显著下降的情况下，全国城镇新增就业1266万人，完成了全年目标的141%；东部发达地区基础设施投资潜力逐渐下降；产能过剩，技术创新困难，转型升级难度加大；资源环境压力加大，2013年初我国部分北方省市区出现了多次严重的雾霾天气。我国当前的潜在增长率可能已经从国际金融危机之前的年均10%左右下降到"十二五"期间的年均8%左右。显然，倚重需求管理的政策很难应对产能过剩加剧、企业创新能力不足、资源环境矛盾突出、潜在增长率下降等难题。

2013年是全面贯彻落实党的十八大精神的开局之年，是实施"十二五"规划承前启后的关键一年，是为全面建成小康社会奠定坚实基础的重要一年。综合判断，我国发展仍然具备难得的机遇和有利条件，经济社会发展基本面长期趋好，国内市场潜力巨大，社会生产力基础雄厚，科技创新能力增强，人力资源丰富，生产要素综合优势明显，社会主义市场经济体制机制不断完善。同时，也要清醒地看到，我国发展仍面临不少风险和挑战，不平衡、不协调、不可持续问题依然突出，国际金融危机深层次影响持续显现，国际经济形势依然错综复杂、充满变数，世界经济复苏充满不确定性、不稳定性，世界经济低速增长态势仍将延续，各种形式的保护主义明显抬头，潜在通胀和资产泡沫的压力加大，世界经济已由危机前的快速发展期进入深度转型调整期。

做好2013年及今后几年的经济工作，要适应国内外经济形势新变化，特别是需求侧与供给侧的重要变化，宏观经济政策应由以需求管理为主转向需求管理与供给管理的结合。既立足于当前，又着眼于长远。既要做到稳增长、防通胀、控风险，又要着力促进经济转型，切实提高增长的质量和效益。

在需求侧，宏观调控政策在总需求管理上要审慎灵活，把握好促进经济增长、稳定物价和防范金融风险之间的平衡。

要继续实施积极的财政政策和稳健的货币政策，保持政策连续性和稳定性，增强前瞻性、针对性和灵活性，促进经济持续健康发展。继续实施积极的财政政策，更好地发挥积极财政政策在稳增长、惠民生中的作用。一要适当增加财政赤字和国债规模，考虑到结构性减税的滞后效应，2013 年财政收入增长不会太快，但财政刚性支出增加，财政收支矛盾可能加大，特别是要增加保障和改善民生的支出，保持对经济增长和结构调整的支持力度，适当扩大财政赤字和国债规模是必要的。二要继续加强地方政府性债务管理，妥善处理债务偿还和在建项目后续融资问题，积极推进地方政府性债务管理制度建设，合理控制地方政府性债务水平。

继续实施稳健的货币政策。一要健全宏观审慎政策框架，发挥货币政策逆周期调节作用，综合运用多种货币政策工具，调节市场流动性，保持货币信贷合理增长，适当扩大社会融资规模。完善货币政策传导机制，加强金融监管与货币政策的协调，不断优化监管标准和监管方式。二要守住不发生系统性和区域性金融风险底线，引导金融机构稳健经营，加强对局部和区域性风险以及金融机构表外业务风险的监管，提高金融支持经济发展的可持续性。

在供给侧，宏观经济政策要以提高经济增长质量和效益为中心，使经济增长与潜在增长率相协调，与生产要素的供给能力和资源环境的承受能力相适应，深化改革，减税放权，放松准入，创新驱动，化解制约中国长期发展和全要素生产率提高的深层制度因素，不断增强长期发展后劲。

从长远看，要保持国民经济的持续健康发展，需求管理与供给管理必须恰当配合，短期政策与长期政策必须相互衔接。国际金融危机期间，我国宏观调控主要采取以宽松性财政政策和货币政策为主的需求管理政策，取得了一定的成效。但未来一段时期，面对来自内部和外部两方面的减速压力，经济持续健康发展的难度显著加大。这就要求在以传统意义上的积极财政政策配合稳健货币政策进行需求管理的同时，必须改革供给以提升发展潜力，以实质性的改革来克服种种既得利益者的可能阻碍，化解深层矛盾制约，优化结构和提高增长质量。因此，在宏观调控和宏观经济政策方面，把需求管理与供给管理结合起来，当前需要着力加强供给管理。包括加快财税、金融、投资体制改革，稳步推进价格改革，完善土地管理制度，加快户籍制度改革，积极推进企业改革，等等。在供给管理方面大的方向已经明确，党的十八大、2012 年的中央经济工作会议以及 2013 年的《政府工作报告》都指明了全面深化改革的方向，但具体的措施中需要研究探索的问题还不少。需求管理相对容易，供给管理相对较难，必须以更大的决心和勇气去推动。2013 年应深入研究深化经济体制改革的顶层设计和总体规划，在条件成熟的方面要抓紧提出改革的总体方案、路线图、时间表，在一时看不准的方面也应试点先行，以便总结经验，不断推进和突破。

深化改革是激发各类市场主体发展新活力的关键。经济体制改革的核心问题是处理好政府和市场的关系，必须更加尊重市场规律，更好地发挥政府作用。健全现代市场体系，加强宏观调控目标和政策手段机制化建设。

加快改革财税体制，健全中央和地方财力与事权相匹配的体制，完善促进基本公共服务均等化和主体功能区建设的公共财政体系，构建地方税体系，形成有利于结构优化、社会公平的税收制度。建立公共资源出让收益合理共享机制。2013 年要结合税制改革完善结构性减税政策。重点是加快推进营业税改征增值税试点工作，完善试点办法，适时扩大试点地区和行业范围。同时还要着力优化财政支出结构，继续向教育、医药卫生、社会保障等民生领域和薄弱环节倾斜，严格控制行政经费等一般性支出，勤俭办一切事业，中央预算内投资主要投向保障性安居工程，农业、水利、城市管网等基础设施，社会事业等民生工程，以及节能减排和生态环境等领域。

深化金融体制改革，促进金融资源优化配置，健全促进宏观经济稳定、支持实体经济发展的现代金融体系，加快发展多层次资本市场，稳步推进利率和汇率市场化改革，扩大人民币跨境使用，逐步实现人民币资本项目可兑换。加快发展民营金融机构。完善金融监管，推进金融创新，提高银行、证券、保险等行业的竞争力，维护金融稳定。2013 年要引导金融机构加大对经济结构调整特别是“三农”、小微企业、战略性新兴产业等的金融支持，满足国家重点在建、续建项目资金需求；拓宽实体经济融资渠道，降低实体经济融资成本；促进资本市场稳定健康发展。

深化投融资体制改革，现阶段我国既有投资能力，又有投资需求，关键在于选准方向、优化结构、提高投资的质量和效益。政府投资对社会投资具有十分重要的导向作用，但占全社会投资的比重越来越小，必须进一步放宽民间投资市场准入，激发民间投资活力。

把推动发展的立足点转到提高质量和效益上来，要着力激发各类市场主体的发展新活力，着力增强创新驱动发展新动力，着力构建现代产业发展新体系，着力培育开放型经济发展新优势，使经济发展更多地依靠现代服务业和战略性新兴产业带动，更多地依靠科技进步、劳动者素质提高、管理创新驱动，更多地依靠节约资源和循环经济推动，更多地依靠城乡区域发展协调互动，不断增强长期发展后劲。

三　保持投资适度增长，优化结构，努力提高投资的质量和效益

改革开放以来，我国经济增长轨迹清晰地刻画出投资驱动的增长路径，投资依赖不仅表现为逐年攀升的投资率，而且还表现在经济运行中所呈现的大起大落基本上可以归因于投资规模的扩张或收缩。投资成为宏观调控的一个重要控制变量，当经济出现过热的时候，抑制投资过快增长是宏观调控政策体系最核心的手段，而在经济低迷时期，刺激投资则是经济复苏最有效、最直接的措施。从更本质的层面上讲，如上一部分所述，我国经济发展面临的下行压力更大地来自有效供给（包括生产要素供给和制度供给）的不足。

进入“十二五”时期，随着劳动力、资本、技术增长潜力的不断减弱，我国经济将进入由高速增长向中速增长的阶段性转换期，而经济增长潜力下降客观上导致投资增速呈现阶段性放缓的趋势。“十一五”时期，我国国内生产总值年均实际增长 11.2%，全社会固定资产平均增长速度为 25.5%。“十二五”时期，我国投资增速将逐步平稳回落。

2013 年投资保持适度平稳增长的有利条件主要表现在三大方面：第一，经济发展阶段的客观需求。在加快推进新型工业化、积极稳妥推动城镇化的战略背景下，投资的适度增长是保持经济平稳、持续、健康增长的重要基础。第二，有充足的政策空间支撑投

资实现平稳增长。2013 年，宏观调控将继续坚持积极的财政政策和稳健的货币政策。区域协调发展和城乡一体化进程中农村和中西部地区基础设施、民生社会保障等公共服务体系投资缺口对财政支出的需求巨大。第三，政府换届与投资建设周期相叠加也将形成促进投资增长的有利环境。

事实上，目前在我国，人民日益增长的物质文化需要同落后的社会生产之间的矛盾这一社会主要矛盾没有根本性变化，发展仍然是硬道理，在未来的很长一段时间内，经济发展仍然离不开固定资产投资的推动，当前应不失时机地建立投资保持持续健康增长的发展路径，强调结构优化，突出制度创新和技术创新，并把制度创新摆在更加重要的位置，努力提高投资增长的质量和效益，激发经济增长潜力，持续促进全要素生产率的提升。正如 2012 年 12 月中央经济工作会议所提出的，要牢牢把握扩大内需这一战略基点，增强消费对经济增长的基础作用，发挥好投资对经济增长的关键作用。2013 年 3 月 5 日《政府工作报告》也提出：现阶段，投资在促进经济增长中的作用不可低估。关键在于选准方向、优化结构、提高投资的质量和效益。进一步放宽民间投资市场准入，激发民间投资活力。

第一，在适度扩大基于质量和效益的投资规模的同时，努力促进投资和消费的良性互动。稳投资是保持经济持续健康增长的必然要求，无论着眼当前抑或长远，都不应该把投资增长与结构调整、提高经济效益相对立，投资规模的扩大绝不意味着低质量的经济增长。我国未来发展进程中以优化投资结构为重点，努力提高投资质量和效益，激发投资的带动作用，促进经济持续健康发展。同时，重视投资与消费的相互促进作用，通过结构调整的具体措施，加大医疗卫生、文化教育、社会保障等方面的投资，提高新型战略产业的投资，促进民间资本的创新性投资，从而扩展消费空间、激发消费潜力。

第二，在提高房地产调控针对性、着力健全房地产市场长效机制的同时，继续加大一线城市保障性住房和普通商品住房的投资力度。保持房地产投资增速的适度增长不仅有利于维护房地产市场的稳定，而且有利于保持经济平稳健康发展。2012 年我国房地产市场回暖迹象明显，房地产投资增速也逐步企稳回升。2013 年必须坚持房地产市场调控政策，着力健全稳定房地产市场发展的长效机制。这种长效机制，一要结合土地供给等政策，完善土地制度，一线城市要加大保障性住房等增量供给，加大普通商品住房的土地供应，加大对普通商品住房特别是中小户型住房的建设和投资力度，增加有效供应，支持住房刚性有效需求。二要有利于房地产存量调整，包括城镇二手房交易和农村危房改造。从国际经验来看，一个完善的二手房市场及交易政策和制度也是支持住房刚性需求、平抑房价过快上涨的重要内容。因此，应尽快建立健全包含房地产保有与交易环节的税收体系，增加存量房的有效供应，平衡房地产交易双方及其相关的银行和地方政府之间的利益博弈。三要有利于鼓励房地产金融体系的建设，对冲和抑制住房过度投机需求。

第三，在合理消化产能过剩的同时，加大对战略性新兴产业的投资力度。当前，我国制造业产能过剩问题再次凸显，并从传统重工业向新型产业扩散，2013 年制造业投资可能呈现进一步回落态势。另一方面，战略性新兴产业是以重大技术突破和重大发展需求为基础，对经济社会全局和长远发展具有重大引领带动作用，知识技术密集，物质资源消耗少，成长潜力大，综合效益好的产业。因此，政府首先应该加大财政对战略性新兴产业发展的投入力度，以平抑新型产业投资故有的风险性。通过资金、政策、制度和渠道的多元化扶植，积极促进相关产业积极健康的发展。

第四，在防止地方债务风险的同时，加大基础设施等民生领域的投资，逐步推进基本公共服务均等化。2012 年，我国基础设施投资的较快增长有效地对冲了房地产市场投资增速的回落，为稳定经济增长提供了重要的支撑。2013 年保持基础设施投资的可持续性要求：规范政府投资行为，提高政府投资效益，严格审批投资项目，切实将投资转向关系国家安全和市场不能有效配置资源的经济和社会领域，加强公益性和公共基础设施建设，改善民生，保护生态环境，促进欠发达地区的经济和社会发展，推进科技进步和高新技术产业化。同时，加强和规范地方政府融资平台管理，防范投资风险，地方政府投资应加强监测预警，特别是规范地方投融资平台管理，避免投资风险向金融风险和财政风险转化。

第五，在确保投资项目质量安全的同时，不断激发民间投资积极性。落实中央财政预算对国家重点规划项目的投资，加快项目建设进度，要保障重大工程进度、质量和安全。在确保投资项目经济效应和社会效应的同时，完善促进民间投资的政策措施，打破垄断，营造公平的投资环境，积极吸引社会资本更多地参与重点项目建设。

四　进一步推进结构性减税，加快财税体制改革进程

进入 2013 年，世界经济形势依然复杂多变，全球经济回升的前景尚不明朗。在此背景下，中央决定继续实施积极的财政政策，这是十分正确的。然而，在积极的财政政策已经连续实施多年的情况下，把握好当前积极的财政政策的关键点是至关重要的问题。总

的来说，当前的关键点主要是：进一步推进结构性减税，扩大“营改增”试点地区及行业范围，发挥其在结构调整和供给管理中的重要作用；处理好中央与地方财政关系，积极防范地方债务风险，加快推进财税体制改革进程。

第一，进一步推进结构性减税，扩大“营改增”试点地区及行业范围，发挥其在结构调整和供给管理中的重要作用。始于2008年第四季度的我国积极的财政政策至今已经进入第五年，政策重心已从“四万亿投资计划”转向“结构性减税”。目前结构性减税主要有两方面内容：一是实行营业税改增值税的试点（简称“营改增”）；二是提高个人所得税、增值税和营业税的起征点，并调整工薪所得和个体工商户经营所得的税率结构。

2012年的结构性减税成效明显。根据财政部的数据，2012年全国税收总收入比上年增长12.1%，增速为近三年最低水平，结构性减税是重要原因之一。在“营改增”方面，上海为首批试点地区，之后扩大至北京、江苏、安徽、福建、广东、天津、浙江、湖北等多个省市。初步统计数据显示，截至2012年底，纳入“营改增”试点范围的纳税人超过100万户，当年共实现减税超过400亿元。在个人所得税方面，2012年个人所得税实现收入5820.24亿元，同比下降3.9%，其中工资薪金所得税和个体工商户生产经营所得税降幅较大，同比分别下降8%和12.5%。

实践表明，“营改增”对解决重复征税问题、减轻企业特别是小微企业的税负发挥了有效作用。同时，“营改增”也产生了一定程度的增强企业发展活力、推动企业转型及提升企业管理水平等积极效应。然而，此次“营改增”试点所涉及的地区及行业都非常有限，特别是在行业方面只涉及交通运输业及部分现代服务业。因此，应在认真总结试点地区及行业的经验与教训基础上，本着税负公平、完善区域及行业发展的税收环境为原则，进一步推进结构性减税，有序地扩大试点地区的数量及行业的范围，以使更多的地区及行业尽快得到“营改增”政策的实惠。其中，应结合国家产业发展政策，要特别加大扩大行业试点范围的力度。

第二，处理好中央与地方财政关系，积极防范地方债务风险，加快推进财税体制改革进程。在我国现行税制中，营业税是地方财政收入的主要来源。因此，“营改增”政策的实施结果，必然首先对地方财政收入产生相对更大的影响。以试点的上海市为例，2012年上海市营业税增长率为 -7%，营业税占财政收入的比重由2011年的13.8%，下降到2012年的11.8%，降低2个百分点。虽然“营改增”不是导致上海市营业税负增长的唯一原因，但其负影响是显著的。随着“营改增”试点地区的扩大，意味着越来越多的地方财政收入将受到减收影响。

要积极防范地方债务风险。目前除了政府承担的显性债务外，实际还存在着较大的隐性的、间接的债务。特别是2008年启动“四万亿投资计划”以来，地方政府投入了大量的配套资金，导致我国地方政府负债总额大量增加。当前已进入地方政府债偿还高峰期。根据审计署全国地方政府性债务审计结果，2013年底前到期偿还债务额约占债务总额的53%。2012年以来的减税趋势仍将在2013年持续，将进一步增加地方政府财政压力，乃至增加债务风险。中国作为从计划经济向市场经济转型的国家，保持财政的稳定性与安全性极为重要，这是确保中国经济社会稳定发展的至关重要的因素。

由于现行结构性减税方案对地方财政收入有相对更大的负面影响，财政收支矛盾将更加突出，从而增加地方利用其他方式弥补财政收入下降的动力。一些地方政府可能不得不扩大“土地财政”，增加收费项目，甚至将增收任务分解摊派。如果出现这样的情况，不仅不能降低企业税负，反而是增加税负，与减税的初衷背道而驰。因此，在推进结构性减税过程中，要处理好中央财政与地方财政的关系。如中央财政应对地方财政进行必要的适当补贴，采取适度调高共享税中地方分享比例及加大返还力度等措施。然而，要在根本上解决问题，还需要从财税体制上进行改革，迫切需要加快推进财税体制改革进程。

五 保持合理的市场流动性，改善社会融资条件，深化金融改革

当前，我国经济增速呈现平稳增长趋势。正确把握我国宏观经济当前运行态势，要求我们注意到其三方面的基本特征。一是我国经济增速稳定回升动力不足，国内供给方面的创新驱动和结构调整缓慢，国内有效需求中公共消费尤其居民消费受到冲击，企业投资由于保留收益率下降存在不确定性，投资需求由于稳增长的公共投资政策措施才转呈趋稳，国际需求增长由于欧债危机和中日钓鱼岛冲突的影响而存在隐忧，我国外贸稳增长面临较大挑战。二是我国存在潜在的通货膨胀压力，特别是，美国持续实施的大规模量化宽松政策将对我国的物价产生影响，国际流动性过剩将通过资产价格、大宗商品价格上涨引致输入性通货膨胀压力；此外，我国经济转型和新城镇化还隐含着劳动力成本、土地、水、能源等资源，农产品和部分不可贸易服务的价格都存在趋势性的上涨压力。而且，当前 CPI 对产出缺口变化的反应弹性有所提高，物价对需求扩张的反应也较为强烈。三是我国经济增速下滑的容忍度相对有限（“十

二五”期间应不低于 7%），结构调整需要长效机制，由我国经济增速下滑引致的隐性较高失业率隐含着较大的潜在社会风险和不稳定成本。

要把握机遇，促进我国经济持续健康发展，意味着 2013 年必须着力协调促增长、调结构、稳通胀的平衡，实施“稳中求进”相应的金融宏观调控政策，结合财税配套改革完善金融结构，通过平衡短期性调控和长期性结构改革，增进社会改革动力，培育经济增长潜力。

特别地，在货币政策方面，央行要在健全逆周期的宏观审慎政策框架和金融调控体系的同时，综合运用回购、央行票据、存款准备金率等货币政策工具组合，保持银行体系流动性，引导市场流动性，增强银行引导经济运行的压力和活力，积极引导回升期企业经济调整和市场预期；要着力改善社会融资条件，优化信贷结构调整，推动资本市场创新，通过适时调整银行存贷比、调整金融机构对实体经济的存贷利差或贷款浮动幅度等政策措施，实施结构性信贷政策调整，改善小贷公司治理，有效解决信贷资金供求结构性矛盾，切实强化金融服务实体经济的功能；要继续完善人民币汇率形成机制，扩大人民币在跨境贸易和投资中的使用；要深化金融改革，推进金融结构转型，健全宏观审慎政策框架，完善货币政策传导机制，完善金融监管协调机制，完善货币政策与财政政策的协调机制，发挥货币政策逆周期和金融监管防风险的组合作用。

第一，要综合运用货币政策工具，保持合理的市场流动性，既引导货币信贷平稳适度增长，支持市场流动性需求，又缓解货币信贷过快增长，防范通货膨胀压力。货币政策调控的一个基本目标是保持物价总水平基本稳定。关于货币政策的通货膨胀目标制，国内外经济学界和政策决策界一直存在争议。不过，近年来国内外的货币政策调控在实践中兼顾了资产价格、就业和经济增长，而非采取通货膨胀单一目标制。

伴随着金融创新及货币信贷市场的深化，货币供给量、信贷总额等传统的货币政策中介指标与物价之间的关系日益复杂而不稳定。一方面，应充分考虑各国 M2 核算口径存在的较大差异，而且货币具有多种职能，而不只是交易媒介。另一方面，如果考虑从货币超发到通货膨胀的时滞，保持合理的市场流动性还是必要的。

第二，要着力改善社会融资条件，优化信贷结构调整，推动资本市场创新，适度扩大社会融资规模。社会融资规模是指一定时期内实体经济从金融体系获得的资金总额。随着我国金融机构多元化、金融市场发展和金融工具创新深化，传统的新增人民币贷款指标已不能完整反映金融与经济的关系，也不能全面反映实体经济的融资规模，需要用社会融资规模来全面反映金融与经济的关系，以及金融对实体经济的资金支持。国际金融危机以来，中国人民银行顺应国际趋势及国内加强宏观调控和金融监管的要求，将衡量和监测反映货币政策有效性的信用指标从传统的货币供应量、信贷规模拓展到社会融资规模指标。与货币供应量、信贷规模等指标相比，社会融资规模能更准确、更全面地反映全社会的融资状况和流动性水平。

社会融资条件反映实体经济的融资成本。可以通过适时调整银行存贷比、调整金融机构对实体经济的存贷利差或贷款浮动幅度等政策措施，改善社会融资条件，实施结构性信贷政策调整。在我国现有信贷结构下，改善小额贷款公司治理，支持小额贷款公司服务于小微企业，也有利于优化信贷结构，缓解信贷资金供求的结构性矛盾。

要适度扩大社会融资规模，不仅要改善社会融资条件，保持信贷合理平稳增长，而且要改善社会融资结构，加快发展多层次资本市场，提高直接融资比重，推动资本市场结构创新，比如在基础设施和公用设施融资方面，可以在加强监管基础上，通过资产支持证券、市政债等工具创新，促进债券市场发展。

扩大社会融资规模必须强化金融服务于结构调整的功能。因此，信贷政策要通过扩大社会融资规模，与货币政策和财政政策相互协调，服务于保障性安居工程、农业、水利、交通等基础设施，社会事业等民生工程，以及节能减排和生态环境等领域。

第三，要继续完善人民币汇率形成机制，扩大人民币在跨境贸易和投资中的使用，并加强对其隐含风险的跟踪和预警。目前，我国人民币对美元汇率基本处于均衡水平。当然，这种均衡水平会动态变化，不会一成不变。因此，要继续完善人民币汇率形成机制，引导人民币汇率双向浮动预期，改善人民币汇率弹性，不要形成人民币升值或贬值的单向浮动。我国的人民币国际化进程取得一定进展，扩大了人民币在跨境贸易和投资中的使用，但是其隐含的风险，比如相应出现的资产国际化、负债本币化现象隐含的风险有可能在未来浮现，有必要密切跟踪，加强预警研究。同时，要加强对跨境资本的有效监控。

第四，要深化金融改革，推进金融结构转型，健全宏观审慎政策框架。完善货币政策传导机制，完善金融监管协调机制，完善货币政策与财政政策的协调机制，发挥货币政策逆周期和金融监管防风险的组合作用。

总之，党的十八大、2012 年的中央经济工作会议以及 2013 年的《政府工作报告》已经对 2013 年的经济工作做了全面部署，重在贯彻落实，重在长效机制建设。宏观调控和宏观经济政策要以提高经济增长质量和效益为中心，把需求管理与供给管理更好地结合起来。要稳中求进、锐意改革、扎实工作，努力保持2013年中国经济持续健康发展，实现本届政府的良好开局。

Analysis and Forecast of China's Economic Situation (The Spring Report, 2013)

Project Group

Abstract: In 2013, although impacts of the international financial crisis appear, the international economic situation is complex, there are still precious opportunities and favorable conditions in China's economy. As the international economy recovering, and the quantitative easing policy in the U. S., Europe and Japan, China's macro-economy is expected to maintain an appropriate growth rate and gradually increase prices. In 2013 and the future, we should adapt to the new changes in the economic situation, emphasis on changes of demand and supply, and change the demand management into the organic combination of demand management and supply management in the macro-economic policies.

Key Words: China's Economy; Macro-economic Control; National Economy

B.2

2013～2017年中国经济的增长与波动

刘树成*

摘　要：

本文分析了近六年来我国GDP季度增长率和规模以上工业增加值月度增长率的波动所呈现出的五个阶段的变化，指明当前的经济回升态势来之不易，并讨论了新一轮经济周期从哪年算起的问题。在此基础上，分析了未来五年或更长时间里我国经济发展的两大空间：一是由各地区人均GDP水平差距所带来的发展空间，二是由城镇化率与发达国家的差距所带来的发展空间。

关键词：

中国经济　经济周期　地区发展　城镇化

一　来之不易的新回升态势

（一）GDP季度增长率的波动

近六年来，我国GDP当季同比增长率的波动呈现出如下五个阶段的变化（见图1）。

---

* 刘树成，中国社会科学院学部委员，经济学部副主任。

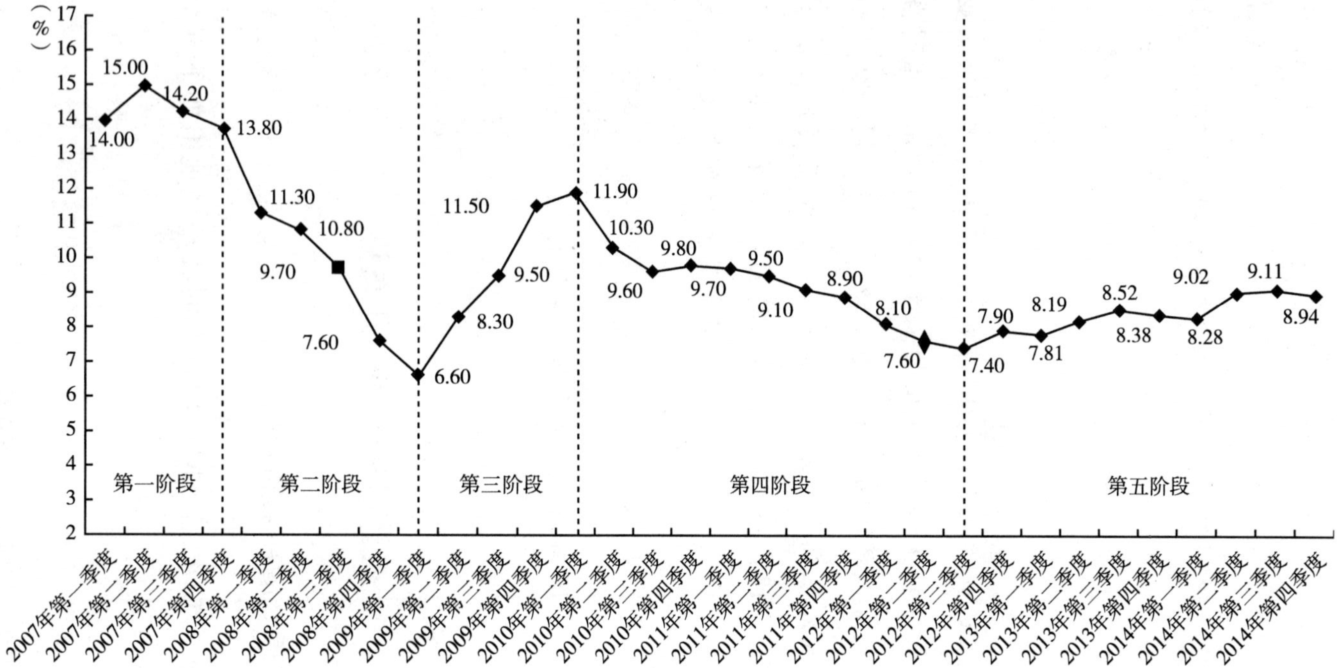

图 1　中国 GDP 当季同比增长率（2007 年第一季度至 2014 年第四季度）

资料来源：2007 年第一季度至 2012 年第四季度，国家统计局网站；2013 年第一季度至 2014 年第四季度为预测值，引自厦门大学宏观经济研究中心（2013）。

第一阶段，2007 年第一季度至第四季度。GDP 季度增长率在 14% 左右的高位运行。最高点是 2007 年第二季度，达到 15.0%。这是自 1999 年第四季度 GDP 增长率处于 6.5% 的谷底之后，八年来的最高峰。在长达 8 年的连续上升中，经济运行逐渐偏快，物价亦攀升。2007 年 12 月召开的中央经济工作会议提出了“双防”：把防止经济增长由偏快转为过热、防止价格由结构性上涨演变为明显通货膨胀作为宏观调控的首要任务。由此，对连续 8 年的经济上升进行调整。

第二阶段，2008 年第一季度至 2009 年第一季度。在“双防”政策调整之下，2008 年第一、第二季度，GDP 增长率开始回落。紧接着，严重的国际金融危机袭来，GDP 增长率又连续三个季度下滑，至 6.6% 的谷底。

第三阶段，2009 年第二季度至 2010 年第一季度。在应对国际金融危机的冲击中，我国采取了大力度的经济刺激政策，迅速扭转了经济下滑趋势，走出了一条 V 形回升轨迹。一直回升到 2010 年第一季度 GDP 增长 11.9% 的高峰。

第四阶段，2010 年第二季度至 2012 年第三季度。GDP 增长率出现了连续 10 个季度的下滑趋势。特别是到 2012 年第二、第三季度，连续“破八”，分别降至 7.6% 和 7.4%。经济增速的连续下滑是由多方面原因交织在一起造成的：有外部原因，国际金融危机的深层次影响仍在不断发酵，外需低迷使我国出口不振；有国内原因，我国主动进行宏观调控，主动转变经济发展方式、加快结构调整，也有要素供给（能源、资源、土地、环境、劳动力等）约束强化、人口红利逐渐减少使潜在经济增长率下移等原因。

第五阶段，2012 年第四季度，GDP 增长率出现新的回升，为 7.9%。这一回升态势的取得来之不易。这一回升态势还刚刚开始，回升的基础还不稳固，经济增长的下行压力依然很大。根据厦门大学宏观经济研究中心（2013）的预测报告，图 1 中还连续绘出了 2013 年第一季度至 2014 年第四季度 GDP 增长率的预测值。从中可以看到 2013 年和 2014 年可能出现的新的经济回升态势。

（二）工业增加值月度增长率的波动

近六年来，我国规模以上工业增加值当月同比增长率的波动，与上述 GDP 季度增长率的波动相对应，也呈现出五个阶段的变化（见图 2）。

第一阶段，2007 年 1 ~2 月至 12 月。工业增加值月度增长率在 18% 左右的高位运行。最高点是 2007 年 6 月，达到 19.4%。这是自 1999 年 10 月工业增加值月度增长率处于 7.0% 的谷底之后，亦呈现出长达 8 年的上升态势。

第二阶段，2008 年 1 ~2 月至 2009 年 1 ~2 月。在“双防”政策调整之下，工业增加值月度增长率开始回落。随后，在严重的国际金融危机冲击下，工业增加值月度增长率连续下滑，至 3.8% 的谷底。

第三阶段，2009 年 3 月至 2010 年 1 ~2 月。在应对国际金融危机的冲击中，我国迅速扭转了经济下滑的趋势，工业增加值月度增长率亦走出一条 V 形回升轨迹。一直回升到 2010 年 1 ~2 月 20.7% 的高峰。

第四阶段，2010 年 3 月至 2012 年 8 月。工业增加值月度增长率出现下滑趋势。特别是从 2012 年 4 月起，跌破 10%，到 8 月降为 8.9% 的新低点。

第五阶段，2012 年 9 ~12 月。工业增加值月度增长率连续 4 个月轻微回升，至 10.3%。

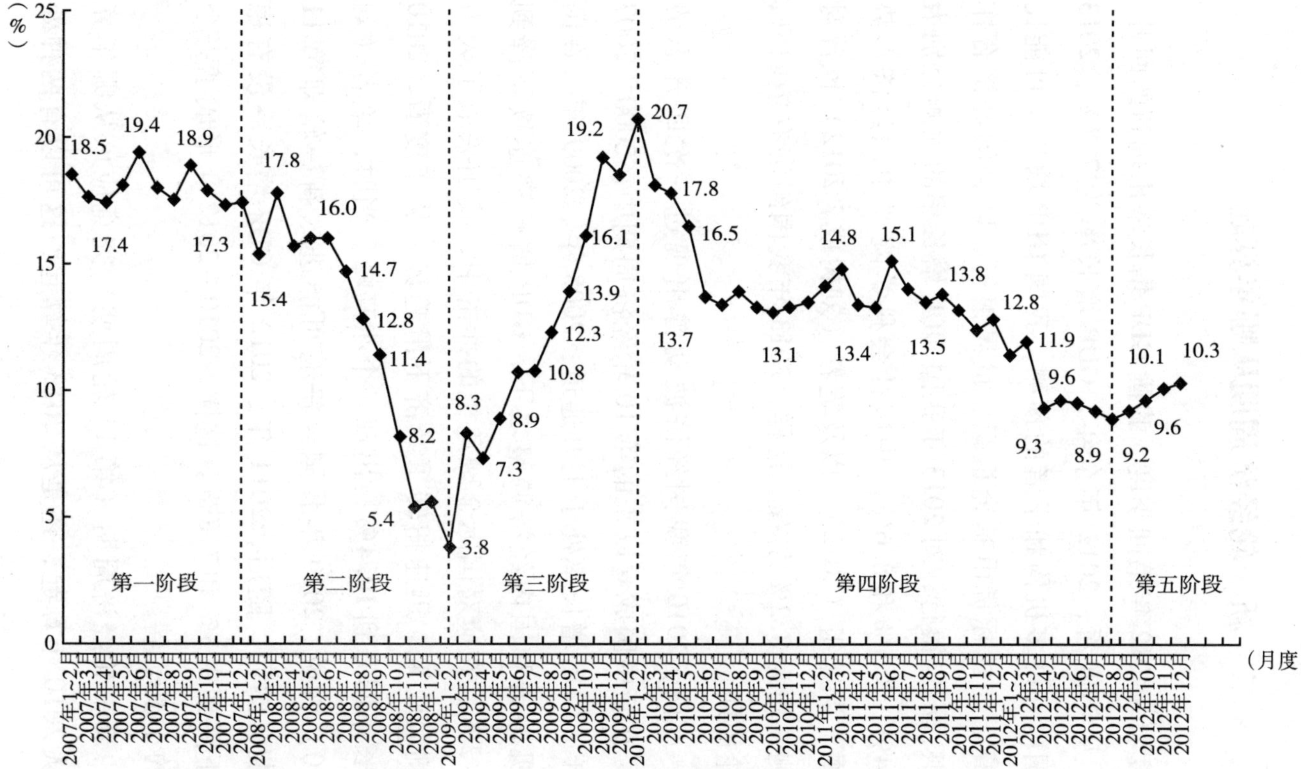

图 2　工业增加值当月同比增长率（2007 年 1~2 月至 2012 年 12 月）

资料来源：国家统计局网站。

二　新一轮经济周期从哪年算起

从季度看，2012 年第四季度，我国 GDP 增长率出现新的回升，为7.9%。从年度看，2012 年全年，GDP 增长率为 7.8%。2013 年，根据国内外许多机构和学者的预测，我国 GDP 增长率可能比 2012 年略高。如国际货币基金组织、世界银行、联合国经济合作与发展组织、汇丰银行，对 2013 年我国 GDP 增长率的预测分别为 8.2%、8.4%、8.5% 和 8.6%。中国社会科学院“中国经济形势分析与预测”课题组（2012），以及笔者（刘树成，2012）也曾对此做出预测，均为 8.2% 左右。这样，2013 年我国经济有望回升，进入新一轮周期。

但是，此前，2010 年我国经济波动曾出现过一次回升态势（见图 3）。在新中国成立以来的第 10 轮经济周期中，2000～2007 年连续 8 年，GDP 增长率处于上升通道；2008 年、2009 年，在国际金融危机冲击和国内经济调整之下，GDP 增长率连续下降到 9.6% 和 9.2%。在应对国际金融危机的冲击中，我国采取了大力度的经济刺激政策，迅速扭转了经济下滑趋势。从年度看，2010 年 GDP 增长率回升到 10.4%，出现一个小高峰。当时，笔者（刘树成，2010）曾说，2010 年我国经济有可能进入新一轮即第 11 轮经济周期。然而，随后，2011 年、2012 年 GDP 增长率没有稳住，连续下降到 9.3% 和 7.8%。这样，2010～2012 年形成了一个历时 3 年的小波动。

由此，新一轮经济周期（第 11 轮周期）究竟应该从哪年算起呢？是从 2010 年算起，还是从 2013 年算起？这可以有两种处理方法。

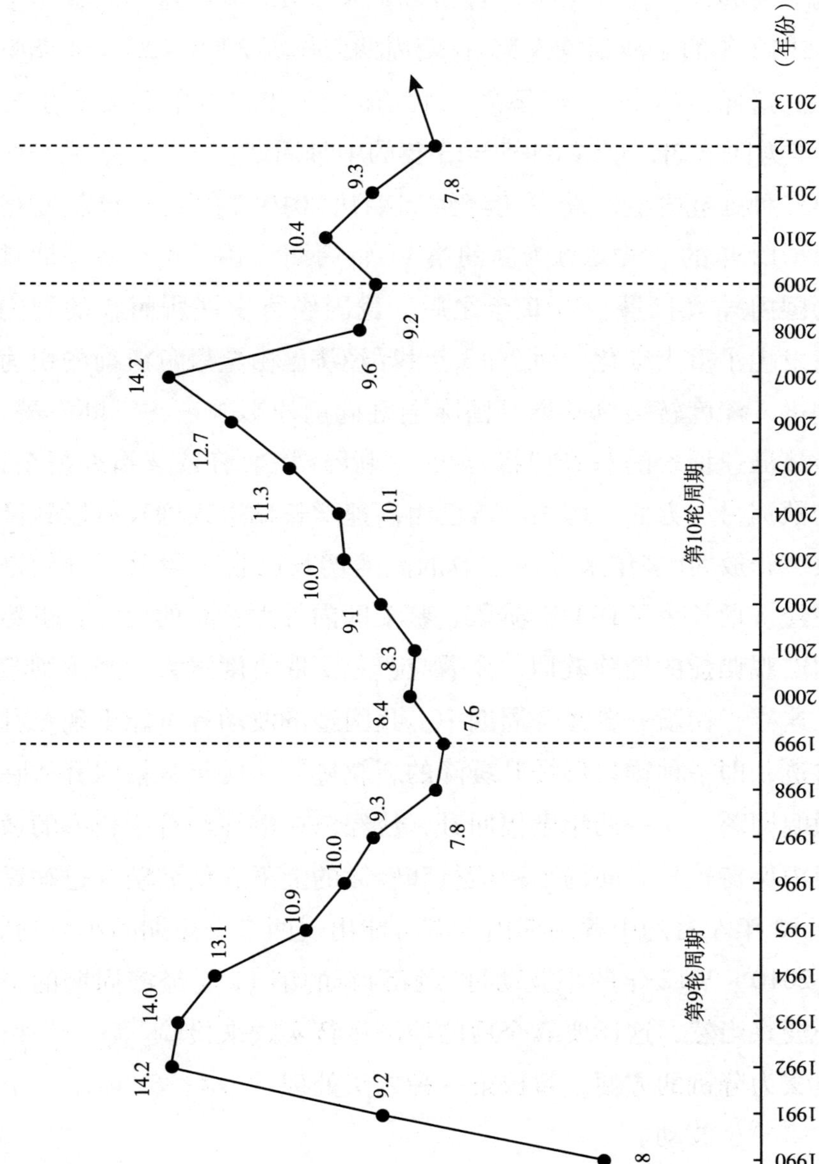

图 3　中国 GDP 增长率的波动（1990～2012 年）

第一种处理方法，新一轮经济周期从2013年算起，也就是把2010～2012年的小波动算入第10轮周期，作为2008～2009年调整的延续。这样，第10轮经济周期共历时13年，其中8年为上升期，5年为回落期，形成8+5=13年的中程周期。

第二种处理方法，新一轮经济周期从2010年算起，也就是把2010～2012年的小波动算为新的第11轮周期。新一轮经济周期具有新的国内外大背景。2010年之后，我国经济发展所面临的国内外环境发生了重大变化。一方面，世界经济已由金融危机前的快速发展期进入深度转型调整期。国际金融危机的影响还在不断发酵，世界经济低速增长的态势仍将延续，国际经济形势依然错综复杂，充满变数。另一方面，国内经济已由高速增长期进入增长阶段转换期。改革开放30多年来近两位数的高速增长已告一段落，开始进入潜在经济增长率下移的新阶段。鉴于国内外大背景的变化，也鉴于我国宏观调控的经验教训，今后应避免采取力度过大的经济刺激政策，这样，在新一轮经济周期中，我国经济波动有可能出现一种新的轨迹，即一种锯齿形缓升缓降的新轨迹，一两年微幅回升、一两年微幅回落、又一两年微幅回升，使经济在潜在经济增长率的适度区间内保持较长时间的平稳运行和轻微的上下起伏波动，也就是在一个10年左右的中程周期内，有可能出现两三个短期的小波动。由此，2010～2012年的小波动可以算为新的第11轮经济周期的第一个小波。当然，这还要靠今后的经济运行实践来检验。

本文为分析的方便，暂按第一种方法处理。

三　未来发展的两大空间

从我国地域辽阔、人口众多的国情出发，在未来5～10年的时间里，我国经济发展有两大空间：一是由各地区人均 GDP 水平差距所带来的发展空间，二是由城镇化率与发达国家的差距所带来的发展空间。

先看各地区人均 GDP 水平的差距。笔者曾以 2011 年全国 31 个省、市、自治区的人均 GDP 水平进行过分析（刘树成，2012）。现以 2012 年最新的初步数据来做进一步考察，各地区可分为以下四大梯队（见表 1）。

表 1　2012 年我国各地区人均 GDP

单位：美元

地　区	所处位置	人均 GDP	分　组
天　津	东部	14800	第一梯队
北　京	东部	13797	
上　海	东部	13471	
江　苏	东部	10827	
内蒙古	西部	10189	
浙　江	东部	10022	
辽　宁	东部	8958	第二梯队
广　东	东部	8550	
福　建	东部	8358	
山　东	东部	8201	
吉　林	中部	6875	
重　庆	西部	6191	
湖　北	中部	6110	
陕　西	西部	6108	
全　国	—	6091	—

续表

地　区	所处位置	人均 GDP	分　组
河　北	东部	5795	第三梯队
宁　夏	西部	5734	
黑龙江	中部	5657	
山　西	中部	5540	
新　疆	西部	5372	
湖　南	中部	5304	
青　海	西部	5231	
海　南	东部	5147	
河　南	中部	5025	
四　川	西部	4686	
安　徽	中部	4561	
江　西	中部	4557	
广　西	西部	4427	
西　藏	西部	3618	第四梯队
云　南	西部	3516	
甘　肃	西部	3431	
贵　州	西部	3105	

资料来源：根据 2013 年初发布的全国和各地区 2012 年国民经济和社会发展统计公报、各地区《政府工作报告》等初步数据整理和计算，并不十分准确，仅供分析参考。待《中国统计摘要 2013》和《中国统计年鉴 2013》出版后，以其为准。本表按 2012 年平均汇率折算，1 美元 =6. 3125 美元。

第一梯队，人均 GDP 超过 10000 美元。有 6 个地区：天津、北京、上海、江苏、内蒙古、浙江。其中，除西部的内蒙古之外，其他省市全为东部地区。

第二梯队，人均 GDP 在 10000 美元以下、6000 美元以上（也就是比全国平均水平 6091 美元高）。有 8 个地区：辽宁、广东、福建、山东、吉林、重庆、湖北、陕西。其中，东部地区 4 个，中部、西部地区各两个。

第三梯队，人均 GDP 在 6000 美元以下、4000 美元以上。有 13 个地区：除东部地区的河北、海南之外，全部为中部、西部地区。中部 6 个：黑龙江、山西、湖南、河南、安徽、江西。西部 5 个：宁夏、新疆、青海、四川、广西。

第四梯队，人均 GDP 在 4000 美元以下。有 4 个地区：西藏、云南、甘肃、贵州，全为西部地区。

按照世界银行每年对不同经济体人均国民总收入（人均国民总收入与人均 GDP 相差不多）的分组标准，我国在 1997 年以前，长期处于“低收入组”；1998 年，我国人均国民总收入升至 790 美元，开始进入“下中等收入组”；2010 年，我国人均国民总收入达到 4260 美元，开始进入“上中等收入组”，至今刚刚 3 年。2012 年，我国人均 GDP 初步数据为 6091 美元，离进入“高收入组”的 12000 多美元标准还差一半。从总体上说，我国未来发展的空间还很大。

根据世界银行 2011 年对不同经济体人均国民总收入的分组标准（2012 年的分组标准尚未公布），12476 美元及以上为高收入经济体，4036 ~ 12475 美元为上中等经济体，1026 ~ 4035 美元为下中等经济体，1025 美元及以下为低收入经济体。大体参照这个标准，我国上述第一梯队的地区已经接近或达到高收入水平，第二、第三梯队的地区大体处于上中等水平，第四梯队的地区大体处于下中等水平。从各地区人均 GDP 水平的差距来看，我国未来发展还有很大空间。

四 城镇化与投资消费关系问题

在未来5~10年的时间里，我国经济发展的第二大空间，是由城镇化率与发达国家的差距所带来的发展空间。当然，这两大发展空间是相互关联的。城镇化的深度推进是实现人均GDP水平提高的重要途径。从转变经济发展方式、调整需求结构的角度看，城镇化是扩大内需的最大潜力，是未来经济发展的巨大引擎。目前，我国城镇化率刚刚超过50%（2011年首次超过50%，达到51.3%；2012年为52.6%），如果按城镇户籍人口计算，仅为35%左右，远低于发达国家80%左右的平均水平。关于城镇化对我国未来经济发展的重要作用，笔者已做过分析（刘树成，2009）。本文这里要提出和讨论的一个问题是，城镇化对扩大消费和投资的作用。城镇化有利于扩大消费，还是有利于扩大投资？或者既有利于扩大消费，又有利于扩大投资？或者是对扩大消费的作用更大，还是对扩大投资的作用更大？目前，学术界对此存在着不同的看法。

第一种看法，单纯强调城镇化对扩大消费的作用。这种看法认为，现在农民工在城镇的消费，只有原城镇居民的1/3，甚至1/5。如果2.6亿农民工的消费能增长一倍，就能产生很大的内需。

第二种看法，城镇化既能扩大消费，又能扩大投资，城镇化对扩大消费和投资的作用合在一起谈。如有学者提出，到2020年，我国城镇化率每年提高1个百分点，将带动消费和投资需求25万亿元以上，每年平均2.5万亿元。

第三种看法，城镇化既能扩大消费，又能扩大投资，但对投资的扩大作用可能更大一些。如有学者测算，一个农民转化为市民，消费需求将增加1万多元，带动固定资产投资至少增加10万元，即投资增加是消费增加的 10 倍。“十二五”期间，我国每年将新增 1000 多万城镇人口，由此每年将增加 1000 多亿元消费，1 万多亿元固定资产投资。

笔者认为，城镇化对扩大消费和投资都有作用，但在目前我国城镇化较快发展阶段，其对投资的扩大作用可能会更大一些。因为要为进城的农民工及其家属提供相应的就业机会和产业岗位，提供大量的社会公共服务，这些都需要扩大投资。而在城镇化发展后期，其对扩大消费的更大作用才会发挥出来。所以，在未来 5～10 年的时间里，在我国城镇化向深度推进的过程中，要重视扩大消费，但也不可忽视投资（刘树成，2012）。我们注意到，2012 年 12 月召开的中央经济工作会议上提出：要牢牢把握扩大内需这一战略基点，增强消费对经济增长的基础作用，发挥好投资对经济增长的关键作用；增加并引导好民间投资；同时在打基础、利长远、惠民生，又不会造成重复建设的基础设施领域加大公共投资力度。2013 年 3 月 5 日《政府工作报告》中提出：现阶段，投资在促进经济增长中的作用不可低估。关键在于选准方向、优化结构、提高投资的质量和效益。进一步放宽民间投资市场准入，激发民间投资活力。

参考文献

刘树成：《新中国经济增长 60 年曲线的回顾与展望》，《经济学动态》2009 年第 10 期。

刘树成：《新一轮经济周期分析》，《中国经济前景分析——2010 年春季报告》，社会科学文献出版社，2010。

刘树成：《不可忽视 GDP——当前中国经济走势分析》，《经济学动态》2012 年第 7 期。

刘树成：《当前与未来中期中国经济走势分析》，《2013 年中国经济形势分析与预测》，社会科学文献出版社，2012。

中国社会科学院“中国经济形势分析与预测”课题组：《中国经济形势分析与预测——2012 年秋季报告》，《2013 年中国经济形势分析与预测》，社会科学文献出版社，2012。

厦门大学宏观经济研究中心“中国季度宏观经济模型”课题组：《中国宏观经济预测与分析——2013 年春季报告》，社会科学文献出版社，2013。

China's Economic Growth and Volatility in 2013 –2017

Liu Shucheng

Abstract: This paper analyzes China's quarterly GDP growth rate in recent six years and changes of five phases which appears fluctuations of the monthly growth rate in the industrial added value above designated size. The current trend of economic recovery doesn't come easily, and the year which the new round of economic cycle starts is discussed. On this basis, the paper analyzes two aspects that China's economy will make development in the next five or more years: the one is the gap of GDP per capita in different regions, the other is the gap of urbanization rate between China and developed countries.

Key Words: Chinese Economy; Economic Cycle; Regional Development; Urbanization

B.3

2013 年我国经济社会发展面临的机遇与挑战

汪同三*

摘　要：

2013 年经济社会发展面临的机遇和挑战并存，既要坚定信心，又要增强忧患意识和紧迫感。2012 年召开的党的十八大开创了经济社会发展的崭新局面，不仅能保证做好 2013 年的经济工作，顺利实施“十二五”规划，而且会为未来全面建成小康社会战略任务的完成奠定坚实的基础。经过过去五年的发展，我国深入贯彻落实科学发展观，克服重重困难，经济快速增长，经济结构有效调整，社会事业快速发展，人民生活质量进一步改善，生态文明取得新进展，为经济社会发展奠定了更加雄厚的物质基础。同时，在国际环境中，也潜藏着政治、科技和经济的新机遇。但是，应该看到国际金融危机没有结束，世界经济复苏依然充满不确定性和不稳定性，国内发展依然面临宏观经济发展中的不平衡、不协调、不可持续等突出问题以及财政金融、经济结构、社会发展、政府职能等方面的问题。

关键词：

机遇　挑战　经济社会发展　结构调整

* 汪同三，中国社会科学院学部委员，研究员。

《政府工作报告》指出："我国发展仍处于可以大有作为的重要战略机遇期，经济社会发展具备很多有利条件和积极因素，也面临不少风险和挑战。"全面理解这一重要判断，科学分析当前国内外环境，对学习贯彻《政府工作报告》精神、做好2013年各方面工作具有重要意义。

一　党的十八大开创了经济社会发展的崭新局面

党的十八大报告勾画了在新的历史条件下全面建成小康社会、加快推进社会主义现代化、夺取中国特色社会主义新胜利的宏伟蓝图。我国已进入全面建成小康社会的决定性阶段。2013年是全面贯彻落实党的十八大精神的开局之年，全党全国目前掀起了认真学习和贯彻落实十八大精神的高潮，这是我们搞好2013年经济社会发展工作最为有利的环境条件。十八大阐明了我们党将举什么旗、走什么路、以什么样的精神状态、朝着什么样的目标继续前进这些关系党和国家工作全局的重大问题。在十八大之后举行的中央经济工作会议提出，做好2013年经济工作要以提高经济增长质量和效益为中心，稳中求进，开拓创新，扎实开局，进一步深化改革开放，进一步强化驱动创新，加大经济结构战略性调整力度，实现经济持续健康发展和社会和谐稳定。这为2013年我国经济社会发展工作制定了大政方针。

2013年是执行"十二五"规划的第三年，十八大提出2020年基本建成小康社会的宏伟任务后，"十二五"规划成为全面建成小康社会的具有决定性意义的基础，全面完成"十二五"规划提出的各项任务意义愈显重要。过去两年中执行"十二五"规划取得重要成绩，争取全面完成"十二五"规划仍然任重道远，需要付出巨大努力。正如《政府工作报告》所指出的，2013 年是实施“十二五”规划承前启后的关键一年，是为全面建成小康社会奠定坚实基础的重要一年。学习贯彻好十八大精神，不仅能保证我们做好 2013 年的工作、顺利实施“十二五”规划，而且会为未来全面建成小康社会战略任务的完成奠定坚实的基础。

二　改革开放的丰硕成果为经济社会发展奠定了更加雄厚的物质基础

过去五年，我们深入贯彻落实科学发展观，有效应对国内外各种纷繁复杂的风险与挑战，克服了前进道路上的重重困难，全面建设小康社会取得了巨大成绩。

1. 经济保持较快增长，综合国力不断增强

改革开放以来，我国国内生产总值年均增长速度接近 10%，在世界大国经济中居于首位，相当于同期世界经济平均增长速度的 3 倍多。2012 年我国经济总量初步核算达到 51.9 万亿元，在 2012 年跃居世界第二的基础上，进一步巩固了世界第二大经济体的地位。全国财政收入达到 11.72 亿元，比上年增加了 18%，是 2007 年的 2.3 倍。人均国内生产总值已达到世界中等偏上收入国家水平。根据国家统计局《2012 年国民经济和社会发展统计公报》，2012 年中国人均 GDP 为 38354 元，按照汇率折算，超过 6000 美元。我们积极扩大内需，消费对经济增长的贡献率不断稳步提高，2012 年全年全社会消费品零售额超过 20 万亿元。投资也保持较快增长，2012 年全国固定资产投资总额超过 36 万亿元，不仅拉动了即期经济增长，而且为未来的可持续发展提供了坚实基础。目前我国制造业产值世界第一。外汇储备世界居首。进出口贸易总额超过

3.8万亿美元，对世界贸易的贡献进一步增大。我国的国际地位和国际影响力进一步增强。

2. 转变经济发展方式取得进展，经济结构调整取得成效

“三农”工作得到加强，社会主义新农村建设进一步推进，农业综合生产能力持续提高，特别是2012年全国粮食总产量达到58957万吨，实现了创纪录的连续九年增产。工业生产克服种种困难，不仅在产出方面不断扩大规模，保持较快增速，而且更加注重结构调整和质量效益的提高。战略性新兴产业发展壮大，传统产业加速实现技术改造和产品升级。服务业特别是现代服务业加快发展，为生产经营和人民生活水平提高提供基本保障。经济结构调整和优化的效果逐步显现。全国范围内基础设施建设大力加强，不断完善。区域发展总体战略和主体功能区战略推进实施，区域发展的协调性进一步加强。城乡一体化稳步推进，城镇化步伐加快，城镇化率明显提升，2012年，我国城镇人口占总人口的比重已经超过52%。

3. 大力发展社会事业，经济社会协调发展取得新成绩

经过不懈努力，覆盖城乡居民的社会保障体系初步形成并逐步完善，公共卫生服务体系和基本医疗保障服务体系不断健全。城乡免费义务教育全面实现，教育均等化水平持续提高，2012年首次实现了财政性教育经费支出占GDP比重达到4%，实现了我们多年的夙愿。近年来，保障性住房建设大规模推进，2012年全国新开工建设城镇保障性安居工程住房781万套，基本建成601万套。目前全国累计建成城镇保障性住房1800多万套，2013年又提出要确保城镇保障性安居工程住房基本建成470万套、新开工630万套的任务。随着国力的增强，我国研究与试验发展的经费投入持续增加，国家财政科技拨款2011年达到4900亿元，研发投入占GDP

比例达 1.83%，总量达 8600 亿元。2012 年全国研究与试验发展投入达到 10240 亿元，占 GDP 的比重上升到 1.97%，研发投入占 GDP 比重已达到中等发达国家水平。随着创新型国家建设的深入推进，我国创新能力和创新体系建设取得重要进展。我国研究开发人员总量居世界第一位，国际论文数量连续五年稳居世界第二位，发明专利授权数居世界第三位。目前我国国家级高新区总数已超过 100 个，国家大学科技园达到 80 多个，面向经济社会和国家战略需求，科技发挥了重要的支撑引领作用。我国文化事业和文化产业也得到快速发展。社会管理创新不断加强，管理水平不断提高。

4. 居民收入水平保持增长，人民生活质量进一步改善

城镇就业持续扩大，新增就业计划完成或超额完成，城镇登记失业率保持在较低水平。居民收入连年实现较快增长，2007～2012 年，城镇居民人均可支配收入和农村居民人均纯收入分别由 13786 元和 4140 元增加到 24565 元和 7917 元，是改革开放以来居民收入增长最快的时期。扣除价格因素，2012 年城镇居民人均可支配收入和农村居民人均纯收入分别实际增长 9.6% 和 10.7%，均高于当年国内生产总值的实际增长率，实现了居民收入增长与经济增长同步。更为可喜的是，农村居民收入增长速度快于城镇居民收入增长，城乡居民收入差距比由 2007 年的 3.33∶1 下降到 2012 年的 3.10∶1。同时，城乡居民家庭财产稳定增加，居民家庭恩格尔系数有所下降，居民消费结构升级加快，衣食住行条件明显改善，人民群众的物质生活水平逐步提高，精神文化生活更加丰富多彩。根据第六次全国人口普查详细汇总资料计算，2010 年我国人口平均预期寿命达到 74.83 岁，比 10 年前提高了 3.43 岁。

5. 加强资源节约型、环境友好型社会建设，生态文明取得新进展

我们深入贯彻保护环境和节约能源的基本国策，充分运用经济、法律和必要的行政手段，大力推进节能减排和生态环境保护。我国能源利用效率有所提高，可再生能源使用比重不断增加。主要污染物排放得到控制，江河湖泊污染治理力度加大，全面推进江河湖泊的休养生息，生态示范区创建扎实推进。目前我国森林覆盖面积已超过国土面积的 20%。2012 年全国万元国内生产总值能耗下降 3.6%，超额完成年初目标。化学需氧量排放量下降 3.05%，二氧化硫排放量均下降 4.52%，氨氮排放量下降 2.62%，氮氧化物排放量下降 2.77%，均超过预期目标。2012 年计划淘汰炼铁 1000 万吨、炼钢 780 万吨、铁合金 289 万吨、电解铝 27 万吨、水泥 21900 万吨，公告企业名单。截至目前，列入名单的落后产能已基本关停，大部分落后产能已拆除。2012 年，我国安排中央预算内投资 336 亿元、中央财政节能减排专项资金 1000 多亿元，支持节能减排重点工程建设。2013 年财政将安排 500 多亿元，加快推广节能定频空调、电机、汽车、节能灯、半导体照明产品以及风机、泵、压缩机、变压器等工业设备。在 8 个城市启动节能减排财政政策综合示范。

我们在经济社会发展各方面取得的显著成绩，是进一步做好 2013 年各项工作的有利条件，我们可以在这一基础上再接再厉，争取更大的成绩。

三　国际政治经济环境中潜藏着新的机遇

进入 21 世纪以来，国际政治经济环境中发生了一系列影响重大的事件，特别是 2008 年以后相继爆发的美国金融危机和欧洲主权债务危机，使世界经济出现严重动荡。国际环境比以往更为严峻，形势更为复杂，不确定性明显增强，我国经济发展面临的国际机遇和挑战都在增多。我们需要科学分析国际形势变化的新特点，努力抓住国际政治经济环境中存在着的机遇，促进国内各项事业的发展。

在政治方面，目前国际上维护和平、制约战争、反对霸权的力量在进一步壮大，和平与发展仍然是时代的主题，国际形势基本稳定，有利于我国的发展。进入新世纪，广大发展中国家整体实力和影响上升，成为我国实现和平发展道路不可或缺的战略依托。国际金融危机的爆发，使新兴市场国家和发展中国家的整体实力相对增强，国际力量对比继续朝着有利于维护世界和平的方向发展，朝着有利于推动建立公正合理的国际政治经济新秩序的方向发展。我国能够争取较长时期的和平环境发展自己。

在经济方面，随着经济全球化的深入发展，世界范围内要求各个经济体之间、区域之间实现互利多赢，促进共同发展的有利因素在增加。虽然国际金融危机的爆发使世界经济形势起伏动荡，变化莫测，导致各种形式的贸易保护主义愈演愈烈，使得国际贸易和投资自由化的推进困难重重，但是经济全球化继续发展的大趋势不会改变。另一方面，我国经济实力逐步壮大，对外开放不断深化，使得我们融入经济全球化的进程日益加速，我国在世界经济中所占的份额逐步上升。中国经济离不开世界，世界经济离不开中国，中国经济与世界经济的相互依赖程度明显加强。不仅国际政治事务对中国的借重和需求显著上升，而且世界经济稳定与发展对中国的借重和需求也在显著上升。国际金融危机引发世界政治经济格局发生深刻变化，为我国提升国际话语权带来新的机遇。当前，一些发达国家经济或接近触底，或不同程度地显露出一些转机。各大国际机构预测世界经济 2013 年增速可能略高与上年，有利于我国继续开拓国际市场。

在科学技术方面，经济危机往往孕育着新的科技革命，科技革命势必带来产业革命，这是经济大国必须抓住的重大机遇。当前以信息技术为基础而带动的新能源、新材料、生物技术等科技革命已经悄然而至，并将推动新一轮战略性新兴产业发展。我国发挥科技革命和产业发展的后发优势，通过大力提升国家科技创新能力，争取在一些关键领域率先取得技术突破，推动产业结构优化升级，实现跨越式发展，确实大有空间、大有可为。

抓住国际政治经济环境中存在的机遇，重要而紧迫的是要跟上形势、转变观念，适应当前外部国际环境的新变化、新特点和新规律。我国发展的重要战略机遇期在国际环境方面的内涵和条件都发生了很大变化。面临的机遇不再是简单纳入全球分工体系、扩大出口、加快投资的传统机遇，而是外部环境条件变化倒逼我们扩大内需、提高创新能力、促进经济发展方式转变的新机遇。国际金融危机带给我们宝贵的经验是，面对纷繁复杂、险恶多变的外部环境，面对尖锐激烈的国际竞争，我们必须首先做好自身的事情，立足国内，提高水平，这样才能真正立于不败之地。

抓住国际政治经济环境中存在的机遇，我们需要加深在复杂多变的国内外经济环境中，应该如何搞好宏观调控的认识。把握好宏观调控的方向、力度和节奏的基础，是科学地审时度势，不仅要充分认识国内的问题，还要认识到当今时代各国经济你中有我、我中有你的复杂关系。要充分考虑中国经济与世界经济的相互依赖性、依存性关系，要注意因势利导、顺应潮流，这样才能既较好地发挥宏观调控当期的有效性和及时性，又避免产生过分的副作用。

四　国内外环境中存在的风险与挑战

当前，国际金融危机没有结束，世界经济复苏充满不确定性、不稳定性。由政治制度所决定，当前发达国家经济中存在的结构性问题是根深蒂固的。它们存在着储蓄率过低、福利消费过高的经济模式的问题；存在着产业空心化、服务业特别是金融服务业盲目过度发展的经济结构问题；存在着过度杠杆化的金融结构问题；存在着高赤字、高政府债务率的财政结构问题。这是使它们周期性陷入危机难以解脱的根本性原因。近几年美国金融危机、欧洲主权债务危机接踵而至，相继爆发，多种危机的深层次影响还在不断暴露和显现。美国经济复苏乏力，失业率依然高企不下，欧洲国家仍然处于危机过程的高危阶段，随时可能向更多的成员国蔓延，其溢出效应不可低估。日本近期祭出量化宽松，试图摆脱经济低迷困境。目前，西方各国为了避免危机造成的多米诺骨牌效应，扭转“高失业、高债务、低增长”状态，纷纷采取大规模非常规措施，纷纷放松货币供给，新一轮货币战争已经悄然引发，其莫测的前途必使国际经济环境在短期内难以明显好转，世界经济面临的下行压力和潜在风险有所加大，世界经济复苏的不确定性、不稳定性进一步上升，这些情况都会增加我们面临的风险，加剧我们面对的困难，强化我们面对的挑战。

从国内看，我们也面临不少矛盾和问题。在宏观经济方面，主要是：发展中不平衡、不协调、不可持续的问题依然突出；经济增长下行压力和产能相对过剩的矛盾有所加剧；企业经营成本上升和创新能力不足问题并存。在财政金融方面，主要是：财政收入增速放缓和政府刚性支出增加的矛盾凸显。在经济结构方面，主要是：产业结构不合理，农业基础依然薄弱；经济发展与资源环境的矛盾日趋尖锐；城乡、区域发展差距和居民收入分配差距较大。在社会发展方面，主要是：社会矛盾明显增多，教育、就业、社会保障、医疗、住房、生态环境、食品医药安全等关系群众切身利益的问题不少，部分群众生活困难；制约科学发展的体制机制障碍较多；政府职能转变不到位，一些领域消极腐败现象易发多发。这些矛盾和问题，有些是长期积累形成的，有些是经济社会转型过程中出现的，也有些是由我们工作中存在的缺点和不足造成的。在十八大精神鼓舞之下，我们有能力、有信心、有决心攻坚克难，解决好这些矛盾和问题。

总之，2013 年经济社会发展面临的机遇和挑战并存，我们既要看到形势的积极方面，坚定信心，也要看到形势的复杂性，增强忧患意识和紧迫感，兢兢业业、扎扎实实做好工作。

Opportunities and Challenges of China's Economic and Social Development in 2013

Wang Tongsan

Abstract: In 2013, the opportunities and challenges of economic and social development coexist, and it is better not only to strengthen the confidence, but also to enhance the sense of crisis and urgency. As for the opportunities, firstly, the Eighteenth National People's Congress of the CPC creates the new situation of economic and social development. Secondly, after rapid development in last five years, according to China's reform and opening up, thoroughly implementing the scientific concept of development, China's economy overcomes the economic difficulties, and lays a more solid material foundation for economic and social development. Thirdly, some new chance in politics, science and technology, and economy exists in the international environment.

However, we should see the challenges that the international financial crisis is not over, the world economic recovery is still fraught with uncertainty and instability in external environments. At the same time, we also should concern that the imbalances, uncoordinated, unsustainable conditions and the other issues in fiscal and financial, economic structure, social development, and government functions exist in domestic development.

Key Words: Opportunities; Challenges; Economic and Social Development; Structural Adjustment

B.4

当前工业经济形势分析与“十二五”展望

金碚　原磊　王秀丽*

摘　要：

2012 年，工业经济增速出现了较大幅度的回落，制造业投资增速明显降低，企业效益大幅下降。下一阶段，中国工业经济增长动力机制将发生转变：一是由投资拉动为主向消费、投资、出口“三驾马车”协同拉动转变；二是由外延式增长向内涵式增长转变；三是由平推式工业化向立体式工业化转变；四是由“低级红利”向“高级红利”转变。预计“十二五”期间，中国工业经济增速仍将处于平稳较快增长的区间。2013 年全年工业经济增速将维持在 11% 左右，2014 年和 2015 年将逐步下降到 10% 左右，整个“十二五”期间工业经济增速为10% ~11%。

关键词：

工业经济　制造企业　经济增速

2012 年的工业经济增长速度出现了较大幅度的回落。造成工业经济下滑的原因既包括国际市场萎缩等需求层面的原因，也包括劳

* 金碚，中国社会科学院学部委员，中国社会科学院工业经济研究所所长，研究员，博士生导师；原磊，中国社会科学院工业经济研究所，副研究员；王秀丽，中国社会科学院工业经济研究所，博士后。

动力成本上升、资源环境约束趋紧等供给层面的原因。在这种情况下，中国工业经济增长动力机制将发生相应的转变，从而也将倒逼国家和企调整发展战略。本文将在对中国工业经济的形势进行分析的基础上，展望“十二五”时期中国工业经济的发展趋势。

一　2012 年工业经济形势回顾

1. 工业生产增速放缓

2012 年，中国工业经济出现了一定幅度的回落，全年工业增加值增速为 10%，比 2011 年下滑了 3.9 个百分点，超出了很多研究者在 2012 年初的预期。从全年的走势来看，出现了“先回落，再回升”的走势，工业经济增速在 8 月回落到年度最低点 8.9% 以后，开始逐步回升，到了 12 月达到了 10.3%（见图 1）。总体上看，2012 年工业经济实现了平稳较快增长，增速虽然相比前几年出现了较大幅度的下降，但仍处于可接受范围之内，波动程度高于

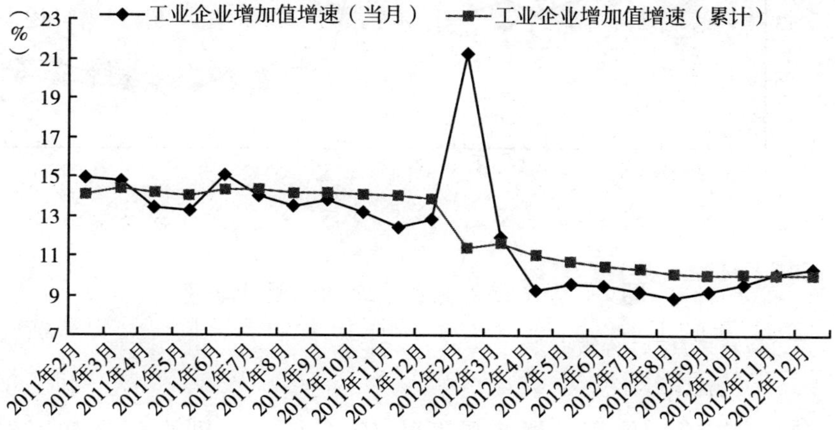

图 1　工业企业增加值累计增速

资料来源：中经数据。

2011 年，但低于改革开放以来绝大部分年份。

2. 轻工业平稳增长，重工业先低后升

长期以来，中国工业增长大多情况下是重工业增速快于轻工业增速，从而使得重工业在工业中的占比逐步提升，而这也符合了中国重化工业化的发展阶段。2012 年上半年这一情况出现了改变，很多月份重工业增速低于轻工业增速，而到了下半年，重工业增速明显回升，几乎在所有的月份里增速均快于轻工业增速（见图 2）。一般来讲，当工业经济处于下滑区间的时候，重工业增速下滑的速度通常快于轻工业，但当工业经济处于上升区间的时候，重工业增速上升的速度也同样较快。2012 年下半年重工业增速加快，一定程度上反映了工业经济的回升趋势。

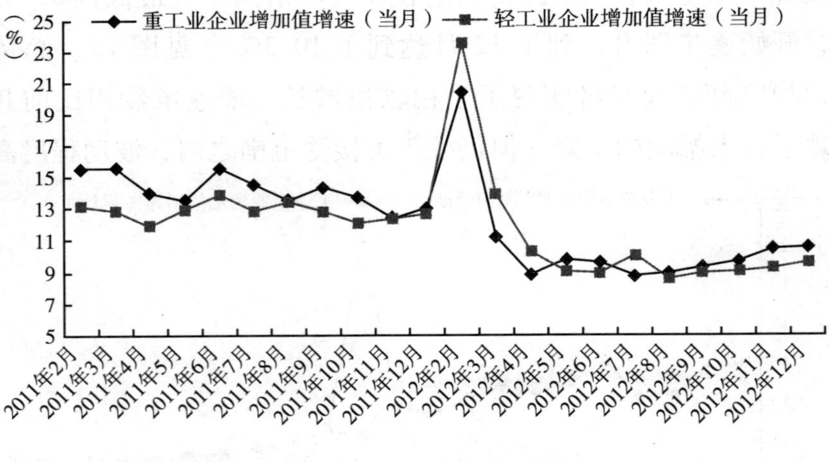

图 2　轻、重工业企业增加值累计增速

资料来源：中经数据。

2012 年增加值累计增速最低的 10 个行业分别为石油和天然气开采业，水的生产和供应业，电力、热力的生产和供应业，其他采选业，石油加工、炼焦及核燃料加工业，纺织服装、鞋、帽制造业，通用设备制造业，造纸及纸制品业，专用设备制造业，烟草制品业（见表1）。

表1　2012年工业增加值累计增速最低的10个行业

行业	2011年(%)	2012年(%)	增幅(个百分点)
石油和天然气开采业	5.1	3.2	-1.9
水的生产和供应业	7.3	4.5	-2.8
电力、热力的生产和供应业	10.1	5.0	-5.1
其他采选业	22.8	5.5	-17.3
石油加工、炼焦及核燃料加工业	7.6	6.3	-1.3
纺织服装、鞋、帽制造业	15.6	7.2	-8.4
通用设备制造业	17.4	8.4	-9.0
造纸及纸制品业	14.4	8.8	-5.6
专用设备制造业	19.8	8.9	-10.9
烟草制品业	12.6	9.3	-3.3

资料来源：中经数据。

2012年增加值增速下滑幅度最大的10个行业分别为其他采选业，非金属矿采选业，专用设备制造业，通用设备制造业，木材加工及木、竹、藤、棕、草制品业，纺织服装、鞋、帽制造业，非金属矿物制品业，煤炭开采和洗选业，饮料制造业，造纸及纸制品业（见表2）。

3. 东、中、西部增速全面回落，东部地区率先恢复[①]

2012年，东、中、西部地区工业增加值增速均经历了一定幅度

① 东部地区包括北京、天津、河北、辽宁、上海、江苏、浙江、福建、山东、广东、海南11个省（市）；中部地区包括山西、吉林、黑龙江、安徽、江西、河南、湖北、湖南8个省；西部地区包括内蒙古、广西、重庆、四川、贵州、云南、西藏、陕西、甘肃、青海、宁夏、新疆12个省（市、区）。

表 2　2012 年增加值增速下滑幅度最大的 10 个行业

行业	2011 年(%)	2012 年(%)	下滑幅度（个百分点）
其他采选业	22.8	5.5	-17.3
非金属矿采选业	23.6	10.2	-13.4
专用设备制造业	19.8	8.9	-10.9
通用设备制造业	17.4	8.4	-9.0
木材加工及木、竹、藤、棕、草制品业	21.0	12.4	-8.6
纺织服装、鞋、帽制造业	15.6	7.2	-8.4
非金属矿物制品业	18.4	11.2	-7.2
煤炭开采和洗选业	16.6	9.8	-6.8
饮料制造业	18.9	12.5	-6.4
造纸及纸制品业	14.4	8.8	-5.6

资料来源：中经数据。

的回落。其中，中部地区回落趋势最为明显，但从增速来看，中西部地区增速明显高于东部地区（见图 3）。然而，随着工业经济形势的好转，东部地区也成为率先恢复的地区，2012 年 12 月东部地区工业经济增速为 9.4%，已经接近了 2011 年下半年和 2012 年年初的水平。

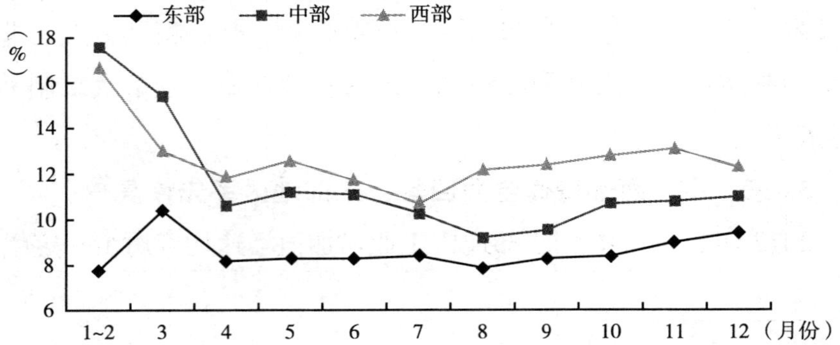

图 3　2012 年东、中、西部地区工业增加值当月增速

资料来源：中经数据。

从不同省份来看，2012年西部地区省份增速较快，陕西、重庆、安徽、贵州、天津、四川、广西、云南、福建、西藏增加值增速均达到15%以上，处于全国31个省、市、区排名的前十位，相比之下，东部一些经济发达省份增速较慢，长三角地区、珠三角地区和环渤海地区省份工业增加值增速均处于较低水平，上海、北京、浙江、广东、海南、辽宁等传统经济大省工业增加值增速均处于平均水平之下（见表3）。

表3　2012年不同省、市、区工业增加值增速排名

单位：%

排名	省、市、区	增速（累计）	排名	省、市、区	增速（累计）
1	陕西省	16.6	17	甘肃省	14.6
2	重庆市	16.3	18	吉林省	14.1
3	安徽省	16.2	19	宁夏回族自治区	13.8
4	贵州省	16.2	20	河北省	13.4
5	天津市	16.1	21	新疆维吾尔自治区	12.7
6	四川省	16.1	22	江苏省	12.6
7	广西壮族自治区	15.9	23	山西省	11.9
8	云南省	15.6	24	山东省	11.4
9	福建省	15.2	25	黑龙江省	10.5
10	西藏自治区	15.1	26	辽宁省	9.9
11	内蒙古自治区	14.8	27	海南省	8.9
12	青海省	14.8	28	广东省	8.4
13	江西省	14.7	29	浙江省	7.1
14	河南省	14.6	30	北京市	7.0
15	湖北省	14.6	31	上海市	2.9
16	湖南省	14.6	全国		10

资料来源：中经数据。

4. 制造业投资增速明显回落

2012年制造业投资增长22.03%，虽然仍高于全社会固定资产投资增速1.4个百分点，但相比于2011年出现了明显的回落。制造业投资增速的下滑，反映了投资者对于未来前景的不确定性，也体现了当前工业经济尚未真正进入景气阶段。下半年以来，随着调结构政策力度的进一步加大，很多高耗能产业投资增速与上半年相比，出现了明显的下降趋势，除了化学原料及化学制品制造业以外，六大高耗能产业投资增速均低于总体制造业投资增速（见图4）。①

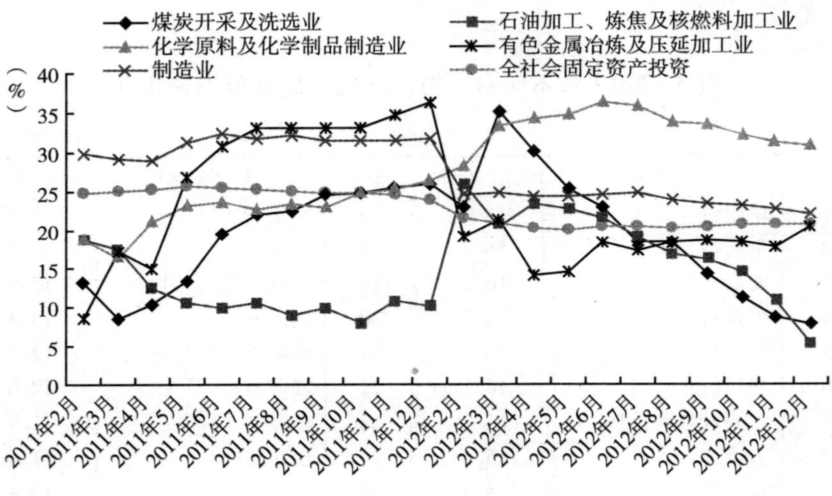

图4 不同类型产业的投资累计增速

资料来源：中经数据。

5. 工业品进出口增速均大幅下滑

2012年，我国进出口总额增速均出现了较大幅度的下滑。其中，进口增速下滑了20.1个百分点，出口下滑了12.4个百分点。造成进口、出口下滑的原因，既包括外部因素，如国际市场不景

① 由于数据缺失，图4中未列出非金属矿物制品业、黑色金属冶炼和压延加工业的投资增速变化情况。但根据统计局公布的一些数据，这两个产业的投资增速同样也出现了较大幅度的回落。

气、贸易保护盛行等，从而造成很多外向型产业生产规模下降，导致了这些产业的产品出口和原材料进口均出现下降；同时也包括内部因素，如劳动力成本上升导致劳动密集型产业竞争力减弱、产业结构不合理等，从而造成产业国际竞争力下降，导致出口减少。从月度来看，从2012年8月开始，进口、出口增速均出现一定程度的回升。出口增速的回升与上半年以来国家的“稳出口”政策有着直接的关系，也与2012年基数较低有一定关系。

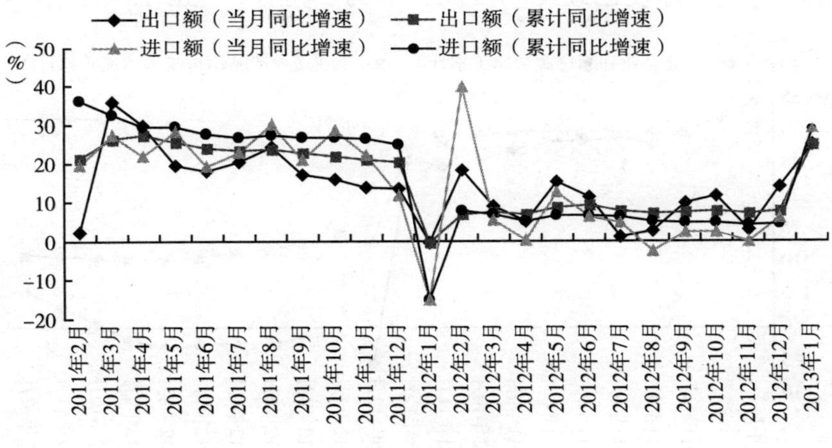

图5　进出口额增速

资料来源：中经数据。

6. 工业企业经营效益下滑，但第四季度开始明显好转

2012年中国工业企业经营经历了较大的困难，效益出现了大幅下滑。2012年全年工业企业利润总额增速为5.3%，比上年下滑了20.05个百分点。从月度来看，企业利润总额增速最低出现在2月和8月，分别低至-3.13%和-5.18%。在企业利润总额增速大幅下滑，甚至负增长的同时，工业企业主营业务收入增速却相对稳定，虽然增速幅度大大低于2011年，却高于利润总额增速。造成

这种情况主要有三方面原因。一是过去很多工业企业通过房地产、金融等方面的投资收益提高了工业企业的利润水平。目前，房地产、金融等方面的投资收益降低，成为工业企业盈利水平下降的重要原因。二是目前企业经营困难不仅在于需求侧，或者说市场需求的减少，更在于供给侧，或者说主要是劳动力等生产要素成本的上升使企业经营成本大大提高，从而造成企业盈利能力下降。三是中国工业存在较为严重的产能过剩压力，在一些产业中，企业之间存在恶性竞争，即使已经无利可图，但为了生存，也依然坚持经营。

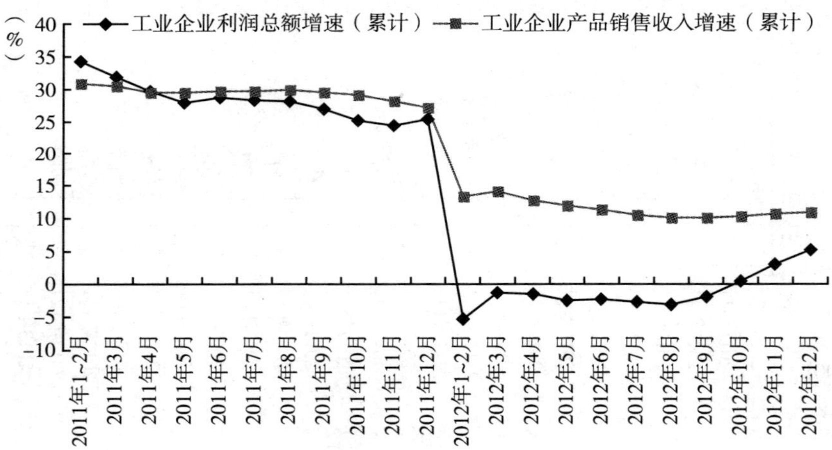

图6　工业企业利润和主营业务收入总额增速

资料来源：中经数据。

二　工业经济增长动力机制转变

1. 由以投资拉动为主向消费、投资、出口“三驾马车”协同拉动转变

从2002年开始，资本形成逐步代替最终消费，成为中国工业经

济增长的主要拉动力量（见表2），形成了以投资驱动为主要特征的工业经济增长方式，然而这种模式到了现在已经难以持续。高投资率造成了我国投资效率的下滑，同时也带来了一系列问题。2009年投资效果系数为12.0%，处于有历史数据以来的最低水平，即每1亿元的固定资产投资，GDP只增加0.12亿元，比1996年减少了3320万元，说明在投资规模增大的同时，资本投入的生产效率却在降低，高投入、低效益的问题较为突出（陈佳贵，2012）。投资增长过快是消费不足、产能过剩，以及高顺差等问题的源头，投资增长过快，一方面导致“投资挤了消费”，另一方面导致“产能过剩”，不得不扩大出口，形成高顺差，并对资源和环境造成巨大压力。

表2　2000～2011年三大需求对GDP增长的贡献率和拉动率

单位：%

年份	最终消费		资本形成		货物和服务净出口	
	贡献率	拉动率	贡献率	拉动率	贡献率	拉动率
2000	65.1	5.5	22.4	1.9	12.5	1
2001	50.2	4.2	49.9	4.1	-0.1	0
2002	43.9	4	48.5	4.4	7.6	0.7
2003	35.8	3.6	63.2	6.3	1	0.1
2004	39.5	4	54.5	5.5	6	0.6
2005	37.9	4.3	39	4.4	23.1	2.6
2006	40	5.1	43.9	5.6	16.1	2
2007	39.2	5.6	42.7	6.1	18.1	2.5
2008	43.5	4.2	47.5	4.6	9	0.8
2009	45.4	4.1	95.2	8.7	-40.6	-3.7
2010	37.3	3.9	54.8	5.6	7.9	0.8
2011	47.5	4.6	53.2	5.1	0.7	-0.1

资料来源：2000～2010年数据来源于中经数据；2011年上半年数据来源于国家统计局网站。

为改变投资拉动的经济增长模式，扩大内需特别是消费需求将成为中国工业经济长期平稳较快增长的根本立足点。李克强（2012）在《求是》杂志发表文章指出，必须坚定不移地实施扩大内需战略，建立健全扩大内需的长效机制。消费需求是最终需求，也是一切生产活动的最终目的。工业增长的根本目的，还是为提高我国居民的福祉。因此，扩内需的核心是扩大消费需求，消费结构升级将带动传统制造业升级改造，推动产业结构升级和技术更新换代。

改革开放以来，中国工业品出口总体上采取了“奖出限进”的贸易政策，通过巨额的贸易顺差，从而利用外需消化本国的过剩产能，对外贸易对工业增长的作用主要体现在净出口对GDP增长的贡献上。当贸易顺差比较大，那么对GDP增长的需求拉动就比较大；相反需求拉动就比较小，甚至负拉动。在这种思路下，“大进大出”但贸易平衡的进出口模式与“不进不出”的进出口模式基本没有区别。然而，这并不正确。进出口贸易对一个国家工业增长的拉动绝不仅仅体现在贸易顺差上，而更重要的是体现在一国企业利用全球资源、参与全球分工，从而实现自身效率的提高。甚至说，进口对一个国家工业增长的促进作用要大于出口。对于中国来讲，在已经具有相当的工业基础之后，为促进自身的结构调整和发展方式转变，合理的贸易政策应当是追求贸易平衡，而不是盲目追求顺差。对此，中国应建立起以扩大内需为导向的进出口战略。进出口对工业经济增长的作用将逐步由为工业生产带来需求转向促进工业生产效率提高，进出口战略应以更好地满足内需为基石。

2. 由外延式增长向内涵式增长转变

经济增长可以分为外延式增长和内涵式增长，外延式增长也被称为斯密增长，是指主要依靠资本投入来实现经济增长；内涵式增长也被称为熊彼特增长，是指主要通过科技进步和创新提高效率来实现增长。早期的发展经济学者认为经济增长的主要动力在于资本积累，尤其是赶超型国家必须依靠不断扩大的资本投入来实现自身经济规模的扩张，而现代经济增长理论则认为技术进步是经济增长的决定因素，应当依靠扩大对人力资本的投资，实现知识创新，从而实现经济的内涵式增长。事实上，外延式增长和内涵式增长之间应当是一种相互依存、相互制约的关系。任何一个国家都无法通过一种增长实现经济的长期繁荣，而是在不同的发展阶段，由不同的增长模式占据着主导地位。当经济规模较小的时候，应当依靠扩大资本投入，提高产出以满足现有或潜在的需求；当经济总量达到一定规模以后，继续增加的产业规模就无法找到新增的有效需求，因此，应当通过技术进步更好地满足现有需求，提高产业的国际竞争优势。当一个新的产业出现以后，也将会继续重复这一过程，而从国家层面来看，也就出现外延式增长和内涵式增长长期共存和交替占据主导地位的情况。

改革开放以来，中国工业的增长更多是源于经济资源的不断资本化，但技术进步对工业增长的贡献同样不可忽视。从我国全要素生产率的变化趋势来看，20 世纪 90 年代以来出现了较为明显的上升趋势，然而 2005 年以后进入下降趋势。中国的资本积累增长率及其对经济增长的贡献率与全要素生产率所代表的技术进步对经济增长的贡献率表现出明显的此消彼长关系，即在快速资本积累、资本化扩张主导经济增长的时期，全要素生产率提高的作用就相对较弱，而当资本积累较慢、作用下降时期，全要素生产率提高的作用就会上升（中国经济增长与宏观稳定课题组，2010）。随着中国工业经济进入新的发展阶段，过去那种投资驱动的模式将难以继续，而全要素生产率提高对工业经济增长的作用会进一步加大。

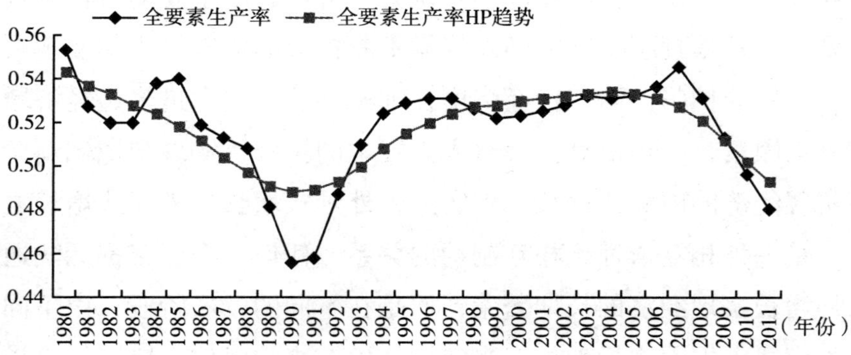

图7　改革开放以来我国全要素生产率的变化

资料来源：课题组计算。

3. 由平推式工业化向立体式工业化转变

过去中国工业在生产要素成本较低，尚未形成完备的工业体系的情况下，更多采取了迅速“开阔地快速铺开式”的发展战略，实施平推式工业化，在短短几十年的时间里实现了规模的迅速扩张；然而到了今天，过去的这种道路已经难以持续，必须要对自身的发展战略进行根本性的调整，在已铺开的产业基础上“向上抢占产业制高点”，从平推式工业化向立体式工业化转变。立体式工业化的核心在于在现有产业基础上，各个领域向着绿色化、精致化、高端化的产业制高点攀登，形成各产业向上发展的差异化竞争态势，通过技术创新实现产业深化（金碚，2012）。目前，中国已经形成了较为完备的工业体系，但很多产业的技术水平不高，存在着很大的发展空间。对中国来讲，立体工业化的核心在于发展先进制造业。先进制造业并不是在现有产业分类下设立一个新的行业或行业群体，而是对不断吸收国内外高新技术成果，综合应用于产品的研发、设计、制造、检测、销售、服务、回收等全过程，并与现代服务业融合发展，实现高效、灵活、低耗、清洁，取得良好经济效益和社会效益的制造业的总称。先进制造业没有与之相对应的产业名录，任何产业都可以在改造以后转变为先进制造业。目前，先进制造业已经成为全球制造业竞争最激烈的领域和发达国家控制全球分工体系的战略制高点。

4. 由“低级红利”向“高级红利”转变

与改革开放初期相比，中国面临的很多要素禀赋条件已经发生了根本性的变化。随着农业部门的剩余劳动力越来越少，过去被认为远远供大于求的劳动力资源已经不再过剩，甚至很多地区出现了“民工荒”等问题；对很多地区来讲，过去认为土地资源是十分充裕的，甚至以零地价吸引外来投资，但现在也面临着土地短缺的问题；过去没有被充分重视的资源环境问题，到了今天也成为困扰经济发展的最大障碍。在这种情况下，很多学者开始认为中国经济发展的“红利”已经消失。事实上，“红利”是代表了一个国家所拥有的发展优势，以及由此带来的经济发展潜力。一个经济体的经济结构内生于它的要素禀赋结构，一国的要素禀赋在任意特定时刻是给定的，但随着时间推移是可变的，决定了一国的比较优势，从而决定了该国的最优产业结构，一国禀赋升级的最佳方法是在任一特定时刻根据当时的要素禀赋结构决定的比较优势发展它的产业（林毅夫，2012）。对中国来讲，在低成本的劳动力、土地、环境等“低级红利”削弱以后，又积累了很多新的禀赋优势。例如，受过高等教育的毕业生越来越多，劳动力素质大大提升；基础设施日益完善，产业发展环境稳步改善；工业门类日益齐全，产业配套能力日益提高；人们收入水平逐步提高，消费结构面临升级；资本积累取得很大成绩，形成了巨额外汇储备；技术水平大幅提升，年度专利申请数量居全球首位；等等。只要中国能够建立起与这种新的要素资源禀赋结构相适应的产业结构和经济结构，那么将能够产生新的“高级红利”，从而推动中国工业实现长期平稳较快增长。

三 “十二五”工业经济增长趋势展望及2013年预测

1. “十二五”影响工业经济运行的主要因素分析

（1）全球经济复苏低于预期。国际金融危机后，世界经济又经历了主权债务危机。目前，世界金融市场已经趋于稳定，欧元区外围经济体的债券利差缩小，许多风险资产的价格出现了一定程度的上涨。然而，全球经济增速回升的步伐却十分缓慢。2013 年 1 月，国际货币基金组织发布的《世界经济展望》显示，2012 年世界产出增长 3.2%，比 2011 年下降了 0.6 个百分点；其中发达经济体增长 1.3%，比 2011 年下降 0.3 个百分点；新兴和发展中经济体增长 5.1%，比 2011 年下降 1.2 个百分点。同时，国际货币基金组织再次调低了 2013 年和 2014 年经济增速的预期，反映了对未来经济增长前景的不乐观预期。从世界贸易总量来看，2012 年增长 2.8%，比 2011 年低 3.1 个百分点，虽然预测 2013 年和 2014 年会有所上升，但上升幅度不大。从大宗商品价格来看，2012 年石油价格增长 1%，而 2011 年增长 31.6%；非燃料商品价格 2012 年增长 -9.8%，而 2011 年增长 17.8%。根据预测，石油价格和非燃料商品价格在 2013 年和 2014 年将持续下跌，反映了未来经济的不景气（见表 3）。

表3　国际货币基金组织对未来两年全球经济增长的预测

指　　标	实际		预测		与2012年10月预测的差异	
	2011年	2012年	2013年	2014年	2013年	2014年
世界产出	3.9	3.2	3.5	4.1	-0.1	-0.1
发达经济体	1.6	1.3	1.4	2.2	-0.2	-0.1
新兴和发展中经济体	6.3	5.1	5.5	5.9	-0.1	0
世界贸易总量(货物和服务)	5.9	2.8	3.8	5.5	-0.7	-0.3
石油价格	31.6	1.0	-5.1	-2.9	-4.1	1.3
非燃料商品价格	17.8	-9.8	-3.0	-3.0	-0.1	1.9

资料来源：国际货币基金组织网站。

（2）西方国家对制造业发展战略进行了一系列调整。国际金融危机后，西方国家对制造业发展进行了一系列的战略调整，全球制造业的发展也呈现了很多新的形态。一是对制造业的发展将给予越来越多的重视。国际金融危机对西方国家经济造成了巨大冲击，而这也使得这些国家更加清醒地认识到以制造业为核心的实体经济在国民经济中的重要地位。在这种背景下，西方国家提出了“再工业化”的发展战略，并积极推动“第三次工业革命”，这些战略的实施将有力地促进西方国家制造业的发展。二是将提高节能环保标准作为重塑制造业竞争优势的核心手段。“再工业化”的实质不是将过去已经失去竞争力的产业重新转移回到国内，而是将节能环保因素添加到传统产业的发展当中，从而对产业发展的规则进行重塑，使西方国家在这些产业里重新建立起新的竞争优势。过去西方发达国家已经失去竞争优势的夕阳产业在植入新能源技术后有可能变成朝阳产业，重新具有竞争优势，参与国际竞争。在新的节能环保标准下，国家之间、企业之间旧的“游戏规则”有可能得到根本性的重塑，当前的全球分工体系也将有可能出现根本性的调整。三是积极推动企业商业模式创新。短期之内“第三次工业革命”难以真正实现，其关键的制约因素不是技术，而是商业模式。建立在化石能源时代的企业，尚未找到能够在新能源体系下创造价值、获得利润的商业模式。对西方国家来讲，要推动“第三次工业革命”，改变目前全球制造业世界分工体系，就必须要推动企业进行商业模式创新，从而推动新能源体系之下产业集聚发展机制的形成，建立起良好的产业生态。为此，西方国家政府将制定一系列的产业政策，如加大财政投入、加强金融支持等，推动企业商业模式创新。通过市场机制的作用，吸引更多企业进入，推动“第三次工业革命”的实现。四是将制造业本土化作为“全球经济再平衡”战略的重要部分。在未来很长一段时间里，减少对中国等新兴经济体的进口依赖，实现“全球经济再平衡”将是西方国家进行战略调整的重要部分。实现“全球经济再平衡”离不开本土制造业的发展，推行制造业本土化将成为西方国家的重要战略选择。当前，美国的战略调整已取得一定成效，在提振经济上已有所体现。

（3）工业经济面临着较强的转型升级压力。改革开放 30 多年以来，中国工业经历了一轮一轮的快速增长，形成了一个门类齐全、层次多样、具有国际竞争力的现代工业体系。目前，中国经济总量已经仅次于美国跃居世界第二位，工业经济总量超过美国跃居世界第一位。据美国研究机构 HIS 测算，2010 年世界制造业总产出达到 10 万亿美元。其中，中国占世界制造业产出的 19.8%，略高于美国的 19.4%。然而，中国工业经济在取得了巨大成绩的同时，也积累了很多问题，制约了下一阶段的发展。从资源环境问题来看，2011 年全国总能耗折合标准煤 34.8 亿吨，中国用占全世界 20.3% 的总能耗，创造了全世界 10.4% 的 GDP；同时，中国二氧化硫、氨氮、二氧化碳的排放量都位居世界第一位。从产业结构来看，中国的落后产能占到15% ~20%，部分行业存在着严重的产能过剩问题，钢铁、有色、水泥、煤化工、平板玻璃、造船、风电设备、多晶硅等行业的生产能力均明显供大于求。从技术水平来看，中国企业技术水平落后，在全球分工体系中处于价值链的低端，甚至有些行业是付出了巨大的资源环境代价获取一点微薄的“加工费”。“十二五”期间，随着劳动力、资源、环境、土地等生产要素成本的上升，过去的低成本优势正逐步削弱，工业企业面对的转型升级压力会越来越大。“调结构”已经成为摆在中国工业面前的最迫切的任务，如何协调好维持较快工业经济增长和加快促进工业转型升级之间的关系，已经成为中国工业经济运行的核心问题。

（4）“四化并举”为工业发展提供新的空间。党的十八大提出，要坚持走中国特色新型工业化、信息化、城镇化、农业现代化道路，推动信息化和工业化深度融合、工业化和城镇化良性互动、城镇化和农业现代化相互协调，促进工业化、信息化、城镇化、农业现代化同步发展。“新四化”将成为主导下一阶段中国经济结构转型的核心力量，也是促进工业经济平稳较快增长的根本保障。从工业化来看，目前中国的工业化进程并没有完成，而是处于继续推进的过程中，将继续承担经济增长引擎的角色。中国的现实基本经济国情是“工业大国”，正处于从“工业大国”向“工业强国”转变的阶段（黄群慧，2012）。根据陈佳贵、黄群慧（2009）对中国“十五”期间中国工业现代化水平的总体评价，到“十五”期末，中国工业现代化进程大约完成了40%，如果不考虑其他影响，仅仅简单地按照“十五”期间工业现代化水平年均增长的趋势外推，大约在2020年前后，我国将完成工业现代化进程的60%，而在21世纪40年代前后，我国将实现工业现代化。从信息化来看，西方发达国家已经进入了信息化时代。拥有“后发优势”的中国不一定要重复发达国家的老路，可以通过充分利用发达国家的科技成果，坚持以信息化改造工业化，实现跨越式发展。虽然近年来，我国信息产业取得了长足发展，在促进工业生产自动化方面有较大提高，但是在掌握工业信息化最新技术，突破自动化控制、计算机辅助生产、资源计划、电子商务等工业化和信息化融合的关键技术障碍，广泛利用信息技术、信息产品和信息设备，进而推进整个生产体系的信息化方面，与发达国家还存在较大的差距。从城镇化来看，2011年中国城镇化率首次超过50%，根据诺瑟姆曲线，目前仍处在30%～70%的加速阶段，并且已经进入中半程。从过去10年的城镇化进程来看，除了2011年之外，此前的城镇化增加率均在1%左右，这意味着中国可能仍有15年或更长的快速发展期。从农业现代化来看，农村一直是中国基础设施发展比较落后的区域，农村基础设施的完善将有利于促进工业发展效率的提高，同时也为工业经济增长提供新的动力；同时，农村的发展有利于促进我国收入分配体系的完善，从而带动工业品消费需求的增长。

2. “十二五”时期工业经济增长趋势分析

1999年，中国工业经济进入一轮上升周期，一直持续到2006年，去除波动因素以后，8年的时间工业经济增长的幅度接近6个百分点。然而进入2007年以后，工业经济增速开始逐步放缓，从2007年到2012年，去除波动因素以后，6年的时间工业经济增速下滑了6个百分点（见图8）。造成工业经济下滑的原因既包括国际市场萎缩等需求层面的原因，也包括劳动力成本上升、资源环境约束趋近等供给层面的原因。从需求层面来看，主要包括国民收入分配不合理导致国内消费需求增长缓慢、世界经济不景气导致国际市场需求减少等。从供给层面来看，主要包括劳动力供求关系的变化导致劳动力成本的上升、资源环境约束日益趋紧导致传统工业经济增长模式难以持续、“改革进入攻坚期”导致体制改革释放出来的增长动力减弱等。

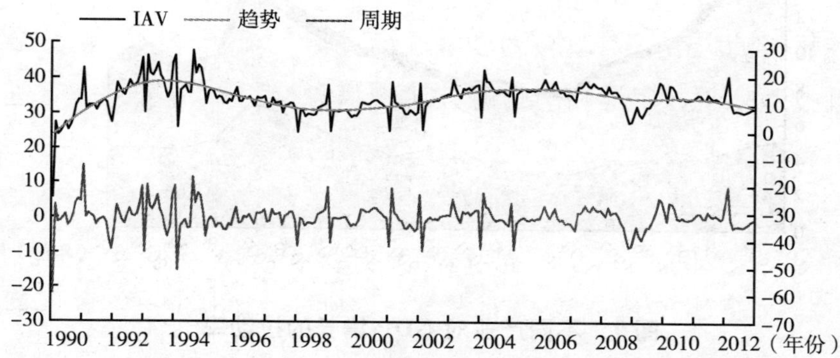

图8　1990～2012 年工业经济增速的 HP 趋势（λ=14400）

资料来源：Eviews 6.0 根据中经数据整理输出。

长期以来，工业部门一直是中国经济增长的核心引擎，对拉动 GDP 增长起到了关键作用，1992～2011 年期间，工业平均每年拉动 GDP 增长 5.35 个百分点，相比之下，第三产业平均每年拉动 GDP 增长 3.88 个百分点（见图 9）。然而近年来，工业经济增长在拉动 GDP 增长中的作用却出现逐步下降的趋势。1992～2011 年，工业对 GDP 的平均拉动率为 5.35%，而近十年（2002～2011 年）和近五年（2007～2011 年）却下降到 4.77% 和 4.68%。相比之下，1992～2011 年第三产业对 GDP 的平均拉动率为 3.86%，而近十年（2002～2011 年）和近五年（2007～2011 年）却上升到 4.56% 和 4.62%。目前，工业与第三产业对 GDP 的拉动率已经大体趋近。基本态势是，在工业对中国 GDP 拉动率相对降低时，国民经济增长率也将相对降低，反映了中国工业化进程和经济发展阶段的变化。

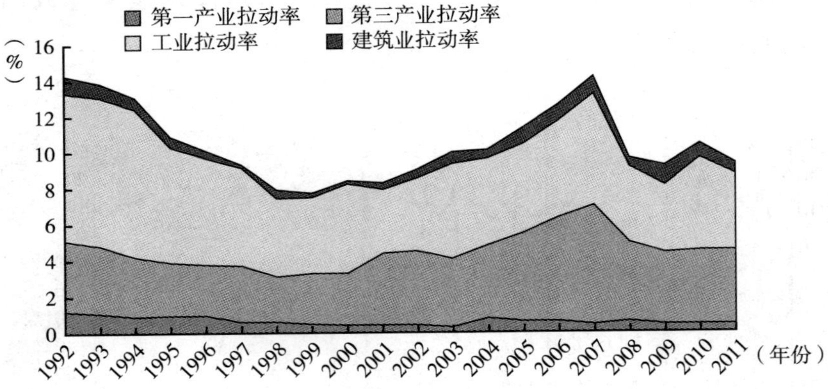

图 9　不同产业对 GDP 增长的拉动率

资料来源：中经数据。

国内大多数学者均认为中国宏观济在未来一段时间里，将会出现一定程度的下滑。2012 年，世界银行与国务院发展研究中心联合推出《2030 年的中国：建设现代、和谐、有创造力的高收入社会》，预计中国的经济增长速度在 2011 ~ 2030 年这 20 年中，每五年会下一个台阶，即 8.6%、7.0%、5.9% 和 5.0%。刘树成（2013）认为中国经济增长率如果继续超过 10%，就会使经济运行出现偏快或过热的状况而难以为继。如果把潜在经济增长率作为一个区间来把握，未来五年内可能在 8% ~ 9% 的区间。张平（2010）基于中国的总量生产函数、自然（能源和环境）约束，在不考虑外部冲击的条件下，对中国 2030 年之前的发展前景做一个估测：2010 ~ 2015 年，潜在增长率降至 9.5%；2016 ~ 2020 年，潜在增长率降至 7.3%；2021 ~ 2030 年，潜在增长率降至

5.8%。

“十二五”期间，劳动力和资本变动对工业经济增长的拉动将会减弱，资源环境对工业经济增长的约束会进一步加强，但技术进步对工业经济增长的拉动作用会增强，预计中国工业经济可能会延续目前趋势，出现一定幅度下滑，但仍将处于平稳较快增长区间。2013 年全年工业经济增速将维持在 11% 左右，2014 年和 2015 年将逐步下降到 10% 左右，整个“十二五”期间工业经济增速为 10% ~11%。

3. 2013 年上半年工业经济增速预测

宏观经济预测是根据宏观经济系统过去和现在的运行规律，运用预测方法对其未来的发展趋势和状况，进行描述分析，形成假设和判断。SVAR 模型是目前较为常用的计量模型，它综合利用了数据本身的规律性和数据与数据的内在理论性。本文建立了 SVAR 模型，对 2013 年上半年工业经济增速进行预测。

（1）指标的选取和检验。文中选取的指标有工业增加值同比增长率（y）、货币供应量同比增长率（M2）、商品零售价格指数同比增长率（Pi）以及银行间同业拆借加权平均利率（r）。时间区间为 2008 年 1 月至 2012 年 6 月。根据宏观经济理论，影响工业增加值的主要来自供给和需求两方面，代表需求方面的有货币供应量、投资等，本文使用 M2 来获取需求方面的信息，而影响供给的有就业率、工资、利率等，本文使用银行间同业拆借加权平均利率来反应成本信息，而价格指数是供需两方面结合的结果，故而也加到方程中来，但是由于就业率数据、工资数据的不可得性，故仅选择以上四个指标作为 SVAR 的数据基础。在做 VAR 模型的时候，需要对数据进行平稳性检验，以避免伪回归现象。结果如表 4 所示。

表4　不同指标平稳性检验结果

变量	ADF 统计量	置信水平			备注
		1%	5%	10%	
y	-4.70	-3.55	-2.91	-2.59	平稳
M2	-1.49	-3.55	-2.91	-2.59	不平稳
dM2	-6.89	-3.55	-2.91	-2.59	平稳
r	-2.27	-3.55	-2.91	-2.59	不平稳
dr	-10.85	-3.55	-2.91	-2.59	平稳
Pi	-0.26	-3.55	-2.91	-2.59	不平稳
dPi	-7.54	-3.55	-2.91	-2.59	平稳

资料来源：Eviews 6.0 根据中经数据整理输出。

四个变量中只有工业增加值同比增长率是平稳序列，其余变量是一阶差分平稳序列。我们选择的数据时间是全球金融危机之后，数据集充分传达了危机时期的货币需求信息、成本变动信息以及价格调整信息。这样本文使用工业增加值同比增长率（y）、货币供应量同比增长率差分序列（dM2）、银行间同业拆借加权平均利率差分序列（dr）以及商品零售价格指数同比增长率的差分序列（dPi）进行建模。

本文综合运用 LR、FPE、AIC、SC 和 HQ 准则来选择最优滞后阶数。选取标准为以常用的 AIC 和 BC 准则为基准，其他指标作为参考。AIC 显示滞后六阶是最优选择，而 SC 显示滞后一阶是最优选择，综合考虑 LR、FPE 和 HQ 为滞后三阶，我们选择滞后三阶作为模型形式。

（2）模型的形式选择。数据的平稳性为建立 SVAR 模型提供了条件，接下来建立模型以便进行模型的分析与预测。本文建立的 SVAR 模型如下：

$$A_0 Y_t = A_1 Y_{t-1} + V_t$$

其中，$Y_t = [r_t, pi_t, m2_t, y_t]'$；

$$A_0 = \begin{bmatrix} 1 & 0 & 0 & 0 \\ a_{21} & 1 & 0 & 0 \\ a_{31} & a_{32} & 1 & 0 \\ a_{41} & a_{42} & a_{43} & 1 \end{bmatrix}$$

以上方程包含商品市场需求方程、商品市场供给方程、货币市场供需方程，以及利率演化方程。我们使用 Eviews 6.0 对模型进行估计，SVAR 模型的同期关系的估计结果显示，除了变量与变量本身存在显著的同期关系之外，变量与变量之间并不存在显著的同期关系。这样我们可以直接使用 VAR 模型进行分析和预测。

（3）工业增加值增速预测。从样本内预测值和实际值的比较看出，预测值比实际值要平滑一些。虽然整体上两者在变动趋势上具有较高的拟合性，但部分月份也存在实际值与预测值之间存在较大差异的情况（见图 10）。

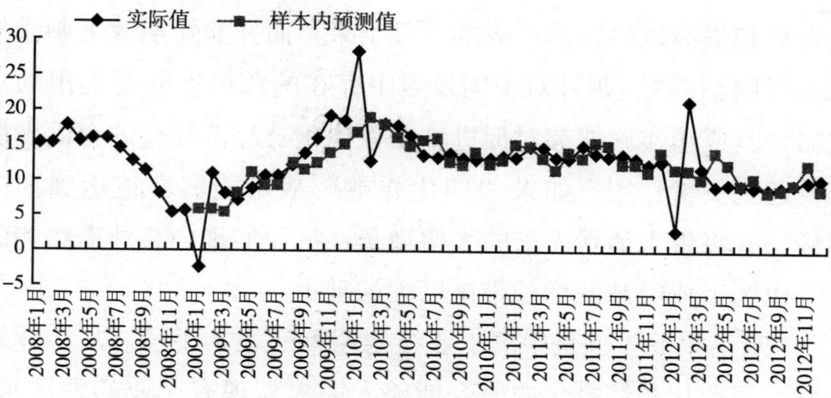

图 10　VAR 模型获得的样本内预测值和实际值的比较

资料来源：Eviews 6.0 根据中经数据整理输出。

使用2008年1月至2012年12月的数据对2013年下半年的工业增加值同业增速进行预测，其结果如表5所示。2013年上半年工业经济增速总体维持在11%左右，相比于2012年有所回升。

表5　2013年上半年工业增加值增速预测

单位：%

指　　标	1月	2月	3月	4月	5月	6月
工业增加值同比增长率(y)	11.41	10.84	11.01	11.12	11.55	11.45

资料来源：Eviews 6.0根据中经数据整理输出。

四　政策建议

1. 将“四化并举”作为“保增长”和“调结构”的基础

中央将扩大内需，尤其是扩大消费需求作为未来经济发展的战略基石，然而消费需求的扩大应当是一个长期的过程，难以在短期之内真正实现。或者讲，消费需求的扩大应当是在我国经济社会全面发展和提高以后自然形成的一种结果，而并非短期政策刺激的结果。“四化并举”是针对中国发展中存在的深层次问题提出的重大战略，其成功实施能够对促进城乡一体化及经济社会的全面发展和提升起到关键作用。如果“四化并举”战略能够真正达到预期的目标，并将带来消费需求的大幅增长，从而实现内、外需结构的平衡，也为工业经济的增长带来巨大的动力。

“四化并举”也是中国工业结构调整的根本手段。从产业结构上看，工业化和信息化的融合能够大大提高现有产业的发展水平，促进产业从低端向高端延伸，实现产业结构的高端化。对中国来讲，建立现代产业体系并不是要抛弃过去的产业体系，而是在现有基础上提高产业高效化、节约化、清洁化和精致化程度，促进制造业和服务业的融合发展，工业化和信息化的融合能够大大加快这一进程。从区域结构上看，城镇化有利于促进县域经济的发展，从而缓解区域经济不平衡问题。目前，中国与发达工业国之间的主要差距之一表现在县域经济，因此，中国经济发展必须进一步向各县域腹地推进。县域经济发展肩负着从根本上改变“发达城市，落后农村”和“高级产业在城市，落后产业到县镇”格局的历史使命。而且，中国经过30多年的发展，在客观上也正在出现地区经济社会发展水平的均态化趋势。

总之，“保增长”和“调结构”之间并非对立，而是相互促进的。下一阶段，结构调整带来的效率提高将是中国工业经济增长的重要动力来源。而“四化并举”是“保增长”和“调结构”协调统一的根本抓手，也是指导工业经济发展的根本战略。

2. 实施进出口平衡的外贸战略

长期以来，中国一直遵循“追求顺差”的发展战略，认为净出口能够拉动GDP的增长，能够增加外汇储备，从而为国内建设积累资金。结果是，在中国出口规模迅速扩大的同时，进口规模却相对较小，以至于形成了巨额的贸易顺差和外汇储备。事实上，我们在片面强调出口的同时，忽略了进口对经济发展的巨大作用。进口反映了一个国家利用全世界资源的能力，以及真正融入全球经济中的程度。巨额的贸易顺差意味着巨大的资源浪费，以及产业发展效率的低下。

对中国工业来讲，实施进出口平衡的发展战略，意味着改变过去追求顺差的思维，大幅增加进口，利用进口资源和技术促进我国产业发展，利用进口更好地满足消费者的消费需求。从消费需求来看，由于很多消费品之间并不是替代关系，而是互补关系，因此很多情况下，扩大进口并不会导致消费者对国内消费品需求的减少，反而会增加对国内产品的消费需求，从而扩大了内需。

另外，扩大进口也有利于推进人民币国际化。2013 年 2 月 22 日，英国央行——英格兰银行发表声明，将与中国人民银行尽快签署三年期人民币—英镑互换协议，这意味着人民币国际化又取得了重要进展。事实上，对中国来讲，要想进一步推动人民币成为世界贸易的结算货币，增加进口，尤其是增加对中国周边国家产品的进口，将是重要途径之一。

3. 鼓励制造企业“走出去”

从历史经验来看，企业大规模对外直接投资一般是发生在该国家的工业化后期。例如，美国是在 20 世纪 20 年代基本完成工业化进程的，而也正是从这一时期开始，美国企业开始大规模地对外直接投资；日本是在 20 世纪 70 年代末期基本完成工业化的，而进入 80 年代以后，日本企业的对外投资进入了迅速加速的时期。目前，中国已经进入工业化后期（黄群慧，2012），因此也进入了对外直接投资迅速增长的时期。近年来，我国企业对外直接投资的规模迅速增长，2011 年我国对外直接投资流量达到 746.5 亿美元，是 2002 年 27.6 倍，全球排位从第 26 位上升至第 6 位。

企业“走出去”不仅可能获得资源，而且还能获得国际先进技术、管理经验、市场、整合产业链、获得财务投资收益，同时分散和对冲风险。此外，我国企业通过海外兼并收购有助于缓解国内产能过剩。下一阶段，中国应进一步完善海外投资审批制度和外汇管制制度，减少审批环节，提高工作效率，为企业境外投资扫清制度上的障碍。同时，大力改善企业“走出去”的外部政治环境。我国政府、企业、非政府组织应当共同行动，深化改革开放，重申反对贸易保护主义的基本立场，加强与东道国的政治谈判，引导海外舆论，改善我国企业国际化的外部政治环境。同时，进一步加大民营企业在海外并购中的地位。相比于国有企业特殊的"政治身份"，民营企业更容易获得企业出售方和政府审批部门的信赖，而且灵活、高效的决策机制也使其在海外收购中更容易抓住市场机遇。

4. 在迎接"第三次工业革命"中有所作为

在化石能源时代，工业发展取得了巨大的成就，但同时也带来了资源、环境等无法克服的问题。传统工业发展道路已经无以为继，因此必须要有根本性的变革，使人类彻底改变过去的经济增长方式，转向资源节约和环境友好的可持续发展模式。国际上提出的"第三次工业革命"主张实际上也是中国提出走新型工业化道路的共识。这是世界工业发展的全新道路，也体现了现代制造业的发展方向。在这条道路下，过去困扰工业发展的资源环境问题将迎刃而解。同时，消费者需求将得到更高质量的满足，体现了人类制造业发展水平的进一步提高。

当然，国际上主张的"第三次工业革命"在短期之内还难以真正实现。越是那种宏大的、开创性的变革，实现起来所需要的时间就越长，这既因为新技术和新模式的创建和普及需要很长时间，也因为旧的模式将有很大的惯性，难以在短期之内得到完全改变。"第一次工业革命"用了100多年的时间；"第二次工业革命"用了70年左右的时间；"第三次工业革命"对世界工业发展模式的影响丝毫不低于"第一次工业革命"和"第二次工业革命"，将会是对化石能源时代工业发展模式的根本性颠覆，因此其完成也需要经历相当长的时间。

尽管如此，但新技术对世界制造业的影响已经逐步显现。世界上很多跨国公司也纷纷在信息技术、新能源技术、新材料技术、先进制造技术等方面积极进行技术储备，为“第三次工业革命”的到来做好准备。例如，在信息技术方面，西方国家积极研发有关信息的产生、收集、交换、存储、传输、显示、识别、提取、控制、加工和利用等方面的技术，并取得了积极进展。在新材料技术方面，西方国家也给予高度重视。德国启动了跨世纪国家级材料研究计划，全称为“用于世纪关键技术的新材料”，该计划目标是通过产品创新和技术创新，在新材料制备、加工和应用三个方面，确保德国的国际领先地位。日本强调要进行突破性的研究开发，以提高国际竞争力，重点领域包括新型超导材料、各种具有先进功能的材料、新一代结构材料、仿生材料、环境保护材料等。

中国只有积极参与、有所作为，才能避免再次错过世界工业革命的历史机遇。中国应正确把握全球制造业发展大趋势，加强“第三次工业革命”相关领域的技术开发和储备，引导社会资源向相关领域倾斜，并积极推动企业商业模式创新，推动企业生产组织方式的变革，争取在“第三次工业革命”真正到来时取得先机。

参考文献

林毅夫：《新结构经济学》，北京大学出版社，2012。

陈佳贵：《改革以投资驱动为主要特征的经济发展方式，增强消费对经济的拉动力》，《经济体制改革》2012 年第 4 期。

陈佳贵、黄群慧：《中国实现现代化了吗——对 15 个重点工业行业现代化水平的分析与评价》，《中国工业经济》2009 年第 4 期。

黄群慧：《中国的工业大国国情与工业强国战略》，《中国工业经济》2012 年第 3 期。

黄群慧、贺俊：《“第三次工业革命”与中国经济发展战略调整——技术经济范式转变的视角》，《中国工业经济》2013 年第 1 期。

金碚：《全球竞争新格局与中国产业发展趋势》，《中国工业经济》2012 年第 5 期。

金碚：《“十二五”开局之年的中国工业》，《中国工业经济》2012 年第 7 期。

李克强：《在改革开放进程中深入实施扩大内需战略》，《求是》2012 年第 4 期。

刘树成：《当前和未来五年中国宏观经济走势分析》，《中国流通经济》2013 年第 1 期。

张平：《后危机时代宏观政策转变：从需求扩张转向供给激励》，《经济学动态》2010 年第 12 期。

The Current Industrial and Economic Situation Analysis and Outlooks of the 12th Five-year Plan

Jin Bei　Yuan Lei　Wang Xiuli

Abstract: The industrial economic growth rate, the manufacturing investment growth rate, and the corporate efficiencies dropped significantly in 2012. In the future, the dynamic mechanism of China's industrial economic growth will change as follows: Firstly, the reason of economic development should change from dominated by investment into consumption, investment and exports. Secondly, the growth pattern should change from epitaxial growth into internal growth. Thirdly, the pattern of industrialization should transfer from the horizontal development into the three-dimensional development. Fourthly, the bonus of industrial economy should turn from junior into senior. It is expected that China's industrial economic growth will make steady and rapid growth in the 12th Five-year Plan period. In 2013, the annual industrial economic growth will be maintained at around 11%, and it will gradually decline to about 10% in 2014 and 2015. The growth rate of the industrial economy is about 10% to 11% in the 12th Five-Year Plan period.

Key Words: Industrial Economy; Manufacturing Company; Economic Growth Rate

B.5

2013年"三农"发展的评价与思考

李 周*

摘 要:

2013年，农业综合生产能力、农产品单产水平和总产量都将继续提高。农民年人均纯收入有望超过9000元，人均工资收入将超过家庭经营收入而成为最主要的收入来源。农业经营体系和农村社会管理体制有望在新一轮改革中创新，生态建设力度将继续加大，城乡统筹程度会有所提高。为了保障农产品安全，政府要为职业农民充分就业创造条件，要从强化粮食消费管理入手完善粮食安全保障体系，要把城镇化和新农村建设有机地结合起来。

关键词:

"三农"问题 农业发展 农村改革

一 2012年的农业增长与农村发展

回顾2012年，我国的农业增长与农村发展取得了令人满意的成绩。

（一）农产品全面丰收

2012年，我国粮食总产量58957万吨，比上年增长3.2%，连

* 李周，中国社会科学院农村发展研究所所长，研究员。

续九年增产。其中玉米产量首次超过稻谷，成为最大的粮食品种；棉花产量684万吨，增长3.8%；油料产量3476万吨，增长5.1%；糖料产量13493万吨，增长7.8%。猪、牛、羊、禽肉产量8221万吨，增长5.4%，其中猪肉产量5335万吨，增长5.6%。禽蛋产量2861万吨，增长1.8%。牛奶产量3744万吨，增长2.3%。

2012年，我国农产品进出口规模进一步扩大，进口首次超过1000亿美元，逆差近500亿美元。其中，大豆进口5838.5万吨，比上年增长10.9%；进口额349.9亿美元，增长17.6%；每吨平均价格599.3美元，增长6.0%。谷物类进口1398万吨，增长156.7%；进口额48亿美元，增长134.2%；食用植物油进口845万吨，增长28.7%；进口额97亿美元，增长25.6%。

（二）农产品价格企稳

2012年，农产品生产价格比上年上涨2.7%，涨幅比2011年回落13.8个百分点。食品消费价格上涨4.8%，涨幅比2011年回落7.0个百分点；其中，粮食消费价格上涨4.0%，涨幅比2011年回落8.2个百分点。

（三）农民收入快速增长

2012年，农村居民人均纯收入达到7917元，比上年增加940元，名义增长13.5%，实际增长10.7%。农村居民人均纯收入实际增速比城镇居民人均可支配收入高1.1个百分点。城乡居民收入之比连续三年下降，由2009年的3.33:1下降到3.10:1。农民的家庭经营收入份额占农村居民人均纯收入的比重降至44.6%，下降1.6个百分点；工资性收入增至43.5%，提高1.1个百分点。

（四）农民福利改善

农民除了收入增长较快以外，福利改善也是非常值得关注的内容。

第一，中西部的发展和县域经济的发展，为越来越多的农民创造了就近就业的机会。农民就近就业并不一定增加收入，但是相应的支出会显著下降，家庭成员的生活质量会显著提高，由此带来了明显的福利改善。

第二，外包作业对家庭内部劳动的替代，一方面使农户的生产支出增加；另一方面带来农户的农业劳动强度的减轻。农户的农业收入过去需要投入大量高强度的劳动才能获得，现在只需投入少量低强度的劳动就能获得了。虽然农民的农业收入增长得不是很快，但是农民的福利大大增加了。

第三，市场服务对家务劳动的替代，一方面使农户的食品支出显著增加，并抑制了恩格尔系数的下降；另一方面使农民的闲暇时间增多，由此得到的福利显著地增多了。

（五）农民社会保障有所改善

2012 年，中央财政共投入 243 亿元用于完善医疗卫生服务体系建设。全年新农村合作医疗覆盖率保持在 95% 以上，人均筹资 290 元。全年受益患者至少达到 80 万人。全国农民工参加基本医疗保险人数为 4996 万人，比上年增加 355 万人。2012 年，新农保提前 8 年实现制度全覆盖。

二　2013 年“三农”的发展态势

展望 2013 年，农业和农村保持健康发展的各种因素依然存在。

（一）农业综合生产能力进一步增强

农业综合生产能力的提高有一系列推动因素。第一，农田水利重点县建设覆盖面的进一步扩大和建设水平的进一步提高，会有力地推动高标准农田建设，并形成持久的农业综合生产能力。第二，粮食、油料、棉花、糖料等农产品生产的专业化、标准化、区域化水平将继续提高，由此形成的专业化农民、专业化装备和标准化农艺，会形成持久的农业综合生产能力。第三，在农业生产外包的拉动力、农机购置补贴政策的推动力和农机大户、农机合作社的发展力的共同作用下，基于农业机械和设施农业的精准农业生产体系会逐渐形成，进而推动农业综合生产能力的提高。第四，种业等重大农业科技工程和防灾减灾稳产增产关键技术应用范围的逐步扩大和应用水平的逐步提高，也会推动农业综合生产能力的提高。在这些因素的共同作用下，种植业的综合生产能力，进而农产品的单产水平和总产量将进一步提高。

在畜禽标准化规模养殖和优质、安全、高效、规范的现代饲料工业的共同推动下，畜禽蛋奶的综合生产能力也将进一步增强。

基于农民就业结构升级的适度规模经营推进和政策上对职业农民培育的强有力支持，也是提高农业综合生产能力的重要因素。

（二）农民收入继续增加

农民增收仍有一系列有利因素。第一，农产品产量增加。在农业综合生产能力提高、现代农业发展和技术进步的共同作用下，2013 年粮棉油糖、畜禽蛋奶，蔬菜水果，除个别品种外都有进一步增长的态势。第二，农产品价格提高。国家继续在粮食主产区实行最低收购价格政策。2013 年生产的早籼稻（三等，下同）、中晚籼稻和粳稻最低收购价格分别提高到每50公斤132元、135元和150元，比2012年分别提高12元、10元和10元。小麦（三等）最低收购价提高到每50公斤112元，比2012年提高10元。第三，非农就业量增加。中国经济发展向好的基本面没有变化。农民获得的非农就业机会和非农工资收入，都将进一步增加。2013年，农户的人均工资收入很可能首次超过家庭经营收入，而成为农户收入的主要来源。农民收入增幅保持在7.5%以上，并有可能跃上9000元台阶。

（三）农业经营体系有望创新

在数亿农民稳定地从事非农就业和现代农业开始加速发展的情形下，农业经营体系客观上需要进行调整。然而，农业经营体系创新绝不是对家庭土地承包制的否定，而是在充分保障农民土地承包经营权前提下的制度创新、组织创新和技术创新。政府主管部门的主要做法有以下七点。

第一，发育土地承包经营权流转市场和健全相应的信息管理平台，为土地承包经营权有序流转、发展多种形式的适度规模经营创造条件，同时引导农民采取互利互换方式，解决承包地块细碎化问题。

第二，建立家庭农场注册登记制度，培育职业农民；为各种形式的农民合作组织和服务公司等的成长提供支持；引导农民组织起来开展农村土地整理、农业综合开发、农田水利建设、农技推广。

第三，实施职业农民培训计划，培训职业农民、合作社负责人、农民经纪人等，引导高校毕业生到合作社工作。

第四，完善农业补贴体系。建立职业农民培训补贴制度，新增农业补贴向专业大户、家庭农场和农民合作社倾斜。农业补贴不仅同生产挂钩，而且同生态挂钩，如土壤有机质提升补助，草原生态保护补助等。

第五，促进农业标准化生产，完善农产品质量安全的监管，建立健全灾情监测调度预警和重大灾害应急预案。

第六，发育农业生产服务市场，支持职业农民组织提供农机作业、抗旱排涝、统防统治、产品营销、农资配送等服务，降低农业生产成本和农产品流通成本。

第七，深化农村金融机构创新、产品创新和服务创新，完善农业保险保费补贴政策，扩大农业保险范围。

（四）生态建设力度会显著加大

我国进入农产品供需基本平衡的发展阶段以后，国家在农地管理上的主要做法是：一方面实施退耕还林工程，促使边际农业土地退出耕作；另一方面实行基本农田保护制度，推广保护性耕作。具体的措施是，发展节水农业，普及测土配方施肥技术，开展废旧农膜回收再利用，防治农业非点源污染；继续推进天然林保护、退牧还草等生态工程；强化禁牧、休牧、划区轮牧和草畜平衡管理，促进草原生态修复；完善休渔禁渔制度。实施农村清洁工程，抓好畜禽养殖污染减排。

（五）创新农村社会管理体制

自从国家提出建设和谐社会任务以来，各级政府都把保障和改善民生作为职能转变的出发点和落脚点。2013 年，各级政府和同级政府的各部门将会加强合作，以提高涉农信息资源的整合力度为切入点，增强服务“三农”的能力。提高把新增财政支农资金更多地配置在乡村基础设施、医疗、教育、养老等基本的公共服务上，逐步提高农村居民对民生改善的满意度，使农村居民安居乐业。

同时，培育多元的农村公共服务供给主体，有序地发展多样化群众性社团组织，使其成为调解农村矛盾、化解民事纠纷、维护社区稳定的重要力量。整合农村社会管理资源，构建覆盖农村社会管理网络，实现自我管理、自我服务、自我发展的目标。

健全村级公益事业一事一议财政奖补机制，完善奖补办法，加大奖补力度，促进村级公益事业健康发展。

（六）城乡统筹程度进一步提高

2013 年，为了给参保（合）居民提供更多的补助，中央政府下达的城镇居民基本医疗保险补助资金预算指标为 200.38 亿元，新型农村合作医疗补助资金预算指标为 970.8 亿元；从提高新农合财政补助标准和人均基本公共卫生服务补助标准入手，促进各项基本医疗保险制度相互衔接，改善农村居民的就医条件。2013 年，将以省为单位全面推行终末期肾病、肺癌等 20 种重大疾病保障工作，已开展大病保险试点的地区，优先把 20 种重大疾病纳入大病保险范围，先由新农村合作医疗按照不低于 70% 的比例进行补偿，对补偿后个人负担费用超过大病保险补偿标准的部分，再由大病保险按照不低于 50% 的比例给予补偿。

为了构建城乡统筹的社会养老体系，中央政府为城乡居民社会养老保险一般性转移支付下达的预算指标为 626 亿元，其中新型农村社会养老保险补助 610 亿元，城镇居民社会养老保险补助 16 亿元。

2013 年，将继续实施城乡居民社会养老保险制度，涉及人数约 4.8 亿人；完善和落实被征地农民的社会保障政策。巩固农村社会养老保险制度全覆盖成果，适当提高农村居民最低生活保障标准，加快农村危房改造，扎实推进游牧民定居工程。

2013 年，随着改革的深化，有序推进农业转移人口市民化的力度会显著加大。

政府将从提高经费保障程度、提升薄弱学校办学水平、落实学生营养改善计划和资助经济困难学生等方面入手，进一步促进义务教育公平。

三 “三农”发展若干问题的思考

我国农业正处于由传统农业向现代农业转型的关键时期。该阶段有两个显著特征：一是传统农村社区急剧分化，二是农民就业结构快速变化。市场机制和政府扶持是这个过程中的两股重要力量。其中，市场机制主要作用是促进传统农村社区的分化，政府扶持的主要作用是维护农村社区的稳定。分化有利于增加农民的发展机会，稳定则有利于降低农民的风险，这两股力量相互补充则事半功倍，相互替代则会事倍功半。市场是自发地发生作用的，所以，这两股力量是互补还是替代（甚至冲突），主要取决于政府。对政府来说，其采取的举措应该顺应农民的选择，而不是试图改变农民的选择；要把国家的需求和农民的需求有机地结合起来。

（一）留守在农村的老人和妇女对农业增长的作用极为有限

近些年来，留守在农村的几乎都是老人和妇女。有人想当然地认为所有农活都是他们干的。其实并非如此。中国农业实现九连增，主要不是留守在农村的老人和妇女的功劳，而是农业转型的结果。留在农村的老人和妇女也做一些农活，但他们主要扮演“地主”的角色，机耕、机播、机收等农活，主要是由提供外包作业服务的职业农民完成的。对农户来说，做出青壮年外出打工、老人和妇女留守农村社区的决策具有合理性，并不是要解决和能够解决的问题。在超小规模经营无法实现农民充分就业、适度规模经营又有待时日的情形下，通过农业作业外包实现职业农民的充分就业，很可能是一个具有共赢性质的做法。

（二）耕作强度降低是农业转型后的常态

传统农业的目标是产量最大化，现代农业的目标是利润最大化。两者在资源配置上的特征是：传统农业处于边际产量为零之处，现代农业处于边际投入等于边际收入之处。由于少了边际产出小于边际投入阶段的投入，所以耕作强度降低是农业转型后的结果或常态。

在现实中，农业减少投入最容易观察到的现象是在两季农区农户改双季种植为单季种植。“双改单”的优点是：（1）农民增收。2006 年，我国双季稻每公顷的净利润为 3813.7 元，而单季稻为 4504.5 元，即种植单季稻的利润更高。（2）节省灌溉用水、化肥和农药等投入。（3）休耕一季有利于耕地肥力的维持。“双改单”的缺点是单位耕地的总产量下降，但总产量的下降幅度低于播种面积的下降幅度。1998 ~ 2006 年，我国双季稻区水稻播种面积减少了 13%，水稻总产量减少了 5.4%，粮食总产量减少 2%。如果再考虑多种一季的种子消耗，可用于生活消费的粮食产量的减少还会低一些。

我国正处于传统农业向现代农业转型的关键时期。在新的农业发展阶段必须放弃凡是作物可以生长的季节就必须种植的传统观念，必须改变把有利于维持土壤肥力的休耕扭曲为撂荒的说法。在粮食相对紧缺的时候，国家可以采取补贴的方法鼓励农民种植两季粮食；在粮食相对丰裕的时候，应该尊重农民“双改单”的做法。因此，有些地方政府以行政命令的方式对“双改单”的农民进行处罚，对存在这种现象的基层政府的农业生产管理给予负面评价的做法需要调整。土地的肥力是有限的，并不是种的次数越多越好。改革初期，现在的两季农区有些是种三季的，由于“三三得九”不如“二五得十”，改为两季。现在是不是出现了“二五得十”不如“一十得十”的情形，需要冷静观察。

（三）推进规模经营应循序而进

农民之间或农民与企业之间通过耕地使用权流转，推进农业规模经营，是农业转型的题中应有之义，也是提高我国农业竞争力的关键举措。但是，我们不宜就土地流转论土地流转。相比较而言，农业的规模效益要远远低于工业的规模效益，为什么现实中小型工业企业比比皆是呢？道理很简单，因为人们不仅关注规模效益，更加关注获得规模效益的风险。人们不愿意为了获得规模效益而承担可能引发的产权风险，是很多规模效益无法成为现实的主要原因。此外，城市和非农产业进入障碍的消除，社会保障体系的建立，也是促进土地流转的基本前提。只有当农户没有丧失土地产权的风险，转移到非农产业的农民有了稳定的就会机会和收入来源，并完成了以经济剩余抵御风险对以土地资源抵御风险的替代，才有可能出现大范围的土地承包经营权流转。在这些事情尚未做好之前，不应低估规模经营的实现难度，在政策上不宜为了满足耕地转包主体的要求，而忽视耕地承包农户的风险。

第一，对粮食生产来说，土地规模经营的主要好处是降低成本，增加收入，而提高粮食产量的作用有限。第二，从目前来看，土地流转大多与耕地非粮化有关，即土地规模经营不等同于粮食生产的规模经营。第三，总体而言，耕地是农户的最大资产。在预期收益不能保证的情况下，将耕地转包出去是风险较大的决策。第四，规模经营是经济发展的结果，而不是发展的前提。第五，农业经营规模要与经济发展水平和农业形成的基础相适应。

除了规模经营外，提高农业效率的措施还有很多：第一，积极引导农户在生产要素购买，农产品出售、土地整理、农业基础设施修建和维护等方面开展互助合作；第二，采用先进农艺措施；第三，建立和完善农业装备服务外包体系；第四，优化产业布局、提升产业结构。这些操作的难度小于土地流转的措施，应该成为政府的优先选项。

（四）从强化粮食消费管理入手完善粮食安全保障体系

我国粮食产量增长显著快于世界平均水平。不仅实现了九连增，而且在高位上保持稳定的条件越来越好。在这种情况下，既要继续重视粮食生产，又要重视粮食消费管理。

2011 年，我国人均粮食产量 424 公斤，人均肉类产量 59.1 公斤，人均水产品产量 41.6 公斤，分别比世界平均水平（332.7 公斤、42.1 公斤和 22.1 公斤）高出 27.4%、40.3% 和 88.5%。除乳制品外，蔬菜、水果的人均产量也高于世界平均水平。但是，我们在粮食消费管理方面的措施还不够，亟待加强。具体措施是：改善粮食仓储设施条件，减少仓储损失；制定加工标准，引导企业适度加工；强化粮食变性限制政策，制止玉米深加工企业的机会主义行为；政府要承担起普及食品健康知识的责任，使国民懂得感官指标的局限性，了解大米过精、面粉过白、油色过浅，不仅影响国民身体健康、影响粮食安全，还增加能耗、增加生产成本、增加污染的道理；改变商业企业不利于节约粮食的营销策略；加大对节约粮食的宣传力度。

（五）农民对经济增长的贡献从农业拓展到非农产业，从农村拓展到城市

近几年，中央和地方财政转移支付的增长远远超过农业的增长，于是有人质疑政府对农村、农民和农业的转移支付是否过了头。毋庸讳言，投向“三农”的转移支付在使用上确实有很大的改进空间，应该尽快改进。同时需要指出的是，农民对经济增长的贡献，已经由农业拓展到非农产业，由农村拓展到城市。从表 1 可以看出，2008～2012 年，随着农民工数量的增多，农民工创造的 GDP 占全国 GDP 总量的份额由 32.1% 提高到 38.6%，四年提高了 6.5 个百分点。如果考虑政府部门和事业单位的工资并不创造 GDP 的实际情况，农民工创造的 GDP 占全国 GDP 总量的份额会更大，所以表 1 的估算不存在高估的问题。如果考虑政府以竞价的方式把低价征用的农村土地卖给企业带来的收入，农民作出的贡献就更大了。由此可见，农民为经济发展作出的贡献由农业转移到了非农产业，由农村转移到了城镇，农民为经济增长的贡献增量要大于转移

表 1　农民工创造的 GDP 占全国 GDP 的份额的变化

年份	农民工数量（万人）	外出农民工平均工资（元/月）	农民工工资总额（亿元）	农民工创造的 GDP（亿元）	全国 GDP 总额（亿元）	农民工创造的 GDP 占全国 GDP 的份额（%）
2008	22542	1340	36247.5	100687.6	314045.4	32.1
2009	22978	1417	39071.8	108532.8	340902.8	31.8
2010	24223	1690	49124.2	136456.2	401512.8	34.0
2011	25278	2049	62153.5	172648.7	472881.6	36.5
2012	26261	2290	72165.2	200459.0	519322.0	38.6

注：工资占 GDP 的份额按 36% 计算。

支付的增量，而不是由蛋糕的制作者转换为蛋糕的分享者。

简言之，中国的“三农”既是国民经济的薄弱环节，又仍然是推动国民经济发展的重要力量源泉。所以在政策设计上，既要从发展成果公平分享的角度，加大向“三农”倾斜的力度，把“蛋糕”分得更合理；又要从推动发展的角度，把“三农”的作用充分发挥出来，把“蛋糕”做得更大。

（六）从建设农民社会保障体系入手推进城镇化

在城镇化的过程中，最初以占用耕地为主，中央政府强化了基本农田管理，先转为旧城改造，但旧城面积有限，且改造成本很高，于是又转为农村建设用地整理。从 2000 年到 2010 年，农村居民点从 330 多万个减少到 270 万个，减少了近 20%。这种情形的出现具有客观必然性，需要讨论的是采用何种方式推进这个过程。

发展城镇确实需要有所扬弃。然而，扬弃造成的损失是立即就能感受到的快变量，而发展带来的利益是具有滞后性的慢变量。更为棘手的是，在不少情况下，扬弃造成的损失的承受者和发展带来的利益的获得者并不是完全一致的。所以，推进城镇化的关键不在于扬弃的魄力，而是妥善、有效地解决好发展与扬弃的关系的智慧。

第一，农村建设用地整理应该循序渐进，而不必操之过急。根据我们的调查，地方政府的少数官员不是按照城镇化的进程整理农村建设用地，而是急于在自己任内把农村建设用地都整理完。第二，特定的农村建设用地整理要同特定人群的城镇化相联系，确保农村建设用地整理具有内生性；而单一追求城镇化用地成本最小化，往往是同强制农民为别人的城镇化而整理农村建设用地相联系的。第三，不宜就土地论土地。城镇化是发展的结果而不是发展的前提，政府要从清除非农产业和城镇进入障碍，构建农村社会保障体系入手，使越来越多的农民具有稳定的非农就业机会和收入来源，并完成社会保障对土地保障额替代。第四，政策上赋予农民利用整理出来的建设用地建设城市的权利，解决农民被动失地的问题。

（七）城镇化背景下的新农村建设

据测算，如果专门务农的农村人口的收入达到城市人口的收入水平，农户要减少到3000万户左右。考虑到从事农业相关产业的人口仍会留居农村等因素，农村住户约为7500万户。按照目前农业人口每年转移1000万人的水平，在20～25年内可完成城乡人口布局调整。农村人口的转移，会使一部分村庄在空间上消失。

新农村建设中存在的主要问题是：第一，一些由基本脱离农业的农民构成的农村新社区，因规模不够大，带来基础设施投资效率不高的问题。第二，政府的农村建设补贴资金，如“村村通”和“危房改造”等资金，因未能与农村人口转移相匹配，导致投资浪费。第三，在城里已稳定就业的农村人口，因在城市定居困难，仍在农村建房，造成巨大浪费。

为了更好地推进新农村建设，第一，国家应加强农村建设的规划引导，增强政策的协调性。第二，加强市场对农村建设的调节作用，把政府支持与市场力量结合起来。第三，出台新农村建设的指导意见以纠正地方政府的行为偏差。第四，采取更有力的措施，让已经在职业上完成转换的农业人口在城市稳居住。

Evaluation of Agriculture, Rural Development and Farmers in 2013

Li Zhou

Abstract: In 2013, the comprehensive agricultural production capacity, agricultural products per unit area yield and total production will continue increasing. Farmers' annual net income per capita is expected to get more than 9000 yuan, and wage income per capita, which exceeds household business income, will become the most important source of income. Agricultural operation system and rural social management system are expected to innovate in the new round of reform, the ecological construction will make greater efforts, and the level of urban and rural overall development will be increased. In order to protect the safety of agricultural products, the government should make efforts to create opportunities for professional farmers. The food security system should be completed by means of strengthening food consumptive management, and urbanization and new rural construction should be organically combined.

Key Words: Agriculture, Rural Development and Farmers; Agricultural Development; Rural Reform

𝔹.6

中国货物出口贸易世界占比的长期趋势

裴长洪　郑 文*

摘　要：

2012 年中国对外贸易发展出现一个转折，即进出口，特别是出口贸易增长速度从以往的两位数高速增长转变为个位数的中速增长，但是，中国出口贸易的世界市场份额仍然提高了 0.57 个百分点。世界占比提高，将是中国货物出口贸易的长期趋势。从理论上说，这是由货物出口强度的相关内在因素决定的；从实证分析上看，中国货物出口世界占比的提高与中国人口在世界人口中占比的关联性十分紧密。若以制成品为分析对象，按照六种情景分析，到 2025 年，中国货物出口贸易的世界占比达到峰值，即占世界市场份额的 20% 左右。

关键词：

货物出口贸易　世界占比　长期趋势

随着全球金融经济危机的继续深化，国际社会对商品需求的增长潜力受到很大压抑，世界贸易增长与世界经济增长的前景一样，也呈现低速和不景气的状态，2012 年中国货物出口贸易结束了两位数的高速增长，同样出现了个位数的低速增长，未来的增长状况

---

* 裴长洪，中国社会科学院经济研究所所长，研究员；郑文，中国社会科学院经济研究所，博士后。

也很不确定，很难预料。但是，一个不容忽视的长期趋势是，不管世界经济和世界贸易状况如何，中国货物出口贸易在世界市场中的份额将继续稳步提升，这是由中国经济社会的内在机制和国际竞争力决定的。

一　2012 年中国出口贸易增速下降，占比提升

根据 2012 年 4 月 12 日世界贸易组织的报告，2011 年世界货物贸易额为 182170 亿美元，比 2010 年增长 19%，扣除价格因素实际增长 5%，远低于 2010 年 13.8% 的增幅。中国、美国、德国为前三大出口国，占全球出口的比重分别为 10.4%、8.1% 和 8.1%。美国、中国、德国为前三大进口国，占全球进口的比重分别为 12.3%、9.5% 和 6.8%。若不考虑欧盟内部贸易，欧盟为世界最大出口方和进口方，占全球出口、进口比重分别为 14.9% 和 16.2%。

根据中国海关统计数据，2012 年中国外贸进出口总值为 38667.6 亿美元，同比增长 6.2%，较 2011 年进出口增速回落 16.3 个百分点，其中，出口 20489.3 亿美元，进口 18178.3 亿美元，分别增长 7.9% 和 4.3%。全年贸易顺差 2311 亿美元，较上年扩大 48.1%。

对全球贸易增速，世界贸易组织（WTO）2012 年 9 月底下调了对 2012 年全球贸易增速的预测，由此前的 3.7% 降至 2.5%，其中新兴经济体的出口增速从 5.6% 下调至 3.5%。按照这个增长速度计算，2012 年全球贸易额[①]应为 186724 亿美元，中国出口贸易

① 通常国际贸易额只计算出口贸易额的总和，而不是计算进出口贸易额总和。这是因为买进的货物有可能在国内消费掉了，也有可能变为出口的一部分，所以一般都只计算出口贸易总额。

的世界市场份额应为10.97%，比上年提高了0.57个百分点。由于全球经济危机的继续深化和外部需求难有大的起色，我国外贸出口当前已经进入中速增长期。从中期来看，以中国为代表的部分新兴经济体对外贸易传统比较优势逐步削弱，一部分低端制造业向周边低成本国家和地区转移；以美国为代表的部分发达国家实施“再工业化”战略，引致一些高端制造业回流国内。在这一过程中，中国将承受来自新兴经济体低成本与发达经济体高技术的双重挤压，中国对外贸易发展面临的国内外环境正在发生重大变化，货物出口贸易将由入世十年来22.7%的高速增长期转向10%左右的中速增长期。根据国际组织预测，2013年世界经济将保持3.5%左右的温和增长，我国外部需求与上年相比稳中略升。但是，全球主要国家推出宽松货币政策，向市场大规模注入流动性，主要货币竞相贬值，以及全球贸易保护主义抬头，将可能对我国外贸出口带来挑战。预计2013年我国外贸出口将增长8%左右。

未来，我国对外贸易将呈现以下主要特点：一是尽管我国外贸增长低于入世十年的平均速度，但是由于国际市场需求不旺，大部分经济体出口增长缓慢，根据IMF预计2013年世界贸易仅增长3.8%，我国出口增速高于世界平均水平，在国际市场中所占份额仍将继续扩大。二是贸易结构将继续优化。当前我国以机械、电子、高技术产品出口为主的贸易格局已经形成，机电产品出口比重达到57%左右，劳动密集型产品占比下降至20%左右。我国对外贸易当前处于出口产品结构与比较优势结构转型升级阶段。三是中国参与世界双边多边贸易体系将受到挑战。美国和欧盟自由贸易协定谈判加快推进，如果达成协议，将建成全球规模最大的自由贸易区，同时美国积极推进跨太平洋经济战略伙伴关系协定（TPP）谈判，如果日本等国积极加入，而中日韩自贸区谈判却因政治因素停滞，我国面临的贸易环境将面临新的不利因素。

二　中国货物出口世界占比继续提升的理论与实证依据

在国际贸易理论中，要素禀赋学说被认为是对李嘉图比较优势理论的发展。它说的是，在国际交换中，两国各自充分利用本国相对富集的资源来生产具有比较优势的产品并进行交换，因此能够得到专业分工和规模经济的利益。这种分工和交换的实质是通过输出本国富集的资源（搭载在商品上）来得到国民福祉。我国是人口大国，劳动资源相对丰富，从这个理论可引申出，我国货物出口规模与增长实际上要以人口的相对比重作为贸易利益的决定因素。

在西方人早就宣扬的贸易自由化中，说什么生产要素自由流动，但实际上人口基本是不能流动的，这就使贸易利益的平衡点更加依赖于人口在商品流动世界中的相对比重。我们认为，一个国家（尤其是大国）的人口作为一种资源，其规模与货物出口规模之间有一定的关联性。为此，我们定义一个名词“货物出口强度”，以研究这种关系：

$$货物出口强度 = \frac{本国货物出口/全球货物出口}{本国人口/全球人口}$$

从历史上看，G7 曾两次（1986 年与 1988 年）以只占全球 13% 的人口出口了全球 52% 的货物，出口强度为 4。2000 年，加拿大曾以全球 0.5% 的人口出口了全球 4.5% 的货物，出口强度为 9.0，为 G7 国家 1975 年以来的峰值。1998 年，美国以全球 4.65% 的人口出口了全球 12.2% 的货物，出口强度为 2.62，为该国 1975

年以来的峰值（见附表1）。2010年，中国人口已占世界人口的19.45%，而出口只占世界总出口的10.36%；同年，德国人口只占世界人口的1.19%，出口则占8.33%；美国人口只占世界人口的4.5%，出口则占8.39%；日本人口只占世界人口的1.83%，出口占世界总出口的5.05%；欧元区15国人口只占世界人口的5.3%，出口却占世界总出口的34.8%。（见附表2）。

从上述分析中可以看出，与美国、德国、日本、法国等人口众多的发达国家相比，我国的货物出口相对于我国的人口规模而言太小了，即货物出口强度太小了。无论从经济学理论，还是从我国的实际利益考虑，中国至少应占世界出口市场份额的20%左右。依据如下。

第一，2010年，有数据可比的149个国家（地区）的货物出口强度平均值为2.28；而我国货物出口强度仅为0.53，不及全球平均水平的1/4（见附表3）。我国货物出口水平如果要由目前占全球10%左右上升为占全球20%，只需使我国货物出口强度在现有水平上翻一番，这也才刚刚达到全球平均水平的1/2，因此是不难实现的。货物出口强度的历史比较表明：

（1）2010年，中国货物出口强度为0.53，达到历史峰值；这一指标比欧元区、高收入国家、高收入（OECD）国家、中东及北非、北美、欧洲及中亚、上中等收入国家、拉丁美洲及加勒比海等国家（地区）均落后30年以上，比高收入（非OECD）国家落后24年，比科威特、加拿大、德国、墨西哥、约旦等82个国家（地区）落后30年以上，比蒙古、叙利亚、泰国、马尔代夫等12个国家（地区）落后20年以上，比俄罗斯、斯洛文尼亚、土耳其、哈萨克斯坦等15个国家（地区）落后10年以上，亦比文莱、阿塞拜疆、乌克兰、黎巴嫩等11个国家（地区）落后数年（见附表4）。

（2）G7 与“金砖四国”出口强度显示，G7 国家的出口强度远高于“金砖四国”。2010 年，G7 国家出口强度的平均值为 3.8，而“金砖四国”的出口强度平均值仅为 0.59，差距极大；“金砖四国”中，俄罗斯的出口强度最高，中国与巴西的出口强度接近，印度的出口强度则极小（见附表 5）。我们注意到，作为全球人口最多的两个国家，中国与印度两国人口规模接近，但因印度的出口强度历来远远落后于中国，2010 年仅为中国的 1/5，因此较长时期内印度在出口方面与中国的差距将继续保持。换句话讲，未来较长时期内，另一人口大国印度尚无能力挤占中国的出口市场。

第二，2010 年，我国人均货物出口额（1182 美元）为全球人均货物出口额（2210 美元）的 1/2 左右；在有数据可比的 149 个国家（地区）中排在第 83 位，居中游水平。我国货物出口水平如果要由目前占全球 10% 左右上升为占全球 20% 左右，只需努力使我国人均货物出口额在现有基础上翻一番；这也才刚刚达到全球平均水平，因此是可以实现的。人均货物出口额的历史比较表明：

（1）2010 年，中国人均货物出口额为 1182 美元，达到历史峰值；这一指标比全球人均货物出口水平落后 7 年，比欧元区国家落后 33 年以上，比高收入（OECD）国家落后 31 年以上，比中东及北非落后 30 年，比北美落后 29 年，比欧洲及中亚落后 24 年，比拉丁美洲及加勒比海地区落后 4 年（见附表 6）。

（2）2010 年，中国人均货物出口额比荷兰、加拿大、巴拿马、委内瑞拉等 31 个国家（地区）落后 30 年以上，比日本、巴巴多斯、塞浦路斯、西班牙等 10 个国家（地区）落后 20 年以上，比毛里求斯、匈牙利、哥斯达黎加、墨西哥等 14 个国家（地区）落后 10 年以上，亦比文莱、波兰、俄罗斯、土耳其等 38 个国家（地区）落后数年（见附表 7）。

第三，增出口就是增就业。我国就业压力将长期存在，且非常沉重。2001～2005 年，出口每增长 10%，就业增长 254 万人；而 2005～2009 年，出口每增长 10%，就业增长达到了 454 万人，这一增长额是2001～2005 年增长额的179%。可见，中国就业对出口的依赖性并非下降，反而大大增强了。因此，增出口就是增就业，这应是一个基本的判断。

三 2025 年中国货物出口世界占比达到峰值：以制成品为分析对象

以制成品为对象来分析中国货物出口世界占比的长期趋势，一方面是由于分析的便利，另一方面是由于制成品在商品贸易中占比重很高，具有决定性意义。全球范围内制成品出口占商品出口的比重一直是最高的：1962～2000 年，全球制成品出口占商品出口的比重平均高达 66.8%，2001～2011 年，这一比例上升为 72.35%；半个世纪以来，这一比重的最大值出现于 1998 年，为 76.97%；2011 年，这一比值高达 71%。可见，从商品形态来看，制成品贸易一直是国际商品贸易的主流，占据最主要的地位。2010 年，即使早已进入“服务经济”社会的美国、日本、德国、意大利、加拿大、英国、法国等主要发达国家，它们的制成品出口占商品出口的比重仍分别高达 66.09%、89%、82.22%、82.37%、48.99%、70.08%、78.44%；经过金融危机的洗礼，美国等西方发达国家开始推行重振制造业的国家战略，这反映出这些国家对过去那种“去工业化”发展模式的反思，表达了重归实体经济的愿望，制成品出口的国际竞争将会比以往更加激烈。对总体上尚处于工业化前期、中期阶段的广大发展中国家而言，制成品出口的意义更是不言而喻的。以我国为例，1991～2000年制成品出口占商品出口的比重平均达到83.5%，2001～2010年平均值上升为91.79%；2009年、2010年我国这一比值分别为93.57%、93.55%，达到历史峰值。因此，制成品出口无论在过去、现在，还是将来很长一段历史时期，在货物贸易中的地位都是至关重要的。

模型方法：

我们以城市化率代表人口密集度，以制造业/GDP代表经济发展模式，加上人口占比、人口抚养比、人均资本形成比、汇率共六个指标构建模型，较好地解释了一国制成品出口（全球）占比（见表1）。从下文开始，一国制成品出口规模特指该国制成品出口占比。本文所用数据主要来源于世界银行发展指标数据库，样本为246个经济体（集团），时段为1985～2010年；其他数据来源会有相应说明。

表1　指标含义

指标	说明	系数预期
制成品出口占比	本国制成品出口额/全球制成品出口额	
人口占比	本国人口/全球人口	+
人口抚养比	(65岁以上老龄人口+14岁以下未成年人口)/14～65岁劳动力人口	-
人口密集度	城市化率	+
人均资本形成比	本国人均资本形成/全球人均资本形成	+
经济发展模式	制造业/GDP	+
贸易成本比较与收益转换	实际有效汇率(以2005年为100)	-

各国制成品出口占比可由以下经验公式进行推算：Ln（制成品出口占比）=0.9058198986 * Ln（人口占比）-0.5164295492 * Ln（人口抚养比）+0.6179591367 * Ln（城市化率）+

0.8466667909 * Ln（人均资本形成比）+1.205041311Ln（制造业/GDP）-0.4371515789 * Ln（汇率）。由此，一国制成品出口占比的决定机制就可以表述为：一个国家，如果人口占比越大，人口抚养比越低，城市化水平越高，制造业占GDP比重越高，人均资本形成占比越大，汇率水平越低，则该国制成品出口占比就越大。在其他因素不变的静态条件下，经验公式表明：人口占比、城市化率、人均资本形成比、制造业/GDP每上升1个百分点，该国制成品出口占比将相应上升0.9058个、0.6180个、0.8467个、1.2050个百分点；人口抚养比、汇率水平每上升1个百分点，该国制成品出口占比将相应下降0.5164个、0.4372个百分点。

运用上述模型对我国的实证分析如下所示。

（一）情景设定

这一部分，我们将用本文的模型对我国未来的制成品出口占比（2010～2030年）进行前景预测，共分六种情景模拟：（1）低抚养比—汇率中幅升值；（2）低抚养比—汇率大幅升值；（3）中抚养比—汇率中幅升值；（4）中抚养比—汇率大幅升值；（5）高抚养比—汇率中幅升值；（6）高抚养比—汇率大幅升值。

人口占比、人口抚养比、汇率水平的情景设定。（1）这一阶段的人口占比、人口抚养比的原始数据均来源于联合国经济和社会理事会发布的《世界人口展望：2010》对全球各国人口数据的预测值，经简单处理得来。需要说明的是，按《世界人口展望：2010》对我国人口的预测结果，低生育率与低抚养比、中生育率与中抚养比、高生育率与高抚养比是一一对应的，即2010～2030年本文所指抚养比的三大分类（低、中、高）不是由老龄人口决定，而是由生育率水平决定。换句话讲，21世纪中期之前，即便我国老龄化达到最严重程度，但如果生育率水平低，对应情景仍将是本文所指的低抚养比情景；当然，老龄化程度虽不决定本文设定的抚养比分类，但会影响抚养比数值的具体大小，老龄化程度越重，抚养比数值相应就越大。（2）这一阶段的人民币汇率假定以两种幅度升值：中幅升值情景为，人民币实际有效汇率由2010年的118.7升值为2030年的135，升值约14%；大幅升值情景为，人民币实际有效汇率由2010年的118.7升值为2030年的160，升值35%左右。

这六大情景又做如下共同设定：

（1）假定城市化率由2010年的44.9%稳步增长为2030年的68.7%，数据源自《世界人口展望：2010》，它对各国的城市化水平只设定一组预测值，这组数值也符合我国城市化发展的基本目标，故直接予以采用。

（2）假定制造业/GDP比重由2010年的29.62%逐步下降为2030年的24%左右。做出这一设定的依据在于我国将始终是全球人口最多的国家之一，制造业始终会是我国国民经济发展的主要依托、解决就业问题的主要部门、参与国际竞争的主要领域、增强国际地位的主要支柱，在任何情况下我们都不应放松制造业的发展。关于这一比重的选择，可以比较一下“德国模式”与“美国模式”：1980～2010年的30年间，德国制造业的GDP比重由29.75%调整为20.92%，仅下降约30%；而同期美国制造业的GDP比重由21.77%调整为13.16%，深幅下降了约40%，这一调整的后果是美国过度金融服务化，导致了金融危机的发生，而德国经济则因制造业仍然占据强大地位而稳健得多。因此，在制造业的GDP比重这一重大问题上，我国应取“德国模式”。我们注意到，2010年我国制造业的比重正好与德国1980年的水平相当，但鉴于两国人口规模的巨大差异以及我国经济竞争力与德国的巨大差距，我们假定我国比德国多用10年时间，即用40年时间逐步将制造业比重下调30%（相当于德国2010年的水平）；这样到2050年时恰好达到20%，对应于2030年约为24%。

（3）假定人均资本形成比由2010年的1.019增长为2030年的2。从过去的数据推断，这一设定可能是保守的，因为仅1985～2010年的25年间，我国人均资本形成比就上升了4.24倍；但是鉴于我国人口年龄结构正处于重大历史转折时期，人口发展将呈现出前所未有的复杂局面：与西方发达国家不同，我国的老龄化进程与城市化、工业化以及经济发展程度是不同步的，社会物质财富积累和养老服务体系、社会保障水平还远远没有准备好，这些因素势必将降低我国储蓄率，减缓资本形成，因而这一阶段我国资本形成的速度应比前一阶段（1985～2010年）慢一些，为此，我们设定2010～2030年人均资本形成比由1.019增长为2。

（二）情景模拟

2010～2030年：（1）假定汇率中幅升值，我国制成品出口占比的高峰将均出现于2030年左右，届时在低、中、高抚养比情景下，我国制成品出口峰值将分别占全球的22.9%、21.3%、20%。（2）假定汇率大幅升值，我国制成品出口占比的高峰将均出现于2025年前后，届时在低、中、高抚养比情景下，我国制成品出口峰值将分别占全球的21.4%、19.9%、18.7%。以上情景分析结果显示，我国制成品出口的未来增长空间是存在的，因为即使在汇率大幅升值、高抚养比同时发生的最不利情景下（情景6），我国仍将可能占到全球制成品出口市场的18.7%。

六种情形的综合分析表明：（1）2010～2020年，这一时期仍将是我国制成品出口增长的“黄金时期”，表现在图 1 就是这一时期曲线斜率大而走势陡，对应为出口占比的激增；为此，我国应高度重视这一时间段，施以配套的稳定商品出口的政策，使出口增长的潜在可能转变为现实，以实现国民福利的最大化；（2）2020～2030 年，图 1 的表现是曲线斜率将变小并进而转入平缓期，这一时期将是我国制成品出口的高位持续期，达到我国制成品出口占比的历史极限；（3）2030 年之后，主要由于人口抚养比的快速上升，我国制成品出口占比将呈趋势性下降，我国制成品出口的增长将由以数量增长为主转变为以质量增长为主的新阶段。

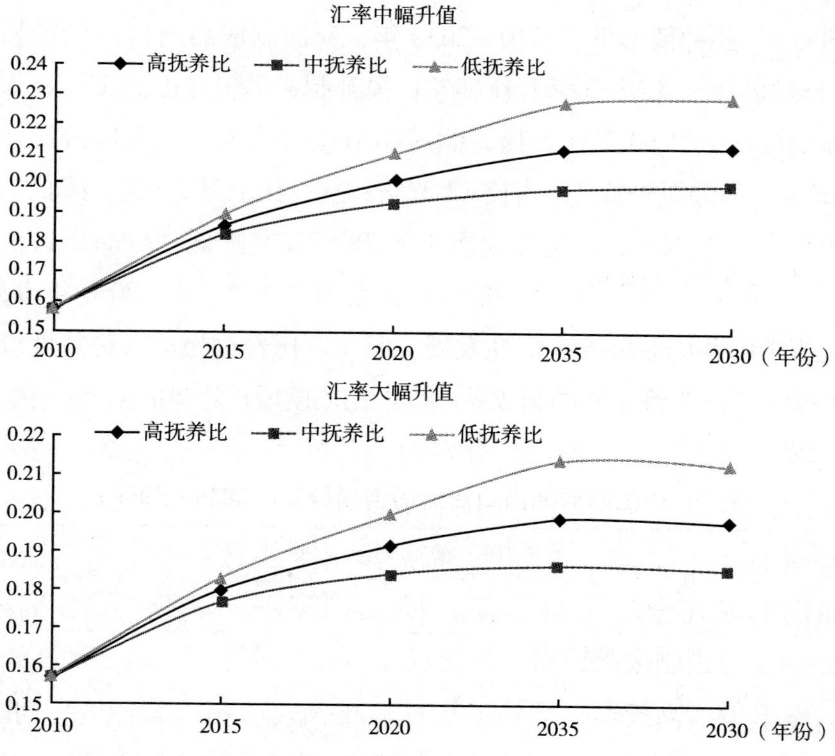

图 1　中国制成品出口占比预测（2010～2030 年）

值得注意的是，联合国2010年发表的《世界生育率模式2009》中，已把中国2006年的总和生育率修正为1.4，将中国纳入了低生育率国家的行列（蔡昉，2011）；同时参照我国2011年11月23日发布的《国家人口发展“十二五”规划》的表述，我国将坚定不移地落实计划生育基本国策，坚持和完善现行生育政策，继续稳定低生育水平；由此，我国2010～2030年的人口图景将基本对应本文的低抚养比情景。假定我国一如既往地渐进式调整汇率水平，那么最有利的低抚养比—汇率中幅升值情景（情景1）将是我国未来最有可能实现的发展景象；如此一来，我国制成品出口峰值将在20年后的2030年左右出现，其规模将占全球的25%左右（对应的情景值为22.9%）。此种情形下，2010～2030年，我国制成品出口占比增长的动力机制将是：城市化率上升53%，提升制成品出口占比33%；人均资本形成比上升96.27%，提升制成品出口占比80%；人口占比下降13.61%，降低制成品出口占比12.32%；抚养比上升2.6%，降低制成品出口占比1.34%；制造业比重下降18.97%，降低制成品出口占比22.9%；汇率升值13.73%，降低制成品出口占比6%。2030年以后，其他五个因素仍保持既有惯性发展，但人口抚养比将进入趋势性快速上升阶段，成为终止我国制成品出口占比长期增长趋势的主要推手。

表2　中国制成品出口占比的情景模拟（2010～2030）

年份	人口占比	人口抚养比	人均资本形成比	制造业/GDP	城市化率	汇率（中幅）	预测值	汇率（大幅）	预测值
2010	0.194	38.206	1.019	29.62	0.449	118.7	0.157	118.7	0.157
	低抚养比情景					情景(1)		情景(2)	
2015	0.188	36.2	1.25	27	0.556	120	0.190	130	0.183
2020	0.1813	37.1	1.5	26	0.61	125	0.210	140	0.2
2025	0.1744	36.7	1.75	25	0.654	130	0.228	150	0.214
2030	0.1676	39.2	2	24	0.687	135	0.229	160	0.213

续表

年份	人口占比	人口抚养比	人均资本形成比	制造业/GDP	城市化率	汇率（中幅）	预测值	汇率（大幅）	预测值
2010	0.194	38.206	1.019	29.62	0.449	118.7	0.157	118.7	0.157
	中抚养比情景					情景(3)		情景(4)	
2015	0.188	37.5	1.25	27	0.556	120	0.186	130	0.18
2020	0.1813	40.3	1.5	26	0.61	125	0.201	140	0.192
2025	0.1743	42.2	1.75	25	0.654	130	0.212	150	0.199
2030	0.1674	45.1	2	24	0.687	135	0.213	160	0.198
	高抚养比情景					情景(5)		情景(6)	
2015	0.1881	38.8	1.25	27	0.556	120	0.183	130	0.177
2020	0.1813	43.5	1.5	26	0.61	125	0.194	140	0.184
2025	0.1743	47.7	1.75	25	0.654	130	0.199	150	0.187
2030	0.1672	50.9	2	24	0.687	135	0.200	160	0.186

结　　语

我国是人口大国，劳动资源相对丰富，从上述分析可以引申出，我国制成品出口规模与增长实际上要以人口的相对比重作为贸易利益的决定因素。在西方人早就宣扬的贸易自由化中，生产要素自由流动，但实际上人口基本是不能流动的，这就使贸易利益的平衡点更加依赖于人口在商品流动世界中的相对比重。作为贸易强国，不仅要强调贸易质量，而且也要强调贸易数量，特别是人均数量；没有数量就没有话语权。因此，未来中国走向贸易强国，不仅需要质量的提高，而且数量的增长仍然极其必要。依据我们的分析，如果把2010～2030作为一个完整周期进行考察，这一时期将是我国制成品出口增长的历史顶峰期；而当前我们尚处于这个时期的起步点，从数值上看也基本上是最低点，因此，我们有理由未雨绸缪，早做规划，为这一远景的实现创造必要的条件。

情景模拟表明，我国可用五年时间使制成品出口贸易在世界市场中占有20%左右的份额，然后再用5~10年时间达到25%左右的水平。鉴于近年来我国商品出口的世界占比一般比制成品出口的世界占比低3~4个百分点，按这一比例关系，我国商品出口的世界占比相应地将于“十二五”期末达到15%左右，并将于“十三五”期末或“十四五”期间，即2020~2025年达到20%左右。这是我国开放型经济发展，也是我国经济建设发展的重大战略利益，理应尽力确保实现。

参考文献

蔡昉：《超越人口红利》，社会科学文献出版社，2011。

江小涓：《我国出口商品结构的决定因素和变化趋势》，《经济研究》2007年第5期。

刘志彪、张杰：《我国本土制造业企业出口决定因素的实证分析》，《经济研究》2009年第8期。

彭松建：《西方人口经济学概论》，北京大学出版社，1987。

盛丹、包群、王永进：《基础设施对中国企业出口行为的影响："集约边际"还是"扩展边际"》，《世界经济》2011年第1期。

姚洋：《劳动力、人口和中国出口导向的增长模式》，《金融研究》2009年第9期。

裴长洪、郑文：《我国制成品出口规模的理论分析：1985~2030》，《经济研究》2011年第11期。

Bernard, Andrew B., Jensen, J. Bradford, Redding, Stephen J. and Schott, Peter K., "The Margins of US Trade," *American Economic Review* 99 (2009).

Chaney, T., "Distorted Gravity: the Intensive and Extensive Margins of International Trade," *American Economic Review* 98 (2008).

Ciccone Antonio, Robert E. Hall, "Productivity and the Density of Economic Activity," *American Economic Review* 86 (1996).

Francois, J. and Manchin, M., "Institutions, Infrastructure and Trade," *World Bank Policy Research Working Paper*, No. 4152, 2007.

Krugman, Paul, "Increasing Returns, Monopolistic Competition, and International Trade," *Journal of International Economics* 9 (1979).

Krugman, Paul, "Scale Economics, Product Differentiation, and the Pattern," *American Economic Review* 70 (1980).

Melitz, M. J., "The Impact of Trade on Intra-industry Reallocations and Aggregate Industry Productivity," *Econometrica* 71 (2003).

Long-term Trend of the World Market Share in China's Export Goods Trade

Pei Changhong　Zheng Wen

Abstract: In 2012, China's foreign trade development is at a turning point, which is the import and export, especially export growth rate is changed from previous double-digit growth rate into single digits. However, the world market share of China's export trade still increases 0.57 percent. The long-term trend of China's export goods trade is that the world market share increases. In theory, it is determined by internal factors which is the strength of export goods; From the view of empirical analysis, it is also determined by the increase of Chinese population. By analysis of six situations we suggest that the world market share in China's export goods trade will reach the peak by 2025, which is about 20% of the world market share, if we use finished products to analyze.

Key Words: Export Goods Trade; World Market Share; Long-term Trend

附表 1　主要大国的人口占比与货物出口占比（中国与 G7）

年份	加拿大		德国		法国		英国		意大利		日本		美国		G7		中国	
	人口	出口	人口	出口	人口	出口	人口	出口	人口	出口	人口	出口	人口	出口	人口	出口	人口	出口
1975	0.0057	0.0381	0.0193	0.1016	0.0129	0.0569	0.0138	0.0479	0.0136	0.0395	0.0275	—	0.0530	0.1208	0.1459	0.4049	0.2251	—
1976	0.0057	0.0401	0.0189	0.1031	0.0128	0.0547	0.0136	0.0455	0.0134	0.0377	0.0272	—	0.0526	0.1163	0.1442	0.3974	0.2246	—
1977	0.0056	0.0386	0.0185	0.1054	0.0126	0.0558	0.0133	0.0498	0.0133	0.0408	0.0270	0.0713	0.0522	0.1090	0.1426	0.4709	0.2237	—
1978	0.0056	0.0375	0.0182	0.1102	0.0124	0.0587	0.0131	0.0524	0.0131	0.0438	0.0268	0.0745	0.0519	0.1109	0.141	0.4880	0.2228	—
1979	0.0056	0.0352	0.0179	0.1043	0.0123	0.0586	0.0129	0.0528	0.0129	0.0443	0.0265	0.0620	0.0515	0.1129	0.1395	0.4700	0.2218	—
1980	0.0055	0.0341	0.0176	0.0970	0.0121	0.0556	0.0127	0.0556	0.0127	0.0394	0.0263	0.0641	0.0511	0.1131	0.138	0.4589	0.2208	—
1981	0.0055	0.0363	0.0173	0.0884	0.0120	0.0520	0.0125	0.0515	0.0125	0.0389	0.0260	0.0758	0.0507	0.1197	0.1365	0.4626	0.2198	—
1982	0.0055	0.0386	0.0170	0.0967	0.0118	0.0513	0.0122	0.0531	0.0123	0.0405	0.0257	0.0758	0.0503	0.1159	0.1349	0.472	0.2191	0.0116
1983	0.0054	0.0423	0.0167	0.0949	0.0117	0.0513	0.0120	0.0517	0.0121	0.0409	0.0255	0.0815	0.0499	0.1135	0.1333	0.4761	0.2185	0.0116
1984	0.0054	0.0470	0.0163	0.0900	0.0115	0.0491	0.0118	0.0492	0.0119	0.0392	0.0252	0.0884	0.0495	0.1158	0.1317	0.4788	0.2177	0.0126
1985	0.0054	0.0471	0.016	0.0958	0.0114	0.0508	0.0117	0.0529	0.0117	0.0402	0.0249	0.0916	0.0491	0.1131	0.1302	0.4915	0.2169	0.0131
1986	0.0053	0.0433	0.0158	0.1159	0.0112	0.0582	0.0115	0.051	0.0115	0.0467	0.0246	0.0990	0.0487	0.1077	0.1287	0.5218	0.2164	0.0124
1987	0.0053	0.0405	0.0155	0.1188	0.0111	0.0584	0.0113	0.0531	0.0113	0.0478	0.0243	0.0922	0.0483	0.1024	0.1272	0.5131	0.2161	0.0142
1988	0.0053	0.0416	0.0153	0.1146	0.0110	0.0577	0.0112	0.0512	0.0111	0.0456	0.0240	0.0929	0.0479	0.1142	0.1257	0.5178	0.2159	0.0146
1989	0.0053	0.0409	0.0152	0.1122	0.0109	0.0568	0.011	0.0498	0.0109	0.0465	0.0237	0.0894	0.0476	0.1191	0.1245	0.5149	0.2155	0.0143
1990	0.0053	0.0375	0.015	0.1184	0.0107	0.0602	0.0108	0.0527	0.0107	0.049	0.0234	0.0813	0.0473	0.1121	0.1233	0.5112	0.215	0.0148
1991	0.0053	0.0362	0.0149	0.1135	0.0106	0.0587	0.0107	0.0517	0.0106	0.0475	0.0231	0.0865	0.0472	0.1169	0.1224	0.511	0.2146	0.0166

续表

年份	加拿大		德国		法国		英国		意大利		日本		美国		G7		中国	
	人口	出口	人口	出口	人口	出口	人口	出口	人口	出口	人口	出口	人口	出口	人口	出口	人口	出口
1992	0. 0052	0. 0354	0. 0148	0. 1131	0. 0105	0. 0596	0. 0106	0. 0496	0. 0104	0. 0467	0. 0228	0. 0874	0. 0471	0. 1157	0. 1215	0. 5076	0. 2140	0. 0183
1993	0. 0052	0. 0390	0. 0147	0. 1008	0. 0104	0. 0528	0. 0104	0. 0485	0. 0103	0. 0448	0. 0225	0. 0936	0. 0470	0. 1218	0. 1206	0. 5013	0. 2133	0. 0201
1994	0. 0052	0. 0391	0. 0145	0. 1000	0. 0103	0. 0541	0. 0103	0. 0485	0. 0101	0. 0447	0. 0223	0. 0904	0. 0469	0. 1183	0. 1197	0. 4951	0. 2126	0. 0241
1995	0. 0052	0. 0374	0. 0144	0. 1008	0. 0102	0. 0541	0. 0102	0. 0469	0. 0100	0. 0453	0. 0220	0. 0831	0. 0468	0. 1118	0. 1187	0. 4795	0. 2118	0. 0248
1996	0. 0051	0. 0379	0. 0142	0. 0961	0. 0101	0. 0521	0. 0101	0. 0482	0. 0099	0. 0466	0. 0218	0. 0739	0. 0467	0. 1135	0. 1178	0. 4684	0. 2110	0. 0279
1997	0. 0051	0. 0390	0. 0140	0. 0904	0. 0100	0. 0509	0. 0100	0. 0502	0. 0097	0. 0427	0. 0216	0. 0728	0. 0466	0. 121	0. 1170	0. 4669	0. 2103	0. 0326
1998	0. 0051	0. 0400	0. 0138	0. 0975	0. 0099	0. 0549	0. 0099	0. 0493	0. 0096	0. 0440	0. 0213	0. 0678	0. 0465	0. 1217	0. 1161	0. 4752	0. 2095	0. 0333
1999	0. 0051	0. 0434	0. 0137	0. 0942	0. 0098	0. 0525	0. 0098	0. 0471	0. 0095	0. 0413	0. 0211	0. 0708	0. 0465	0. 1201	0. 1153	0. 4695	0. 2085	0. 0342
2000	0. 0051	0. 0449	0. 0135	0. 0848	0. 0097	0. 0463	0. 0097	0. 0442	0. 0094	0. 0373	0. 0208	0. 0715	0. 0464	0. 1205	0. 1145	0. 4496	0. 2075	0. 0387
2001	0. 0050	0. 0442	0. 0134	0. 0919	0. 0096	0. 0477	0. 0096	0. 0442	0. 0092	0. 0398	0. 0206	0. 0623	0. 0463	0. 1172	0. 1137	0. 4472	0. 2064	0. 0432
2002	0. 0050	0. 0410	0. 0132	0. 0950	0. 0096	0. 0477	0. 0095	0. 0435	0. 0092	0. 0393	0. 0204	0. 0615	0. 0461	0. 1070	0. 1130	0. 4349	0. 2052	0. 0506
2003	0. 0050	0. 0379	0. 0131	0. 0995	0. 0095	0. 0482	0. 0094	0. 0410	0. 0091	0. 0397	0. 0202	0. 0598	0. 0460	0. 0957	0. 1124	0. 4218	0. 2040	0. 0583
2004	0. 0050	0. 0362	0. 0129	0. 0997	0. 0095	0. 0462	0. 0094	0. 0384	0. 0091	0. 0386	0. 0200	0. 0592	0. 0459	0. 0889	0. 1117	0. 4072	0. 2028	0. 0651
2005	0. 0050	0. 0361	0. 0128	0. 0954	0. 0094	0. 0426	0. 0093	0. 0373	0. 0091	0. 0361	0. 0198	0. 0551	0. 0457	0. 0870	0. 1110	0. 3897	0. 2016	0. 0740
2006	0. 0050	0. 0336	0. 0126	0. 0958	0. 0094	0. 0408	0. 0093	0. 0376	0. 0090	0. 0351	0. 0195	0. 0518	0. 0456	0. 0857	0. 1104	0. 3804	0. 2003	0. 0815
2007	0. 0050	0. 0313	0. 0124	0. 0978	0. 0094	0. 0398	0. 0092	0. 0320	0. 0090	0. 0363	0. 0193	0. 0491	0. 0456	0. 0826	0. 1098	0. 369	0. 1991	0. 0884
2008	0. 0050	0. 0293	0. 0123	0. 0943	0. 0093	0. 0383	0. 0092	0. 0296	0. 0089	0. 0346	0. 0191	0. 0472	0. 0454	0. 0810	0. 1091	0. 3542	0. 1978	0. 0905
2009	0. 0050	0. 0269	0. 0121	0. 0942	0. 0092	0. 0392	0. 0091	0. 0294	0. 0089	0. 0336	0. 0188	0. 045	0. 0453	0. 0868	0. 1085	0. 3551	0. 1965	—
2010	0. 0049	0. 0277	0. 0118	0. 0917	0. 0094	0. 0364	0. 0090	0. 0288	0. 0088	0. 0315	0. 0185	0. 0513	0. 0448	0. 0909	0. 1073	0. 3583	0. 1941	0. 1000

数据来源：世界银行，经整理及计算。

附表 2　2010 年主要经济体人口及货物出口贸易额统计数据

国　家	人口	占世界人口比例(%)	货物出口额（亿美元）	占世界出口额比例(%)
美　国	310383948	4. 5	12782. 63	8. 39
英　国	62035570	0. 9	4056. 66	2. 66
法　国	62787427	0. 91	5206. 61	3. 42
德　国	82302465	1. 19	12688. 74	8. 33
日　本	126535920	1. 83	7698. 39	5. 05
中　国	1341335152	19. 45	15778. 24	10. 36
韩　国	48183584	0. 7	4663. 84	3. 06
新加坡	5086418	0. 07	3518. 67	2. 31
俄罗斯	142958164	2. 07	4001. 32	2. 63
印　度	1224614327	17. 76	2199. 59	1. 44

注：世界总人口为 6895889018，世界货物出口总额为 152367 亿美元。

资料来源：United Nations、WTO 网站。

附表 3　全球主要国家（地区）货物出口强度

国家(地区)	2010 年	国家(地区)	2010 年
新加坡	31. 96	塞舌尔群岛	2. 09
中国香港	25. 23	葡萄牙	2. 08
瑞士	14. 95	波兰	1. 96
卢森堡	14. 91	美国	1. 89
荷兰	13. 09	智利	1. 88
挪威	12. 29	拉脱维亚	1. 84
比利时	11. 64	苏里南	1. 80
爱尔兰	11. 09	哈萨克斯坦	1. 69
科威特	11. 08	巴拿马	1. 46
奥地利	7. 97	阿塞拜疆	1. 32
丹麦	7. 82	俄罗斯	1. 28
瑞典	7. 74	泰国	1. 27
德国	7. 22	克罗地亚	1. 23

续表

国家(地区)	2010 年	国家(地区)	2010 年
冰岛	6.56	保加利亚	1.23
阿曼	5.95	白俄罗斯	1.21
芬兰	5.92	安哥拉	1.20
斯洛伐克	5.39	墨西哥	1.19
斯洛文尼亚	5.37	阿鲁巴(荷)	1.12
加拿大	5.22	乌拉圭	1.09
捷克	5.02	博茨瓦纳	1.04
巴林	4.96	罗马尼亚	1.04
澳大利亚	4.31	委内瑞拉	1.03
韩国	4.30	巴哈马	0.93
沙特阿拉伯	4.14	哥斯达黎加	0.92
匈牙利	4.14	希腊	0.90
爱沙尼亚	3.93	中国澳门	0.87
法国	3.61	纳米比亚	0.82
利比亚	3.48	毛里求斯	0.80
马耳他	3.39	南非	0.78
意大利	3.36	阿根廷	0.76
以色列	3.33	土耳其	0.75
新西兰	3.30	马其顿	0.72
马来西亚	3.17	巴巴多斯	0.71
英国	2.98	突尼斯	0.70
立陶宛	2.83	斯威士兰	0.69
日本	2.59	伯利兹	0.62
西班牙	2.48	塞浦路斯	0.62
新喀里多尼亚	2.31	塞尔维亚	0.61
巴拉圭	0.60	斯里兰卡	0.18
波黑	0.59	莱索托	0.18
黎巴嫩	0.59	安提瓜和巴布达	0.18
厄瓜多尔	0.57	亚美尼亚	0.17
秘鲁	0.55	柬埔寨	0.16
圣卢西亚	0.54	吉尔吉斯斯坦	0.15
中国	0.53	加纳	0.15

续表

国家(地区)	2010 年	国家(地区)	2010 年
圭亚那	0.53	也门	0.15
约旦	0.53	埃及	0.14
乌克兰	0.51	格林纳达	0.13
圣基茨和尼维斯	0.50	老挝	0.13
蒙古	0.48	维德岛	0.12
巴西	0.47	苏丹	0.12
斐济	0.43	喀麦隆	0.10
哥伦比亚	0.40	美属萨摩亚	0.09
巴布亚新几内亚	0.38	印度	0.09
越南	0.38	塔吉克斯坦	0.09
洪都拉斯	0.34	缅甸	0.07
萨尔瓦多	0.33	几内亚	0.07
多米尼加	0.30	孟加拉	0.06
印度尼西亚	0.30	肯尼亚	0.06
玻利维亚	0.29	巴基斯坦	0.06
叙利亚	0.27	莫桑比克	0.05
危地马拉	0.27	冈比亚	0.04
法属波利尼西亚	0.27	坦桑尼亚	0.04
赞比亚	0.26	吉布提	0.04
马尔代夫	0.26	圣多美和普林西比	0.03
格鲁吉亚	0.25	乌干达	0.03
摩洛哥	0.25	塞拉利昂	0.03
尼加拉瓜	0.25	利比里亚	0.03
菲律宾	0.25	海地	0.03
牙买加	0.23	尼泊尔	0.01
多米尼克	0.23	埃塞俄比亚	0.01
阿尔巴尼亚	0.22	卢旺达	0.01
尼日利亚	0.21	布隆迪	0.01
摩尔多瓦	0.20		
所罗门群岛	0.19		
圣文森特和格林纳丁斯	0.18		

数据来源：世界银行，经整理及计算。

附表 4　货物出口强度的历史比较（中国与世界）

国家(地区)	年份	出口强度	中国落后年数
欧元区	1975	4.34	35
高收入	1975	3.68	35
高收入(OECD)	1975	3.37	35
中东及北非	1975	3.08	35
北美	1975	2.71	35
欧洲及中亚	1975	2.48	35
世界	1975	1	—
上中等收入	1979	0.8	31
拉丁美洲及加勒比海地区	1979	0.63	31
东亚及太平洋	1982	0.54	28
高收入(非 OECD)	1986	6.51	24
科威特	1975	38.72	35
巴林	1975	20.33	35
沙特阿拉伯	1975	17.67	35
荷兰	1975	11.76	35
新加坡	1975	11.13	35
瑞典	1975	9.68	35
挪威	1975	8.34	35
丹麦	1975	7.86	35
阿曼	1975	7.10	35
加拿大	1975	6.69	35
芬兰	1975	5.37	35
德国	1975	5.26	35
特立尼达和多巴哥	1975	4.87	35
奥地利	1975	4.63	35
法国	1975	4.40	35
爱尔兰	1975	4.39	35
澳大利亚	1975	3.92	35
新西兰	1975	3.64	35
英国	1975	3.47	35
委内瑞拉	1975	3.24	35
以色列	1975	2.92	35

续表

国家(地区)	年份	出口强度	中国落后年数
意大利	1975	2.90	35
马耳他	1975	2.79	35
美国	1975	2.28	35
巴巴多斯	1975	2.04	35
斯威士兰	1975	1.75	35
南非	1975	1.65	35
马来西亚	1975	1.43	35
罗马尼亚	1975	1.16	35
西班牙	1975	1.01	35
葡萄牙	1975	0.98	35
科特迪瓦	1975	0.86	35
博茨瓦纳	1975	0.80	35
多米尼加	1975	0.78	35
智利	1975	0.70	35
毛里塔尼亚	1975	0.58	35
荷属安的列斯群岛	1976	72.67	34
巴哈马	1976	58.57	34
冰岛	1976	7.66	34
伊朗	1976	3.02	34
塞浦路斯	1976	1.75	34
牙买加	1976	1.35	34
毛里求斯	1976	1.22	34
波兰	1976	1.16	34
希腊	1976	1.03	34
韩国	1976	0.91	34
巴布亚新几内亚	1976	0.79	34
厄瓜多尔	1976	0.77	34
圣卢西亚	1976	0.73	34
萨尔瓦多	1976	0.72	34
多米尼克	1976	0.65	34
阿根廷	1976	0.62	34
突尼斯	1976	0.58	34
洪都拉斯	1976	0.54	34
利比亚	1977	14.74	33

续表

国家(地区)	年份	出口强度	中国落后年数
瑞士	1977	12.61	33
苏里南	1977	6.46	33
日本	1977	2.64	33
哥斯达黎加	1977	1.45	33
阿尔及利亚	1977	1.34	33
圭亚那	1977	1.31	33
圣多美和普林西比	1977	1	33
巴拿马	1977	0.84	33
尼加拉瓜	1977	0.81	33
尼日利亚	1977	0.69	33
危地马拉	1977	0.68	33
所罗门群岛	1977	0.60	33
格林纳达	1977	0.60	33
加蓬	1978	6.81	32
乌拉圭	1978	0.80	32
圣文森特和格林纳丁斯	1978	0.62	32
刚果共和国	1978	0.61	32
安提瓜和巴布达	1978	0.57	32
基里巴斯	1979	1.19	31
斐济	1979	1.17	31
利比里亚	1979	0.78	31
赞比亚	1979	0.68	31
秘鲁	1979	0.55	31
保加利亚	1980	2.05	30
圣基茨和尼维斯	1980	1.22	30
墨西哥	1980	0.60	30
约旦	1980	0.59	30
蒙古	1981	0.59	29
叙利亚	1981	0.54	29
匈牙利	1982	2.14	28
伯利兹	1984	1.44	26
瓦努阿图	1984	0.63	26
安哥拉	1985	0.63	25

续表

国家(地区)	年份	出口强度	中国落后年数
阿鲁巴(荷)	1986	1.09	24
塞舌尔群岛	1989	0.85	21
泰国	1989	0.61	21
纳米比亚	1990	1.17	20
巴拉圭	1990	0.75	20
马尔代夫	1990	0.55	20
斯洛文尼亚	1992	4.78	18
捷克	1993	2.02	17
斯洛伐克	1993	1.50	17
克罗地亚	1993	1.24	17
立陶宛	1993	0.81	17
爱沙尼亚	1993	0.80	17
拉脱维亚	1993	0.60	17
俄罗斯	1994	0.60	16
卢森堡	1995	23.15	15
马其顿	1996	0.62	14
白俄罗斯	1996	0.61	14
土耳其	1996	0.55	14
中国香港	1998	28.89	12
法罗群岛(丹)	1998	10.67	12
哈萨克斯坦	2000	0.59	10
文莱	2001	10.69	9
比利时	2002	15.84	8
中国澳门	2002	5	8
新喀里多尼亚	2002	2.02	8
法属波利尼西亚	2002	0.66	8
阿塞拜疆	2005	0.57	5
伊拉克	2006	0.57	4
塞尔维亚	2007	0.57	3
波黑	2007	0.54	3
乌克兰	2008	0.62	2
黎巴嫩	2009	0.63	1
中国	2010	0.53	

数据来源：世界银行，经整理及计算；数据时间跨度为1975～2010年。

附表 5　主要大国货物出口强度的历史比较（G7 与“金砖四国”）

年份	加拿大	德国	法国	英国	意大利	日本	美国	中国	印度	巴西	俄罗斯
1975	6.69	5.26	4.40	3.47	2.90	—	2.28	—	0.03	0.36	—
1976	7.07	5.46	4.28	3.36	2.80	—	2.21	—	0.04	0.38	—
1977	6.85	5.69	4.43	3.74	3.08	2.64	2.09	—	0.04	0.40	—
1978	6.69	6.06	4.72	4.01	3.35	2.78	2.14	—	0.03	0.36	—
1979	6.32	5.83	4.77	4.10	3.44	2.34	2.19	—	0.03	0.34	—
1980	6.16	5.50	4.58	4.38	3.11	2.44	2.21	—	0.03	0.37	—
1981	6.60	5.10	4.34	4.14	3.12	2.91	2.36	—	0.03	0.43	—
1982	7.05	5.68	4.34	4.34	3.30	2.95	2.30	0.05	0.03	0.40	—
1983	7.79	5.69	4.39	4.30	3.39	3.20	2.27	0.05	0.04	0.44	—
1984	8.71	5.51	4.26	4.15	3.30	3.51	2.34	0.06	0.03	0.51	—
1985	8.79	5.97	4.46	4.53	3.44	3.68	2.30	0.06	0.03	0.48	—
1986	8.15	7.35	5.18	4.43	4.07	4.02	2.21	0.06	0.03	0.38	—
1987	7.65	7.65	5.26	4.69	4.23	3.79	2.12	0.07	0.03	0.38	—
1988	7.90	7.48	5.26	4.59	4.11	3.87	2.38	0.07	0.03	0.42	—
1989	7.76	7.40	5.22	4.53	4.26	3.77	2.51	0.07	0.03	0.40	—
1990	7.12	7.87	5.60	4.86	4.56	3.47	2.37	0.07	0.03	0.32	—
1991	6.90	7.61	5.53	4.83	4.49	3.74	2.48	0.08	0.03	0.31	—
1992	6.76	7.64	5.67	4.69	4.48	3.83	2.46	0.09	0.03	0.33	—

续表

年份	加拿大	德国	法国	英国	意大利	日本	美国	中国	印度	巴西	俄罗斯
1993	7. 47	6. 86	5. 08	4. 65	4. 36	4. 15	2. 59	0. 09	0. 04	0. 37	—
1994	7. 53	6. 88	5. 26	4. 70	4. 41	4. 06	2. 52	0. 11	0. 04	0. 36	0. 60
1995	7. 25	7. 02	5. 32	4. 60	4. 54	3. 77	2. 39	0. 12	0. 04	0. 32	0. 61
1996	7. 37	6. 77	5. 18	4. 79	4. 73	3. 39	2. 43	0. 13	0. 04	0. 31	0. 65
1997	7. 60	6. 44	5. 11	5. 03	4. 39	3. 38	2. 60	0. 15	0. 04	0. 33	0. 61
1998	7. 85	7. 04	5. 57	4. 99	4. 59	3. 18	2. 62	0. 16	0. 04	0. 32	0. 54
1999	8. 55	6. 89	5. 38	4. 82	4. 36	3. 36	2. 59	0. 16	0. 04	0. 29	0. 54
2000	8. 89	6. 27	4. 79	4. 56	3. 99	3. 43	2. 60	0. 19	0. 04	0. 30	0. 68
2001	8. 75	6. 88	4. 97	4. 60	4. 30	3. 02	2. 53	0. 21	0. 04	0. 33	0. 70
2002	8. 15	7. 19	4. 99	4. 57	4. 29	3. 01	2. 32	0. 25	0. 05	0. 33	0. 74
2003	7. 57	7. 61	5. 06	4. 35	4. 35	2. 96	2. 08	0. 29	0. 05	0. 34	0. 79
2004	7. 24	7. 72	4. 88	4. 10	4. 24	2. 96	1. 94	0. 32	0. 05	0. 37	0. 89
2005	7. 23	7. 48	4. 53	4. 00	3. 99	2. 79	1. 90	0. 37	0. 06	0. 40	1. 07
2006	6. 74	7. 61	4. 35	4. 06	3. 90	2. 65	1. 88	0. 41	0. 06	0. 40	1. 17
2007	6. 28	7. 87	4. 25	3. 48	4. 05	2. 55	1. 81	0. 44	0. 06	0. 41	1. 20
2008	5. 89	7. 69	4. 12	3. 22	3. 87	2. 48	1. 78	0. 46	0. 07	0. 44	1. 41
2009	5. 39	7. 80	4. 24	3. 22	3. 78	2. 39	1. 92	—	—	0. 44	1. 20
2010	5. 22	7. 22	3. 61	2. 98	3. 36	2. 59	1. 89	0. 53	0. 09	0. 47	1. 28

数据来源：世界银行，经整理及计算。

附表 6　人均货物出口额的历史比较（中国与世界）

单位：（美元）

国家(地区)	年份	人均出口	中国落后年数
欧元区	1977	1198	33
高收入	1979	1436	31
高收入(OECD)	1979	1303	31
中东及北非	1980	1424	30
北美	1981	1215	29
欧洲及中亚	1986	1286	24
高收入(非 OECD)	1986	2747	24
世界	2003	1189	7
东亚及太平洋	2004	1196	6
上中等收入	2005	1355	5
拉丁美洲及加勒比海地区	2006	1254	4
荷兰	1972	1260	38
加拿大	1973	1185	37
新加坡	1973	1641	37
瑞典	1973	1487	37
阿曼	1974	1385	36
沙特阿拉伯	1974	4481	36
巴林	1975	4424	35
丹麦	1975	1710	35
科威特	1975	8426	35
挪威	1975	1814	35
荷属安的列斯群岛	1976	17339	34
巴哈马	1976	13976	34
德国	1976	1302	34
芬兰	1976	1332	34
冰岛	1976	1827	34
奥地利	1977	1288	33
瑞士	1977	3318	33
爱尔兰	1977	1292	33
利比亚	1977	3880	33

续表

国家(地区)	年份	人均出口	中国落后年数
苏里南	1977	1701	33
特立尼达和多巴哥	1977	1241	33
法国	1978	1409	32
加蓬	1978	2030	32
英国	1978	1194	32
新西兰	1978	1288	32
澳大利亚	1979	1297	31
以色列	1979	1279	31
意大利	1979	1282	31
马耳他	1979	1282	31
巴拿马	1980	1292	30
委内瑞拉	1980	1277	30
日本	1981	1275	29
巴巴多斯	1983	1277	27
博茨瓦纳	1987	1285	23
阿鲁巴(荷)	1988	1401	22
韩国	1988	1429	22
马来西亚	1988	1227	22
美国	1988	1313	22
葡萄牙	1989	1292	21
塞浦路斯	1990	1398	20
西班牙	1990	1433	20
安提瓜和巴布达	1992	1187	18
毛里求斯	1992	1235	18
斯洛文尼亚	1992	3346	18
捷克	1993	1378	17
斯洛伐克	1994	1254	16
匈牙利	1995	1415	15
卢森堡	1995	20994	15
爱沙尼亚	1996	1279	14
塞舌尔群岛	1996	1265	14
智利	1997	1204	13
哥斯达黎加	1998	1477	12

续表

国家(地区)	年份	人均出口	中国落后年数
法罗群岛(丹)	1998	9936	12
中国香港	1998	26896	12
墨西哥	1998	1239	12
文莱	2001	10688	9
圣基茨和尼维斯	2001	1193	9
立陶宛	2001	1404	9
比利时	2002	16355	8
中国澳门	2002	5161	8
新喀里多尼亚	2002	2083	8
波兰	2002	1223	8
克罗地亚	2003	1421	7
拉脱维亚	2003	1363	7
斯威士兰	2003	1505	7
泰国	2003	1210	7
保加利亚	2004	1276	6
白俄罗斯	2004	1419	6
希腊	2004	1423	6
哈萨克斯坦	2004	1372	6
俄罗斯	2004	1272	6
安哥拉	2005	1451	5
刚果共和国	2005	1389	5
罗马尼亚	2005	1282	5
南非	2005	1192	5
阿根廷	2006	1190	4
阿塞拜疆	2006	1534	4
伯利兹	2006	1417	4
纳米比亚	2006	1292	4
土耳其	2006	1299	4
乌拉圭	2006	1327	4
伊拉克	2007	1322	3
马其顿	2007	1642	3
塞尔维亚	2007	1189	3
突尼斯	2007	1481	3

续表

国家(地区)	年份	人均出口	中国落后年数
波黑	2008	1377	2
厄瓜多尔	2008	1420	2
约旦	2008	1366	2
黎巴嫩	2008	1252	2
巴拉圭	2008	1246	2
乌克兰	2008	1464	2
圣卢西亚	2010	1186	0
秘鲁	2010	1223	0

数据来源：世界银行，经整理及计算；数据时间跨度为 1975 ~ 2010 年。

附表 7　全球主要国家（地区）人均货物出口额（2010 年）

单位：美元

国家(地区)	2010 年	国家(地区)	2010 年
新加坡	70614	葡萄牙	4595
中国香港	55748	波兰	4339
瑞士	33037	美国	4184
卢森堡	32939	智利	4150
荷兰	28912	拉脱维亚	4060
挪威	27162	苏里南	3972
比利时	25710	哈萨克斯坦	3729
爱尔兰	24514	巴拿马	3222
科威特	24472	阿塞拜疆	2926
奥地利	17617	俄罗斯	2825
丹麦	17274	泰国	2801
瑞典	17103	克罗地亚	2728
德国	15952	保加利亚	2727
冰岛	14504	白俄罗斯	2677
阿曼	13154	安哥拉	2651
芬兰	13076	墨西哥	2635
斯洛伐克	11901	阿鲁巴(荷)	2472

续表

国家（地区）	2010	国家（地区）	2010
斯洛文尼亚	11866	乌拉圭	2401
加拿大	11527	博茨瓦纳	2309
捷克	11090	罗马尼亚	2304
巴林	10963	委内瑞拉	2282
澳大利亚	9533	巴哈马	2049
韩国	9500	哥斯达黎加	2035
沙特阿拉伯	9150	希腊	1999
匈牙利	9137	中国澳门	1923
爱沙尼亚	8690	纳米比亚	1808
法国	7971	毛里求斯	1765
利比亚	7700	南非	1714
马耳他	7485	阿根廷	1686
意大利	7413	土耳其	1662
以色列	7357	马其顿	1599
新西兰	7299	巴巴多斯	1576
马来西亚	7005	突尼斯	1558
英国	6593	斯威士兰	1522
立陶宛	6242	伯利兹	1380
日本	5728	塞浦路斯	1376
西班牙	5490	塞尔维亚	1346
新喀里多尼亚	5093	巴拉圭	1320
塞舌尔群岛	4626	波黑	1313
黎巴嫩	1293	亚美尼亚	380
厄瓜多尔	1254	柬埔寨	364
秘鲁	1223	吉尔吉斯斯坦	332
圣卢西亚	1186	加纳	326
中国	1182	也门	321
圭亚那	1172	埃及	308
约旦	1162	格林纳达	297
乌克兰	1138	老挝	282
圣基茨和尼维斯	1106	维德岛	273

续表

国家(地区)	2010	国家(地区)	2010
蒙古	1055	苏丹	262
巴西	1036	喀麦隆	229
斐济	952	美属萨摩亚	194
哥伦比亚	881	印度	193
巴布亚新几内亚	838	塔吉克斯坦	189
越南	830	缅甸	163
洪都拉斯	755	几内亚	147
萨尔瓦多	739	孟加拉	129
多米尼克	665	肯尼亚	129
印度尼西亚	659	巴基斯坦	124
玻利维亚	633	莫桑比克	100
叙利亚	600	冈比亚	97
危地马拉	595	坦桑尼亚	96
法属波利尼西亚	591	吉布提	96
赞比亚	574	圣多美和普林西比	73
马尔代夫	570	乌干达	65
格鲁吉亚	553	塞拉利昂	62
摩洛哥	550	利比里亚	60
尼加拉瓜	545	海地	56
菲律宾	544	尼泊尔	30
牙买加	507	埃塞俄比亚	29
多米尼克	507	卢旺达	28
阿尔巴尼亚	483	布隆迪	12
尼日利亚	465		
摩尔多瓦	446		
所罗门群岛	421		
圣文森特和格林纳丁斯	398		
斯里兰卡	398		
莱索托	392		
安提瓜和巴布达	392		

数据来源：世界银行，经整理及计算。

B.7

转折点之后的就业挑战

蔡　昉*

摘　要：

2012 年，中国首现劳动年龄人口的减少，标志着人口红利的消失。由于潜在增长率降低，这一年低于8%的经济增长率没有造成就业冲击，意味着劳动力市场从二元模式逐渐转向新古典模式。相应地，就业矛盾越来越从总量问题转变为结构性和摩擦性问题。本文以农民工、城镇就业困难人员和大学毕业生为对象，分析每个群体面临的就业困难性质，结合国际经验揭示导致劳动者脆弱性的激励根源，提出政府加大人力资本投入、创造人力资源涌流的制度环境等政策建议。

关键词：

劳动力市场　人口红利　就业冲击

一　引言

2012 年对研究劳动经济和人口问题的人来说，是非常有意义的一年。这一年最大的特点就是，多年以来经济增长速度第一次降到了 8% 以下。对于以往经济增长率坚持“保八”，温家宝总理的解释

---

* 蔡昉，中国社会科学院人口与劳动经济研究所所长，研究员。

是，如果没有8%的经济增长速度，我们无法解决每年2400万新增就业人口就业的问题。然而，2012年，这个长期以来奉为圭臬的逻辑被打破了。虽然经济增长速度是7.8%，但是这一年仍然超额完成新增就业任务；城镇登记失业率4.1%，与上年持平；103个城市的公共就业服务市场上的岗位数与求职者人数比率也高于上年；实际工资水平继续上涨。工资上涨的一个附带结果是，全国有23个省、直辖市和自治区提高了最低工资标准，从提高了最低工资标准的220个城市看，名义工资平均提高幅度为14.4%。所有这些现象都说明，劳动力市场发生了一个根本性的变化。那么，应该如何刻画这个变化及其政策涵义呢？

一个长期经历二元经济发展的国家，随着经济结构的变化和人均收入水平的提高，通常会跨越两个重要的转折点。第一个转折点是所谓的刘易斯转折点，即出现普通劳动者的短缺和工资上涨现象。对中国经济发展来说，这个转折点发生于2004年。从那时之后，民工荒和工资上涨从未停止。但是，这个转折点终究不意味着劳动力的绝对短缺，只有到达第二个转折点，即以人口年龄结构的实质性变化为特征的转折点之后，劳动力绝对短缺才会逐渐出现。

根据国家统计局数据，2012年，中国15~59岁劳动年龄人口首次减少了345万。其实，我们在第六次人口普查的数据中已经看到，很可能从2011年就开始了这个人口组总量的减少，预计在2011~2020年将绝对减少近3000万。不管怎么说，2011年或者2012年是一个非常重要的转折点，也就是说，劳动年龄人口这个劳动力的基础人口绝对减少，与此同时，人口抚养比也开始升高。这都是以往从未发生过的。在一定意义上，我们可以说，人口红利就正式开始消失了。

在争论中国是否迎来其刘易斯转折点时，鉴于经济发展阶段具有长期特点，其变化也反映在一定的时间区段内。因此，有人建议用“刘易斯转折区间”的概念代替刘易斯转折点。这个建议是有道理的，但是也要防止把“区间”无限延伸，以致失去“转折”本来所具有的含义和内在规定性。这样看来，我们把上述两个转折点即刘易斯转折点和人口红利消失的转折点及其间隔，作为刘易斯转折区间是比较恰当的（见图 1），也可以说，这是中国经验对发展经济学的一个贡献。

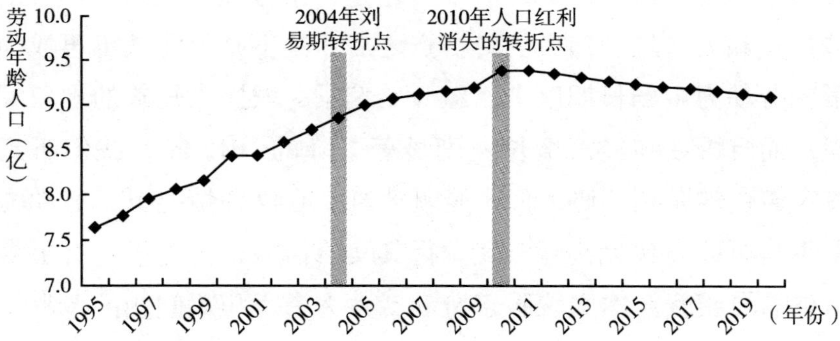

图 1　中国的刘易斯转折区间

资料来源：中国发展研究基金会《中国发展报告 2011/12：人口形势的变化和人口政策的调整》，中国发展出版社，2012。

我们说在经济增长率低于 8% 的情况下没有出现就业冲击，实际上是指没有出现周期性失业现象。根据经济学理论，如果实际经济增长速度没有低于潜在增长速度的话，则不会出现周期性失业。根据估算，2012 年中国潜在增长率应该为 7.5%，这一年的实际增长率为 7.8%，因此没有周期性失业现象发生。当然，失业现象仍然会有，但是，那主要是因为劳动者技能与劳动力市场的需要不匹配，或者人们找工作需要一个摩擦的过程所造成的失业，也就是说，自然失业总是要存在的。

长期以来，我们不断地被告知，人口和劳动力总量大是中国最大的国情，劳动力市场将长期处于劳动力供给大于需求的状态。从一定程度上说，这种强调意在提醒政府和社会不要忽视就业的优先地位。在一段时间内，为了防止出现对就业问题的忽视，否认劳动力市场供求关系的变化似乎成为善意的谎言。但是，这个国情和状态，以 2011～2012 年为转折点，不以人们意志为转移地发生了根本性的变化。

然而，我们需要回答的一个问题是，中国经济在相继经过刘易斯转折点和人口红利消失的转折点之后，是不是就业就不再成为问题了？劳动力市场长期以来已经开始偏紧，农民工短缺的现象反复出现，而且即使在经济增长速度显著下降的 2012 年，我们听到的主流呼声仍然是招工难，而不是就业难。在这种情况下，劳动力市场是不是可以高枕无忧呢？我觉得其实恰恰在这个时候，有更多的事情更需要担忧。本文着眼于劳动者人力资本积累问题的考察，借此揭示劳动力市场未来的风险，尝试提出有针对性的政策建议。

二　潜在的劳动力脆弱性

正如中国社会所普遍关注的，中国就业问题主要集中在三个群体身上：进城农民工、城镇就业困难人员和高校毕业生。我们可以从这三个群体，看结构性和摩擦性的就业困难及自然失业问题。

目前，官方的城镇就业统计主要涵盖城镇户籍人口的就业，大部分外来农民工被遗漏了。如果进行一定处理从而把农民工算在内的话，2011 年城镇就业人员总量有 4.3 亿，其中 35% 为进入城镇 6 个月以上的农民工。而在当年城镇新增就业人员里面，有 65% 是农民工。也就是说，农民工已经是城镇就业的主体，未来增量将越来越大了。

从2011年来看，农民工的平均受教育年限是9.6年。这个人力资本状况使他们恰好适应于第二产业的劳动密集型岗位（要求劳动者有9.1年的受教育年限），以及第三产业的劳动密集型岗位（要求9.6年的受教育年限）。但是，未来中国经济的趋势是，经济增长速度减慢而产业结构调整速度加快。按照岗位对人力资本的要求，即第二产业的资本密集型岗位10.4年，第三产业的技术密集型岗位13.3年。显而易见，农民工的受教育程度尚不足以支撑他们转向这些新岗位。

在经历了刘易斯转折点，出现劳动力短缺现象，并且普通劳动者工资提高速度很快的情况下，20世纪80年代以后出生的新生代农民工，似乎不解就业困难的愁滋味，常常在初中毕业之后不愿意升学，高跳槽率也意味着放弃了许多在职培训的机会。更有甚者，许多农村青少年甚至未完成义务教育就急于外出打工。但是，劳动力市场的这个黄金时光并不会延续长久。那些人力资本不能适应未来劳动力市场对技能需求的农民工，就会遇到结构性失业的困扰。

传统上，“有来有去”的劳动力迁移模式是一种解决农民工失业的手段。但是，劳动力迁移是越来越单向的，这一手段在今后不再奏效。2011年，新生代农民工已经占到农民工的61%，他们中有33%在16岁以前生活在各级城镇而不是农村，有38%是在各级城镇上的小学。可以说，他们大多数从未有务农经历，更没有回到农村务农的意愿。不仅如此，农业生产方式的变革，已经越来越依赖于劳动节约型的技术变迁，农业不再是剩余劳动力的蓄水池。

可见，防止未来农民工面对就业风险的根本办法，在于提高他们的人力资本。鉴于农民工是一个不断地被新成长劳动力所更新的群体，创造良好的制度条件和激励机制，使新成长劳动力在进入劳动力市场之前，尽可能多地接受普通教育和职业教育，应该成为政策应对的关键点。

与农民工的情况相反，具有城镇户籍的劳动者群体，已经出现一定程度的老龄化趋势。实际上，如果没有农村劳动力的大规模流入，城镇劳动力的年龄会比实际显示的要老化很多。例如，根据全国第六次人口普查数据，2010 年城镇常住的 15～59 岁劳动年龄人口中，20～29 岁组的比重，外地户籍人口为 35.0%，本地户籍人口为 21.6%；而 50～59 岁组的比重，外地户籍人口为 7.2%，本地户籍人口为 19.3%（见图 2）。

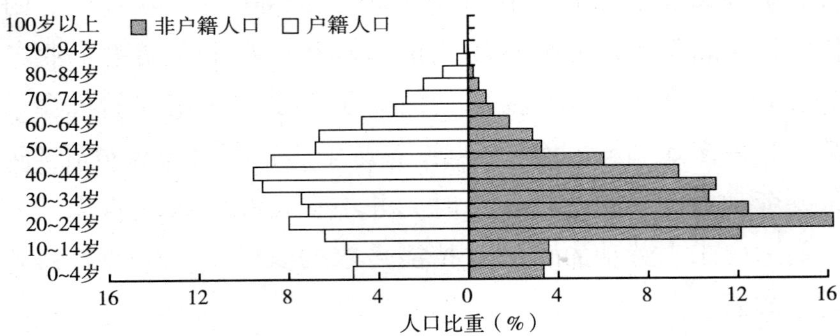

图 2　城市常住劳动年龄人口年龄构成

资料来源：国务院人口普查办公室、国家统计局人口和就业统计司编《2010 年人口普查资料》，中国统计出版社，2012。

根据年龄与受教育年限之间关系的特点，具有城镇户口的劳动力中，有一个较大比例的人群，人力资本禀赋明显不足，表现在年龄偏大和受教育程度较低，难以适应产业结构调整对技能的更高要求。这部分劳动者被政府识别为城镇就业困难人员，作为重点扶助的目标人群。城镇劳动者的这种人口构成，决定了总是有一个相对稳定的群体经常处于结构性和摩擦性失业状态，构成劳动力市场上典型的自然失业人口。

估算表明，2000 年以来，中国城镇自然失业率大约为4.0% ~ 4.1%，[①] 与多年以来的城镇登记失业率基本一致。众所周知，城镇登记失业的统计对象仅为具有本地户籍的城市居民，也就是说，本地劳动者仅仅承受结构性和摩擦性的自然失业。很显然，农民工成为周期性失业的唯一承受者。伴随着宏观经济周期性波动，农民工返乡与民工荒反复交替出现的现象，就可以证明这个结论。

说到城镇劳动者面对的自然失业风险，还要再次提到这个群体人力资本构成的一个特点。由于 20 世纪 90 年代以来中国教育发展成就显著，异常迅速地增加了新成长劳动力的受教育年限，中国劳动年龄人口的人力资本分布特点相应表现为，年龄越大受教育年限越少。由于城镇劳动力年龄偏大，所以人力资本不足人群的比重也较大。在产业结构变化十分迅速的条件下，很大一部分劳动者难以符合劳动力市场对技能的要求，很容易陷入结构性失业状态。

大学毕业生就业难以及他们的工资与低端劳动者趋同，越来越成为社会普遍关注的现象，并且成为一些质疑者批评高校扩招的依据。应该说，高校扩招之后所发生的变化是急剧的和根本性的，使得人们未能充分理解和良好应对。这个根本性变化就是，在极短的时间里，中国进入了高等教育大众化阶段。

1973 年，一位美国学者马丁·特罗（Martin Trow）提出了高等教育大众化理论，指出高等教育毛入学率在 15% 以内为精英教育阶段；在 15% ~50% 为高等教育大众化阶段；在 50% 以上为高等教育普及阶段。按照这一理论，在 2002 年即扩招的第三年，中

---

① 都阳、陆旸：《中国的自然失业率水平及其含义》，《世界经济》2011 年第 4 期。

国便进入高等教育大众化阶段。在进入这样一个阶段之后，大学毕业生就业的一些特有规律性现象逐渐显现出来，认识不到其背后规律的话，则会误导舆论和政策。

劳动经济学研究表明，受教育程度越高，特别是接受过大学本科以上教育之后，寻职者实现与劳动力市场的匹配所需要的时间就越长。也就是说，大学毕业生要找到相对理想的工作，需要花费较多的寻找和转换时间。因此，单纯用大学毕业几个月之后的就业率，以及毕业生的起薪水平进行判断，并不能得出关于这个群体人力资本优势的正确结论。事实上，在经历了较长的寻职时间并实现初次就业之后，具有较高学历的劳动者仍然会处在寻职过程中。此外，较优越的人力资本条件也给予他们更多的机会获得职业发展，从而最终处于劳动力市场的有利地位。

大学生就业难问题的产生原因是双重的。一方面，高校毕业生面临的结构性困难虽然具有规律性，但是仍然需要劳动力市场功能和就业政策给以帮助。另一方面，专业和课程设置不当、教学质量低等问题，无疑也加剧了大学毕业生面临的结构性就业困难，给改革和调整高等教育体制提出了诸多课题。不过，这显然不能成为减缓高等教育发展速度的理由。

三　教育可能过度吗?

20 世纪 80 年代以来，中国的教育发展成就可圈可点，不仅巩固了以往的教育成果，而且通过普及九年制义务教育和高等教育扩大招生，实现了教育的大幅度跃升。教育发展被转化为劳动者的人力资本，成为中国经济增长奇迹的一个重要贡献因素。

粗略地，我们可以把每年各级学校毕业未升学的青少年，看为该级教育水平的新成长劳动力。在新成长劳动力中，仅具有小学毕业程度的比重，在20世纪80年代中期以后显著下降；相应地，初中毕业生比重大幅度提高，在90年代以后尤其突出；而21世纪初以来，高校毕业生比重迅速提高，继而高中毕业生的比重也提高了。这个变化趋势表明，伴随着新增劳动年龄人口数量的递减，以劳动者受教育年限表示的人力资本反而大幅度增加了（见图3）。

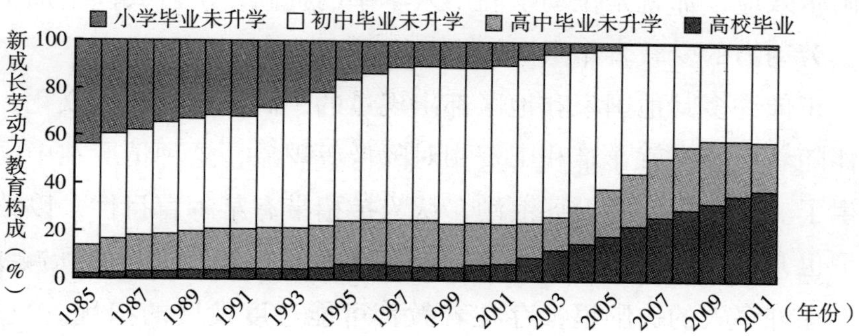

图3　新成长劳动力的教育构成

资料来源：国家统计局《中国统计年鉴2012》，中国统计出版社，2012。

然而，中国教育发展和人力资本积累的良好势头，并不一定会自然而然地延续下去。迄今为止，教育发展主要得益于两个突出的政策，即普及九年制义务教育和高等学校扩大招生产生的积极效果。未来教育发展的不可持续性，一方面表现为这两项政策本身面临着新的挑战，另一方面表现为在如何实现教育发展新突破上尚未取得应有的政策共识。

普及义务教育的政府努力正式启动于1985年。虽然由于产生过一定的消极因素，如为了达标而造成乡村的过度负债，一度出现不同观点之间的争论，最终，事实证明这是一项具有远见的政策举措，对中国人力资本积累的积极效果十分显著。然而，随着小学和初中入学率已经很高，目前已经显现出政策效应递减的趋势，即总体来说，义务教育不再能够对明显提高人口受教育年限作出很大的贡献。

高校扩招始于1999年，初衷是延缓青少年进入劳动力市场的时间，以缓解当时的就业压力。出乎意料的效果，则是中国高等教育由此进入大众化阶段。每年高校毕业生人数，从1999年的85万，大幅度跃升到2012年的680万。高校扩招还有一个意料之中的附带效应，那就是拉动了高中入学率的提高，两者共同增加了新成长劳动力的受教育年限。

正像许多其他国家和地区都出现过的，高等教育的大众化，往往伴随着毕业生就业难和工资相对降低等现象，这种情况在中国也发生了。这形成一股批评浪潮，认为扩招带有某种盲目性，以致政策上也开始变得谨慎，2008年之后招生数量的增长速度有所减缓。

在许多人的头脑里，存在着教育可能过度发展的担忧。当然，正是由于劳动力市场上出现了大学毕业生就业难的问题，人们才会做这种猜测：是不是我们本来不应该如此大规模地扩大高等教育？从经济学的角度，也就是说，根据人力资本回报率来判断高校扩招是否盲目，或者回答过去十余年高等教育的大众化进程导致教育过度的问题，是简单且直截了当的。无论是使用扩招前的数据还是扩招后的数据，计量经济学研究都表明，高等教育比较低教育阶段的回报率更高。

在这些研究中，使用扩招后数据所得出的结论更有意义，因为扩招之前由于大学毕业生比重很低，物以稀为贵，得到较高的劳动力市场回报是在情理之中的；而如果在扩招之后，高等教育仍然得到更高的回报率，则意味着这个扩招是符合劳动力市场需求的。李宏彬的研究做出了肯定的结论：在1999年高校扩招之后，拥有大学专科以上学历的雇员，平均工资高于高中毕业生雇员的幅度继续提高，2009年达到49%。[①] 此外，我们还有必要跳出即时回报率这种功利性的考虑，从更长远的视角回答：我们为什么需要高等教育的大力发展。

英国前首相撒切尔夫人曾经说过一句话：我们不需要担心中国，因为这是一个只能制造洗衣机和电冰箱，而不能创造思想的国家。对于国人广泛引述这句话，也有人颇不以为然，认为这种说法不符合中国拥有灿烂文化遗产，并在改革开放时期继续取得文化繁荣成就的事实。的确，我们对待自己的成就和老祖宗创造的文化遗产，绝不应该采取妄自菲薄或者虚无主义的态度。何况，北京奥运会开幕式惊艳世界、上海高中生在国际学生评估项目勇拔头筹、作家莫言获得诺贝尔文学奖，这诸种表现不过展示了中华民族创造力的沧海一粟，确实值得为之骄傲。不过，我们不妨从以下几个角度，考虑对待诸如撒切尔夫人式的批评，应该采取怎样的态度。

首先，撒切尔夫人批评中国不能创造“思想”，本意是指缺乏创造性。这里，我们翻译为“思想”的英文单词，通常是idea，也可以理解为创意，并不仅指文化，而包括了自然科学、工程技术、生产工艺、人文科学、社会科学、文化艺术等领域，更指与创造力有关的人力资本。例如，新加坡前总理李光耀说得更直接，他断言中国的GDP总量终究要超过美国，但创造力永远无法与之匹敌，因为中国文化不允许自由交流和思想竞争。

其次，中国古训中的“兼听则明”，应该推及来自外国人的批评。何况在国际比较方面，外国人的哪怕是肤浅的观感，也是一种参照系。一概嗤之以鼻，不符合中国应有的大国心态。新加坡是个

---

① 李宏彬：《中国的教育回报率》，华尔街日报中文网，2012年10月18日，转引自中国社会科学网，http://www.cssn.cn/news/564656.htm。

小国，当20年前一些著名的经济学家群起批评其经济增长模式，认为其高速增长只是生产要素积累的结果，而缺乏技术进步推动的全要素生产率的改善时，领导人也的确颇感没面子。但是，他们还是采取了“宁可信其有”的态度，为全要素生产率的提高设立了国家目标。多年来，新加坡在全球竞争力指数的排名中名列前茅，位次年年攀升，与这种“兼听则明”的态度应该不无关系。

第三，著名的“钱学森之问”表明，受体制制约而缺乏创造力，的确是中国的现实。著名科学家钱学森直至去世之前，在病榻上仍然思考着，为什么我们的大学不能按照培养科学技术发明创造人才的模式去办学，没有自己独特的创新的东西，老是“冒”不出杰出人才。而一位美国的百岁老人、诺贝尔经济学奖获得者罗纳德·科斯，提供了自己对“钱学森之问”的答案。他认为原因在于：中国缺少一个思想（ideas）的市场。在这里，市场代表的是一个舞台或者平台，思想或者创造力借此得到孕育、诞生、哺育、激励和成长。因此很显然，大学健康且快速的发展，是产生这样一个市场的前提。中国的大学体制存在诸多问题，需要通过改革予以解决，但绝不应该成为因噎废食的理由。

四　人力资本积累的国际教训

其实，如果可以有“教育过度”这样一个命题的话，其本意应该是，由于劳动力市场功能和教育质量等方面的因素，导致人力资本供给与需求之间的匹配不当，而不是人力资本总量的过度。国际经验表明，因短期内的教育回报率降低，迫于社会上不恰当的压力而抑制教育发展，或者政府未能弥补人力资本回报率下降的市场失灵导致教育停滞的结果，通常是灾难性的。

首先，我们来看深陷债务危机的南欧国家。自2000年开始，经济合作与发展组织（OECD）每隔三年在一些国家或城市进行一次主要针对高中学生的“国际学生评估项目”（英文缩写为PISA）测试，并进行地区之间的比较。对中国人来说，很多人了解并为之自豪的是，在2010年的测试中，上海学生独占鳌头。但是，很少有人注意到，在历次的测试中，希腊、意大利和西班牙等国学生连续表现不佳。凑巧的是，这三个国家也是在欧债危机中最为灾难深重的国家，无一例外地表现为青年人就业率最低、失业率居高不下。

这个测试项目的本意，是评价各国学生的学习表现，然而，既然教育的质量和效果归根结底是一系列与教育发展相关因素的函数，我们也可以用这个测试结果间接地观察政府推动教育发展的政策力度、个人和家庭接受教育的热情，以及社会和劳动力市场上的教育激励。在西班牙也一度出现就业形势好，从而相对降低了教育回报率的情形。曾几何时，受岗位增加及工资上涨的吸引，西班牙年轻人提前离开学校，大多进入建筑业找到工作。这个故事是怎么结尾的呢？当危机来临，人人看到了这个国家持续存在着高达25%的青年失业率。

其次，我们来看美国无就业复苏的根源。美国产业结构升级一度表现为劳动力市场的两极化，即对人力资本要求高的产业和对人力资本要求低的产业扩张快，而处在中间的产业处于萎缩状态，导致许多青年人不上大学甚至不上高中，形成所谓的“从中学直接进入中产阶级”模式。然而，在全球化进程中，美国低端制造业在国际分工中日益丧失竞争力，实体经济相对萎缩，每一次经济衰退都会永久性地丧失一部分就业岗位，形成“无就业复苏”，那些受教育水平影响而与产业升级不相适应的劳动者群体，则容易陷入失业和贫困状态，美国社会的收入差距也日趋扩大。

乔布斯在去世之前，曾经安排美国总统奥巴马与湾区一些知名企业家会面。座谈中奥巴马问乔布斯：能不能把苹果公司在中国创造的就业岗位搬回美国？乔布斯直言不讳地回答："不可能，除非你能够给我培训出3万名称职的工程师。"他的后任迫于国内压力，也趁中国劳动力成本上升之机，2012年开始尝试在美国建厂。即便有这样的举动，他本人对其前景也并不乐观，因为他看到了问题的本质：不是工资水平问题，而是合格的雇员的问题。

最后，我们来看"失去二十年"的日本。在日本赶超发达国家的过程中，高等教育曾经发展很快。但是，日本社会对大学毕业生就业的关注和对教育质量的批评，促使政府有意放慢了高等教育发展的速度，结果20世纪80年代以来，高等教育与其他发达国家的距离拉大，就劳动年龄人口中人均接受高等教育的年限来说，日本相当于美国的水平，从1976年的45.3%下降到1990年的40.4%，回到了1965年的水平上。[①] 不无相关的是，在1990年人口红利消失之后，经济增长因未能转向全要素生产率驱动而陷入持续的停滞状态。例如，全要素生产率对平均劳动生产率的贡献率，从1985~1991年的37%跌落到1991~2000年的-15%，导致日本经济出现"失去的十年"。[②] 迄今为止，日本经济已经失去了20余年。

五　政府投入转向人力资本

在教育发展出现边际效应递减的情况下，人们寄希望于国家财政对教育支出的大幅度提高。1993年发布的《中国教育改革和发展纲

---

① Yoshihisa Godo, *Estimation of Average Years of Schooling by Levels of Education for Japan and the United States, 1890 - 1990*, Meiji Gakuin University.

② Asian Productivity Organization, *APO Productivity Databook* 2008, the Asian Productivity Organization, 1 - 2 - 10 Hirakawacho, Chiyoda-ku, Tokyo 102 - 0093, Japan, p. 23.

要》，提出了国家财政性教育经费支出占GDP比例达到4%的目标，直至2012年才终于实现。说到政府埋单，我们面临的问题就是，在公共教育投入达到GDP的4%，即按照2012年的GDP总量计算，公共教育投入规模超过2万亿元的情况下，这笔宝贵的资源应该如何配置，才可以最有效率呢？同时，这个数字足以解决中国教育发展的可持续性问题吗？要回答这样的疑问，我们需要先来弄清楚，有哪些因素已现端倪，并可能在未来阻碍中国教育的进一步发展。

我们先来设想一下，政府财政对教育的投入占到GDP的4%，被落实到每一级政府意味着什么？拿许多大银行总部所在地，因而集中了全国GDP一个很大比重的北京市西城区，与不发达省份贵州省最穷的城市六盘水市相比，常住人口人均享有的公共教育支出，前者至少是后者的十几倍。这样的公共投入差别能否做到既公平又有效率，答案应该是不言自明的。

让我们再回到经济学的基础理论上来。经济增长的不竭源泉是生产率的提高，而提高生产率的重要途径是按照最有效率的方式配置资源。诺贝尔经济学奖获得者詹姆斯·海克曼于2003年指出，中国在物质资本与人力资本投资之间以及不同地区之间的教育投入，都存在着不平衡的问题，既缺乏公平性，也不符合效率原则。①

正如我们已经讨论过的，在人口红利消失之后，劳动力无限供给不再是中国经济发展的特点。相应地，资本报酬递减的现象已经愈演愈烈。而好消息则是，在物质资本回报率下降的同时，人力资本则愈加显现其报酬递增的优势。所以，社会资源从物质投资领域更多地转移到人力资本投资领域，必然带来巨大的资源配置效率，

① James J. Heckman, "China's Human Capital Investment," *China Economic Review* 16 (2005): 50-70.

支撑中国经济的可持续增长。

虽然从长期的观点看，在特定教育阶段上的人力资本投入也会出现报酬递减的现象，但是，此时此地的有限教育资源如何在各级各类和各地区进行配置，也存在效率差别。例如，相同水平的公共教育支出，在北京市西城区的投入效率，要大大低于这笔钱配置在六盘水市的情形。此外，教育经济学的一个重要发现是，如果把教育的社会回报由高到低排列的话，依次是学前教育、基础教育、较高阶段的普通教育、职业教育和培训。很显然，私人回报率高的领域，则应该更多地引导家庭和个人投资，而社会回报率高的领域，适合由政府更多埋单。因此，我们依据资源配置的基本原则，从各级各类教育面临的问题出发，对中国教育发展提出以下政策建议。

首先，义务教育阶段是为终身学习打好基础，形成城乡之间和不同收入家庭之间孩子同等起跑线的关键，政府给予充分的公共资源投入责无旁贷。值得指出的是，鉴于学前教育具有最高社会收益率，意味着政府埋单是符合教育规律和使全社会受益原则的，应该逐步纳入义务教育的范围。

自从中国跨越刘易斯转折点，随着就业岗位的增加，对低技能劳动力需求比较旺盛，一些家庭特别是贫困农村家庭的孩子在初中阶段辍学现象比较严重。从家庭的短期利益着眼，这种选择似乎是理性的，但是，人力资本不足可能导致的经济损失，最终将由社会和家庭共同承担。因此，政府应该切实降低义务教育阶段家庭支出比例，巩固和提高义务教育完成率。而且，通过把学前教育纳入义务教育，让农村和贫困儿童不致输在起跑线上，也大大有助于提高他们在小学和初中阶段的义务教育完成率，并增加继续上学的平等机会。

其次，大幅度提高高中入学水平，提高高等教育普及率。高中与大学的入学率互相促进、互为因果。高中普及率高，有愿望上大学的人群规模就大；升入大学的机会多，也对学生上高中构成较大的激励。目前，政府预算内经费支出比重在高中阶段较低，家庭支出负担过重，加上机会成本高和考大学成功率低的因素，使得这个教育阶段成为未来教育发展的瓶颈。因此，从继续快速推进高等教育普及化着眼，政府应该尽快推动高中阶段免费教育。凡事预则立，为了防止真有高等教育过度的情况发生，一个有益的办法就是，从现在开始，逐渐让家庭承担更多的大学教育支出，即进一步发挥社会办学和家庭投入的积极性。

最后，通过劳动力市场引导，大力发展职业教育和职业培训。中国需要一支具有较高技能的熟练劳动者队伍，而这要靠中等和高等职业教育来培养。欧美国家适龄学生接受职业教育的比例通常在60%以上，德国、瑞士等国家甚至高达70%～80%，都明显高于中国。因此，中国应当从中长期发展对劳动者素质的要求出发，加大职业教育和职业培训力度。

由于这个教育类别具有私人收益率高的特点，劳动力市场激励相对充分，因此，应该更多地依靠家庭和企业投入的积极性，政府投入的力度应该低于普通高中。此外，应建立起高中阶段职业教育与职业高等教育及普通高等教育之间的升学通道，加快教育体制、教学模式和教学内容的改革，使学生有更多的选择以实现全面发展。

六　结语和政策建议

中国经济在经过了刘易斯转折点和人口红利消失转折点之后，劳动力市场开始加快了从二元模式向新古典模式的转型。就业总量矛盾和结构性、摩擦性矛盾并存这一现实，提出了一系列制度需求，应该成为顶层设计和综合配套整体改革的重要组成部分。

首先，更加积极的就业政策的重心，应该从总量上创造就业岗位，更多地转向帮助更广泛的劳动者群体解决结构性和摩擦性就业困难、治理顽固的自然失业现象，以及构建劳动力市场制度。未来加速的产业结构调整，会对职工技能提出更高的要求，而人力资本积累不足的劳动者则很容易陷入就业困难，需要政策给予积极的扶助，也需要劳动力市场制度的保护。一般来说，结构变化是一个创造性破坏的过程，如果以保护岗位的理由妨碍这个过程，则难以实现技术进步和产业结构升级。但是，作为一个人，劳动者应该受到应有的保护，而这就是劳动力市场制度的功能。

其次，加快推进户籍制度改革，解决农民工面临的劳动力市场脆弱性。农民工面临的特殊就业风险与他们在城镇就业却没有户籍身份密切相关。例如，每逢遇到宏观经济的下行，他们就要承受周期性失业；因户籍制度导致的家庭成员不能生活在同一地点，使数千万流动儿童和留守儿童的义务教育难以良好解决；缺乏就业稳定性使新生代农民工过早离开学校，也不愿意接受必要的培训。因此，推进农民工的市民化和常住人口基本公共服务全覆盖，使他们在基本社会保险、义务教育、最低生活保障和保障性住房等方面享受均等的待遇，有助于提高农民工的人力资本积累，加强对这个群体的社会保护。

最后，通过改革教育体制，加快教育发展速度，提高教育质量和人才培养效果。这个领域改革的核心，是实现教育主管部门作为监管者职能与教育供给者职能的脱钩，消除教育领域的垄断，发挥社会办学的积极性，通过竞争提高教育质量。根据不同的教育阶段和类型，教育事业分别具有基本公共服务（义务教育）、一般公共服务（更高阶段教育如高等教育）和商业活动（培训等）等性质，应该允许多种办学方式存在和竞争。即使在作为公共服务领域的教育活动，也可以采取多样化的供给模式。例如，瑞典从 20 世纪 90 年代开始，实行在小学、初中和高中阶段的多元办学，并借助教育券的方式实现了自由择校，既没有失去教育的公益性，也充分发挥了民间投资的积极性，还扩大了选择和竞争，大幅度提高了教育质量。

Employment Challenges Facing China after the Disappearance of Its Demographic Dividend

Cai Fang

Abstract: The decline in absolute number of working age population in 2012 indicates the beginning of the disappearing of the demographic dividend in China. As a consequence of the resulting slowdown of potential growth rate, a growth rate below 8% did not cause employment shock in this year. Corresponding to the transition of development pattern from dual economy to neoclassical growth, the Chinese laborers are confronting with more structural and frictional employment difficulties. This chapter analyses the vulnerability of migrant workers, urban locals, and college graduates in labor market and proposes policy suggestions. The author suggests that the government responsibility at this stage is to invest more public resources in education and to create better institutional environment for labor mobility that is essential for getting incentives right.

Key Words: Labor Market; Demographic Dividend; Employment Shock

B.8

我国收入分配问题的特征、根源与对策思路

张车伟*

摘　要：

把中国的收入分配问题置于国际视野下观察会发现，初次分配后的收入差距中国和大多数发达国家并无太大不同，但再分配后，发达国家收入差距大大降低，而中国的收入差距则基本上没有什么变化；无法通过再分配手段缩小收入差距是当前中国收入差距难以缩小的重要原因。然而，中国收入分配问题并不仅仅是收入差距过大，更关键的问题在于分配不公以及由此造成的社会分化。解决收入分配问题需要在优先消除分配不公的基础上，通过完善再分配手段逐渐缩小收入差距，从而形成既公平又合理的收入分配格局。

关键词：

收入分配　分配不公　基尼系数

国务院最近刚刚批转了国家发改委等部门《关于深化收入分配制度改革的意见》（以下简称《意见》），对当前面临的收入分配问题进行了全面梳理，提出了解决问题的思路和措施。《意见》的

* 张车伟，中国社会科学院人口与劳动经济研究所党委书记，研究员。

出台必将大大推进收入分配领域的改革，加快形成公平合理同时有效率的分配体制机制。然而，正如《意见》所指出的：“深化收入分配制度改革，是一项十分艰巨复杂的系统工程，不可能一蹴而就，必须从我国基本国情和发展阶段出发，立足当前、着眼长远，克难攻坚、有序推进。”因此，对我国收入分配问题的研究和讨论并不能因为出台了《意见》而停止；相反，我们必须清醒地认识到“收入分配制度改革的艰巨性、复杂性”，对于问题的实质及其“症结”，无论现在还是将来都有必要不断深化认识，深刻理解，只有这样才能“凝聚各方共识，形成改革合力”，也才能顺利推进关乎每一个人切身利益的收入分配制度改革。

中国当前面临的收入分配问题，并不仅仅表现为收入差距的不断拉大，而且还表现为分配格局失衡和分配秩序混乱。从分配格局来看，一是劳动报酬占 GDP 比重不断下降，二是居民收入占国民收入比重不断下降；从分配规则看，则是分配秩序混乱、私设小金库、乱发奖金、同工不同酬等现象严重。收入分配在不同层面上所表现出来的问题和症状既相互联系又相互影响、相互叠加，这决定了收入分配问题在我国具有了异常复杂的性质。本文把中国的收入分配问题置于国际视野下进行观察，看一看中国的收入分配问题和其他国家相比有何不同与特点，探讨中国的收入差距为什么难以缩小，剖析问题的“症结”和实质，并提出解决问题的思路和对策。

一　国际视野下观察收入分配问题

在经济快速发展过程中，一个国家或者社会的收入差距往往会呈现扩大趋势，有些国家会在收入差距达到顶点后出现下降趋势，而有些国家的收入差距则长期维持在高水平。例如，美国的收入差距在20世纪20年代达到最高，基尼系数超过0.5，之后开始下降；英国的基尼系数在1867年达到0.54～0.55的高峰后也出现了下降，日本的基尼系数在1937年达到0.57，之后尤其是“二战”后，收入差距开始缩小并逐渐成为收入差距最小的发达国家。其他发达国家的收入差距也都大致经历了类似的变化过程。

在20世纪50年代，美国经济学家库茨涅兹总结了经济发展和收入分配之间的关系，提出了收入差距会随着经济发展呈现先扩大再缩小的倒U形假说。不过，到目前为止，这一假说仍然缺乏严格的经济学理论证明，也没有完全得到经验事实的证实。从世界各国发展的经验来看，只有在那些业已完成工业化和城镇化的发达国家，才可以大致观察到收入差距变化经历了类似的倒U形转变，而对广大发展中国家来说，由于尚没有完成工业化和现代化，基本上都处在收入差距不断扩大的阶段，还没有出现收入差距缩小的迹象。目前收入差距最大的国家既不是最穷的国家，也不是最富裕的国家，而往往是中等收入水平的国家，这使得当横向地观察世界各国收入差距时，经济发展程度和收入差距之间呈现一种倒U形关系，这常常被很多人解读为库兹涅兹假说成立的证据。然而，国家之间所呈现出的经济发展与收入差距之间的这种倒U形关系，并不是真正意义上倒U形关系，也不应该被用来作为验证库茨涅兹假说的证据。因为那些仍处于收入差距扩大阶段的发展中国家最终是否能像发达国家那样出现收入差距缩小的拐点，是一个仍然没有得到确切答案的问题。

目前，发达国家的收入差距都比较小，基尼系数一般稳定在0.3左右，其中，美国最高，为0.38；北欧国家最低，都在0.3以下；其他国家如日本为0.32，韩国为0.31，法国为0.28，德国为0.3，英国为0.34，OECD国家的平均水平为0.31；而低收入国家的基尼系数一般稳定在0.3～0.4，例如埃及、印度、巴基斯坦、孟加拉国、印度尼西亚的基尼系数一般为0.33左右。收入差距最大的国家往往是那些经济增长较快的中等收入国家，例如，经济增长较快的中等收入国家泰国、马来西亚、菲律宾，其基尼系数都在0.4以上，巴西是世界上收入差距最大的国家，基尼系数在0.6左右，南非情况与巴西类似。中国目前正处在经济快速增长过程中，人均收入已经迈入中等收入阶段，收入差距从世界范围来看处于比较大的状态。

不过，对于中国收入差距到底有多大，目前并没有形成完全一致的看法。事实上，国家统计局自2000年起不再公布全国基尼系数后，判断中国收入差距现状不得不依靠学术界不同团队的研究结果，这也在相当程度上引起了对中国收入差距到底有多大的争论。由于所依据的数据的来源和研究方法不同，不同研究团队的结果大相径庭。有人认为，我国的收入差距仍在不断扩大，收入分配问题继续恶化（赵人伟，2007；李实、罗楚亮，2011）。但也有人认为，我国收入差距扩大已经趋于稳定甚至出现收敛的迹象。在时隔多年之后，国家统计局从2013年起又开始公布我国的基尼系数，这为更好地认识我国的收入差距问题提供了较好的参照。按照国家统计局最新公布的数据，中国全国居民收入的基尼系数，2003年是0.479，2004年是0.473，2005年是0.485，2006年是0.487，2007年是0.484，2008年是0.491。然后逐步回落，2009年是0.490，2010年是0.481，2011年是0.477，2012年是0.474（马建堂，2013）。虽然国家统计局重新公布了基尼系数数据，但由于这一数据和学者们的研究结果以及社会大众的感受并不完全一致，可以说，中国目前收入差距到底有多大仍然是一个没有标准答案的问题。但是，无论从国际经验来看，还是从老百姓的切身体会来看，中国当前存在着过大的收入差距问题则是一个不争的事实。

从发达国家的经验可以看出，收入差距缩小并不是一个自然而然的过程，而是需要一定的社会制度和规则的完善与之相适应。例如，美国收入差距开始缩小主要得益于在20世纪30年代开始实施的罗斯福新政，这一新政极大地改善了低收入群体的社会福利，提高了他们的收入水平。日本第二次世界大战后收入差距缩小既得益于土地制度改革、财阀解体以及禁止垄断的政策，也得益于工会力量的加强和劳动权益得到了更好的保障。总体来看，发达国家之所以能够实现收入差距缩小，和其普遍建立了调节收入分配的财税政策、建立社会保障制度和增强劳动者的话语权密切相关。离开了这些条件，发达国家的收入差距是否会缩小恐怕仍然是个未知数。

值得指出的是，自20世纪70年代以来，发达国家在初次分配后的收入差距，也就是没有经过再分配调整的收入差距又开始呈现扩大的趋势。初次分配的基尼系数普遍上升6～10个基尼百分点。例如，美国从0.37上升到0.49，英国从0.36上升到0.46，德国从0.44上升到0.50，日本从0.35上升到0.46。初次分配的基尼系数主要反映市场力量所导致的收入差距，可以被看做市场基尼系数，其上升表明市场力量导致收入差距在扩大。然而，这些发达国家初次分配基尼系数的上升并没有导致最终的收入分配状况恶化，因为再分配后，这些国家的基尼系数都出现大幅度下降。比如，再分配后，美国基尼系数从0.49下降为0.38，日本从0.46下降到0.33，德国从0.50下降到0.3，法国从0.48下降到0.29，英国从0.46下降到0.35，OECD国家平均从0.46下降到0.31。平均来看，发达国家经过再分配的调节，基尼系数会下降10个百分点以上。因此，当前发达国家收入差距的相对均等化主要是再分配政策调整的结果。表1总结了OECD国家近年来初次分配和再分配后基尼系数变化情况。

表1　近年来主要发达经济体初次分配与再分配后基尼系数的变化

经济体	初次分配基尼系数	再分配后基尼系数	变化基点	变化百分点(%)
澳大利亚	0.47	0.34	0.13	-28.2
奥地利	0.47	0.26	0.21	-44.7
比利时	0.47	0.26	0.21	-44.8
加拿大	0.44	0.32	0.12	-26.5
智利	0.53	0.49	0.03	-6.1
捷克	0.44	0.26	0.19	-42.3
丹麦	0.42	0.25	0.17	-40.4
爱沙尼亚	0.46	0.32	0.14	-31.2
芬兰	0.47	0.26	0.21	-44.3
法国	0.48	0.29	0.19	-39.3
德国	0.50	0.30	0.21	-41.5
希腊	0.44	0.31	0.13	-29.6
匈牙利	0.47	0.27	0.19	-41.6
冰岛	0.38	0.30	0.08	-21.2
以色列	0.50	0.37	0.13	-25.5
意大利	0.53	0.34	0.20	-36.9
日本	0.46	0.33	0.13	-28.8
韩国	0.34	0.32	0.03	-8.4
卢森堡	0.48	0.29	0.19	-40.2
墨西哥	0.49	0.48	0.02	-3.6
荷兰	0.43	0.29	0.13	-31.0
新西兰	0.46	0.33	0.13	-27.5
挪威	0.41	0.25	0.16	-39.0
波兰	0.47	0.31	0.17	-35.1
葡萄牙	0.52	0.35	0.17	-32.2
斯洛伐克	0.42	0.26	0.16	-38.2
斯洛文尼亚	0.42	0.24	0.19	-44.2
西班牙	0.46	0.32	0.14	-31.2
瑞典	0.43	0.26	0.17	-39.2
瑞士	0.41	0.30	0.11	-25.9
土耳其	0.47	0.41	0.06	-13.0
英国	0.46	0.35	0.11	-24.3
美国	0.49	0.38	0.11	-22.2
OECD	0.46	0.31	0.14	-31.3

数据来源：根据 OECD 统计局相关数据计算得到。

由于发展中国家普遍缺乏调节收入差距的再分配机制，其初次分配后的收入差距和再分配后的收入差距基本上没有太大变化，所以，发展中国家的基尼系数所反映的基本上都是市场力量所导致的收入差距。其实，单就初次分配来看，发达国家和发展中国家的基尼系数并没有呈现出太大差异，有很多发达国家初次分配的基尼系数都处于相当高的水平，如德国等国甚至达到了0.50。但是，再分配后，两类国家却大相径庭，发达国家基本上实现了相对均等化的收入分配，而发展中国家收入差距仍然维持初次分配后的高水平。可以说，能否通过再分配手段把收入差距调整到合理的限度，是一个国家是否成为发达国家的重要标志。

二　我国收入分配问题的特征：为什么收入差距难以缩小?

和其他发展中国家一样，中国的基尼系数反映的也主要是初次分配的收入差距，因为中国的再分配制度不仅缺乏对收入分配的调节作用，而且还在某种程度上具有“逆向调节”的作用。有研究指出，综合考虑地区生活成本、住房、社会保障等因素后，中国的基尼系数可能在0.48~0.49，收入差距不仅没有缩小，反而进一步拉大（李实、罗楚亮，2011）。

从基尼系数看，中国现阶段收入差距固然较大，但同时也应该注意到，无论从历史上来看还是从不同国家的比较来看，都不能说中国有多么特殊。中国目前的基尼系数既没有超过发达国家历史上曾经达到的水平，如1937年日本的0.57，也没有超过目前国际上收入差距最大国家巴西的0.6；同时，即使和现在发达国家初次分配后的结果相比，也仅略高于澳大利亚（0.47）、日本（0.46）、美国（0.49）、英国（0.46），与比利时、捷克、法国、新西兰处于同一水平，低于德国（0.50）、意大利（0.53）、葡萄牙（0.52）、波兰（0.47）。这说明中国当前收入差距拉大现象有着和其他市场经济国家相同或者相似的特点和规律，主要是经济快速发展过程中市场力量作用的结果。从发展的趋势看，如果不加以干预，收入差距仍有进一步上升的空间。

发达国家所以能缩小收入差距，主要在于政府建立了比较完善的再分配制度，矫正了收入分配中存在的“市场失败”。例如，20世纪70年代以来，发达国家初次分配后的基尼系数虽然大幅度上升，但再分配后的基尼系数大大下降，再分配调整保证了收入的相对均等化。而中国收入差距继续扩大，除了市场力量作用的结果外，另一个关键原因是再分配手段缺乏调节收入分配的作用。具体来看，作为再分配的主要手段，中国的公共财政无论是从收入还是从支出的角度来看，都缺乏调整收入差距的功能，这实际上是收入差距继续扩大的重要原因。

从财政收入的角度看，中国的税收制度以间接税为主，直接税所占比重很低（李卓，2009），例如，具有较强再分配功能的个人所得税占财政收入的比重不足7%，纳税人数占工薪劳动者的比例不足20%。而以间接税（增值税、营业税、国内消费税、关税）为主的税收制度使得一般劳动者承担了更高的税负水平，高收入群体承担的税负相对较轻，因此，中国目前的收入分配格局在某种程度上和税收制度的基本结构和特点具有密切关系。而发达国家的税收很多都以直接税为主，美国和日本的个人所得税是其政府收入的最大来源，这就保证了收入差距从收入环节就被大幅度调整，税收制度起到了“削峰”的作用，而中国的税收制度基本缺乏这样的作用。

从支出的角度来看，中国财政用于民生支出比重低，再分配功能弱。在中国的财政支出中，医疗、教育、住房等公共支出严重不足；社会保障制度不健全，低收入群体受到的保护程度更低；社会保障制度设计忽视收入分配功能，没有起到缩小收入差距的作用。目前，中央政府的转移支付所占比重虽然很大，但转移支付多为项目支出，缺乏调整收入差距的再分配效应。一般来看，在发达国家财政支出中，用于民生的支出比例通常超过50%，其中相当大的比例直接用于向中低收入人群倾斜的支出上。例如，美国财政支出占GDP的比例为32%，其中能够缩小收入差距的部分占GDP的比重为8%，日本的这一比例为12%，发达国家的这一比例普遍在10%以上，平均为15%。中国直接用于中低收入群体的民生支出占GDP的比重不足1%，公共财政支出没有在调整收入分配中起到“填谷”的作用。

另外，我国社会保障制度仍然不健全，制度设计忽视调节收入分配功能，没有起到缩小收入差距的作用。我国社会保障制度建设在过去几年取得了巨大的成就，基本制度框架初步形成，但在现有制度中，城镇职工各项社会保险制度缺乏调节收入分配作用。由于缴费率过高，城镇职工各项社会保险制度难以扩大覆盖面，全部城镇就业人员中至今仍有近一半劳动者没有被覆盖。总体来看，正规就业者得到了较好的保护，而低收入群体受到的保护程度较低，社会保障制度不仅缺乏对收入分配的调节作用，甚至还具有某种程度的逆向调节倾向。

综上所述，虽然中国收入差距扩大和其他国家在经济快速发展过程中所呈现出的特征并无二致，但不同的是，发达国家通过再分配调整后，有效地遏制了收入差距扩大并把差距调整到比较合理的水平。与发达国家相比，缺乏再分配手段的调节作用是中国当前收入差距不断扩大且难以下降的主要原因。

三　我国收入分配问题的根源：分配不公及其来源

中国收入差距扩大虽然已经到了比较严重的地步，但公平地来看，当前的收入差距程度既没有超过发达国家历史上曾经达到的水平，也没有超过发展中国家中的最高水平，即使和当前发达国家初次分配后的收入差距相比，也基本上相差无几。这样说并不是想为中国收入分配存在的问题开拓或者寻找借口，而是只想说明中国的收入差距从国际比较的角度来讲其实并没有什么特殊性，它只不过展现了经济发展过程中的一般特点和规律而已。但为什么我国收入分配问题却在社会上引起极大不满呢？这恐怕并不能仅从收入差距本身去寻找答案。

市场经济条件下，存在收入差距应该说是正常现象。同时，一个社会到底能够忍受多大程度的收入差距也没有确定的标准。有的国家对收入差距忍受程度高一些，而有的国家则相对低一些。例如，美国有着发达国家最高的收入差距，但美国人对收入差距的抱怨却比其他西方国家都少。一般来说，如果收入差距扩大是市场机制下通过比较公平的分配方式带来的结果，那么，它所引起的社会不满就会相对小得多。如果收入差距更多地由不公平的分配方式所导致，那么，即使收入差距并非十分严重，社会不满也会非常强烈。从世界各国曾经达到的收入差距程度来看，社会对单纯收入差距扩大的容忍程度要远高于收入分配不公平。目前政局动荡的北非国家，出现问题的根源在很大程度上和收入分配不公平现象密切相关。例如，埃及的基尼系数在0.3～0.35，收入差距似乎并不是很大，但就业机会匮乏和财富过度集中造成的分配不公，却引发了社会动荡，造成了政权的更迭。

中国收入分配问题的严重性或者说问题的根源并不仅仅在于收入差距扩大本身，这只是问题的表面现象，问题的根源在于收入差距扩大在很大程度上是由不公平的分配方式引起的。所谓收入分配不公平，简单说来就是社会财富或者收入以不合法、不合理或者不透明的途径和方式流入了部分群体或者个人的口袋，而应该得到财富和收入的群体或者个人却被排除在外。也可以进一步地说，收入分配不公实际上就是不该得到收入的人得到了收入，而该得到收入的人却没有得到。

当前，中国经济快速增长，大量社会财富不断被创造出来，但令人遗憾的是，其中有相当一部分社会财富以不公平的方式被分配，这不仅加大了收入差距和贫富差距，而且也是制造社会裂痕的重要根源，成为威胁社会稳定的最危险因素。因此，只盯住收入差距问题而不着重解决收入分配过程中的不公平现象，收入差距即使能够得以缩小，但收入分配问题并不会从根本上得到解决。

公平地说，收入分配不公平也是在任何国家和社会都存在的普遍现象，只不过中国目前的收入分配不公现象涉及范围更广、程度更严重、危害更大。而且，与其他国家相比，中国收入分配不公更有着其特殊性和复杂性。这主要是因为中国仍然是一个向市场经济过渡的国家，社会主义的基本经济制度面临着如何适应市场机制的问题。

在市场化改革进程中，中国的基本经济制度已经从单一公有制转变为以公有制为主体、多种经济成分共同发展。随着市场化进程的加快，各种经济成分都需要参与市场竞争，需要资本化运作，国有经济和国有资产当然也不例外。国有资产不仅需要资本化运作，而且其资本化的过程本身也反映了市场改革的进步。然而，在这一过程中，收入分配不公平现象却大量产生了：部分群体和个人利用社会转型中制度规则的漏洞，把属于社会和国家的财富以各种隐蔽的方式据为己有。例如，在国有企业上市、并购等资本化运作中，少数人利用内部消息、关系和权利等不正当手段从中攫取巨额财富归为己有；属于全民所有的国家各类矿产资源以很低的价格被少数个人控制，资源开发的巨大利润流入个人口袋；国有企业高管人员利用决定薪酬的权利取得高额薪酬等。

中国在目前这个特殊的发展阶段，通过不公平分配得到了巨额社会财富者已经形成了一个巨富或者说豪富阶层，这部分人虽然从数量上来讲不多，但产生的社会影响相当大，带来的社会震荡也比较剧烈。由分配不公所导致的社会财富向少数人的集中，使社会上大多数人产生了相对剥夺感，即使中高收入的工薪劳动者也常常认为自己属于社会的低收入阶层或者弱势群体。中国目前已经成为全球第二大富豪产生地，是世界上产生富豪速度最快的国家。当然，富人增加是经济发展的必然，但中国的问题在于“豪富阶层”的财富积累过程与分配不公有着割不断的联系。中国“豪富阶层”呈现出行业集中、财富积累渠道集中的特点。据2007年波士顿咨询公司发布的《全球财富报告》，中国41%左右的财富被0.1%的“豪富家庭”掌控。豪富群体的财富积累渠道，主要是低价收购兼并全民所有制企业、上市圈钱和进入房地产与矿产等行业。有调查显示，拥有1亿元可投资资产的人群中，27%已经完成了移民，47%正在考虑移民，长期投资、创业型投资撤到海外。对中国的经济发展来说，这显然是一个极其危险的信号。

与单纯的收入差距拉大相比，收入分配不公往往会给社会带来更大的威胁和更严重的伤害。一般来说，收入分配不公并不一定总表现为收入差距的扩大。我国在计划经济体制时期，表面上看收入差距很小，却也是收入分配严重不公。在计划经济时期，合理的收入差距被人为抹平，同样表现为有些人没有得到应有收入，而有些人得到了不该得到的收入，其结果，收入分配不公导致经济社会发展停滞。当然，如果收入分配不公伴随着收入差距扩大，且收入分配不公又是导致收入差距扩大的重要原因，那么，这样的收入分配状态就更加危险。事实上，中国目前就处在这种状态之中，这也是改善收入分配状况在中国当下的经济社会发展中显得异常迫切的原因。

四　解决问题的思路与对策

（一）优先消除分配不公

中国当前收入分配存在的真正问题并不仅仅是收入差距扩大，更重要的是收入分配不公平以及由此造成的两极分化；收入分配不公不仅是拉大收入差距的重要原因，而且是制造社会矛盾、引发社会不满的根源。

一般来说，正常市场机制下形成的收入差距具有阶段性和可控性，调节这类收入差距的政策手段也比较明确，发达国家的经验实际上已经为此提供了很好的借鉴和经验：在正常市场经济条件下形成的收入差距，是可以通过完善再分配机制逐步加以改善或者解决的。然而，收入分配不公问题既不是发展阶段问题，也不是市场机制建设问题，而是利益格局调整和制度法规建设和执行问题，它并不会随着市场经济的发育自动得以解决。不消除收入分配中的不公平现象，解决中国的收入分配问题也就无从谈起。

中国目前收入分配不公主要源于国有经济或者国有资本参与市场的收益没有被全体国民合理分享，因此，如何公平合理地处置国有资产及其收益问题，就成为解决收入分配不公问题的关键所在。对此，很多人提出，要消除分配不公，就必须不断减弱国有经济的重要性，国有经济要从经济领域逐渐退出，甚至还有人提出更加极端的办法，如实施国有经济私有化等。这些看法固然是着眼于治疗社会的“疾病”，但开出的药方则是错误的。

作为一个以公有制经济为主体的社会主义国家，公有制经济成分不仅不应该被削弱，而且应该进一步加强。事实上，正是近些年公有制经济不断弱化或者说国有资本不断流失，才在某种程度上导致了收入差距扩大和贫富差距加剧。经过30多年的改革和发展，虽然从功能上来看公有制经济仍然主导着经济发展的命脉，但是从构成上来看国有经济成分比重不断下降，国有经济处于支配地位的局面已经发生根本性转变。1978年改革开放开始时，国有经济处于绝对支配地位，在国民生产总值中，公有制经济占99%，非公有制经济占1%。到2000年，资本主要由国家和集体所有和使用的格局已经发生重大变化，居民所拥有的资本已经超过国有资本，甚至比国有资本和集体资本之和还要大。有关研究表明，2000年，在我国28.7万亿元的资本总额中，国家占34%，集体占12%，居民个人占43%，港澳台及外资占11%（樊纲、姚枝仲，2002）。近些年，经济结构的“国退民进”趋势进一步加快，公有制经济成分的比重进一步下降。有关研究表明，2008年全国资本性资产共144.078亿元，其中国有资本占10.50%，集体资本占2.76%，个人资本占79.92%，外商资本占6.82%（李济广，2011）。资本结构的这种变化，必然使收入分配的格局发生相应改变。随着私人资本在国民财富中比例的增加，其资本所得在国民收入中的比例也会不断增加。由于私人资本的占有具有极度不均衡性，其增加必然会带来个体间收入出现更大差异。因此，国有经济进一步弱化所带来的“国退民进”不仅会带来收入差距进一步拉大，而且也与我国社会主义的基本方向背道而驰，更会加剧社会矛盾。因此，解决收入分配不公的正确途径并非必须削弱国有经济的地位，相反，在国有经济地位不被削弱的情况下，通过完善制度和规则，实现国有资产及其收益的公平分配不仅是可能的，而且从操作上看也不是什么困难的事情。

当前，土地、矿产资源、国有企业、公共产品等国有资产的资本化过程是收入分配不公的主要来源，消除分配不公就必须堵住这些导致收入分配不公的漏洞，为此，迫切需要在如下几个方面完善制度和规则：一是要完善土地制度，明晰土地产权，改革集体土地征占用制度，提高农民分享土地增值收益的份额，将土地出让金纳入财政预算；二是要建立更加严格的矿产资源使用制度，尽快开征资源税，提高矿产资源使用税标准，建立矿产资源企业的利润分成制度；三是需要完善国有企业经营管理制度，加强监管，提高企业利润上缴比例，国有企业收益应该尽快纳入国家财政预算，关系到生计、安全的公共事业、自然垄断和战略性资源行业应该谨慎上市；四是需要进一步规范公共产品的资本化运营，对已经收回成本的高速公路、市政交通等企业应当尽快清理整顿，严格监管私人部门进入公共产品领域，降低公共产品服务费用。

（二）通过完善再分配手段缩小收入差距

在优先解决收入分配不公问题的基础上，收入差距扩大问题可以通过不断完善再分配机制和手段加以解决。当然，缩小收入差距既要充分考虑经济发展的阶段性特征，也需要考虑我国的制度特点和现实可能性。从再分配的角度来看，缩小收入差距的政策需要在以下几个方面加以完善。

一是加强税收调节收入分配作用，实施按家庭综合征收个人所得税制度。改变当前税收调节收入分配作用不足局面，一方面需要尽快征收财产持有环节的税种，如房产税和遗产税等；另一方面需要改革我国个人所得税制度，从分类征收转变为按家庭综合所得征收个人所得税。我国的个人所得税是一种按收入来源分类征收的制度，其中工资、薪金所得免征额经过几次调整后已经提高到3500元/月，但由于各项所得适应税率不同，费用扣除标准不同，那些收入来源渠道多、综合收入高的纳税人总能够想到办法不纳税或少纳税，而所得来源少、相对集中的纳税人必然会多纳税，从而造成工薪收入税负过重，工薪阶层成为纳税主力，其结果，个人所得税在很大程度上变成了工薪税。尤其是，在我国当前工薪劳动者收入水平增长相对缓慢、劳动报酬占GDP份额较低的情况下，相对过重的工薪收入税收负担不仅使个人所得税难以起到调节收入差距的作用，而且还在某种程度上进一步加剧了收入分配格局中不利于劳动者的局面。反观世界上其他国家，个人所得税大都是实行以家庭为基础的综合所得税制度。据不完全统计，在110个征收个人所得税的国家或地区中，有87个国家（地区）先后采用了综合税制。英国是世界上第一个开征个人所得税的国家，1799年开始分类征收个人所得税，1909年改革所得税征收办法，从分类征收转变为综合征收。美国1913年开始征收个人所得税，实行综合税制。墨西哥、马来西亚等发展中国家也都实施综合税制。所以，从调节收入分配的作用来看，亟待进一步完善我国个人所得税制度，应该像世界上大多数国家一样，尽快实施按家庭综合征收个人所得税制度。

二是完善社会保障制度顶层设计，增强社会保障制度的普惠性。我国社会保障制度再分配作用不足，也是收入差距难以缩小的重要原因。社会保障制度既是再分配手段，也会影响到经济增长的活力。从国际上来看，存在两种基本的社会保障体系：一种是俾斯麦体系，这一体系的特点是需要个人缴费并强调待遇与缴费挂钩，但其调节收入分配的作用较差。采用这一体系的国家包括德国、奥地利、法国、比利时、西班牙等国。另一类是贝弗里奇体系，这一体系不强调收入与缴费挂钩，旨在提供一种基本水平的社会保护。它强调社会公平，具有相对更强的收入分配效应，采用这一体系的国家包括英国、丹麦、荷兰、瑞士等。中国目前的社会保障制度既不是俾斯麦体系，也不是贝弗里奇体系，而是上述两种体系的混合体，其中城镇职工社会保险制度体现了俾斯麦体系的特点，而农村和城镇居民社会保险制度则混合了俾斯麦体系和贝弗里奇体系的制度设计。由于城乡居民社会保险制度待遇水平较低，保障程度不足，总体上来说，我国社会保障制度更多地体现了俾斯麦体系的特征，所以，其再分配作用不足主要是由制度本身决定的。因此，完善我国的社会保障制度，需要从制度的顶层设计入手，增强制度的普惠性和公平性，发挥社会保障制度作为再分配手段调节收入分配的作用。为此，可以考虑在全国推行高龄津贴制度或建立统一的非缴费型公共养老金制度，改革现行城镇职工养老保险制度，建立职业年金制度和企业年金制，降低俾斯麦式制度的比重，增强贝弗里奇式制度的作用。

三是加快实现公共服务均等化，重点解决外来人口的同城待遇。在当前公共服务提供中，最大的不公平来自生活在同一地区甚至同一个城市的人被区分为不同身份而差别对待，其中那些已经长期工作、生活在城镇中的农村人口是遭受不公对待的主要群体。根据 2010 年第六次全国人口普查结果，中国流动人口规模已达 2.2 亿，其中大部分为农村进城务工人员。这些流动人口离开农村后，实际上就脱离了农村的公共服务和管理体系，但流入地的公共服务和各种社会福利待遇又以是否拥有当地户口为准入条件，从而造成了流动人口被排斥在流入地的城市公共服务体系之外，形成了所谓的半城市化格局。按照常住人口来看，目前城镇化率已超过 50%，但如果按照户籍人口来看，具有非农业户口人口占全国人口比例不足 40%，两者相差 10 多个百分点，这意味着有大约 1.5 亿离开户籍地的农村人口无法和流入地城镇居民享受同等公共服务，由此所造成的社会矛盾和问题日益突出，近几年在个别城市甚至不断发生外来人口和当地户籍人口的群体冲突事件。因此，加快实现公共服务的均等化，当务之急，是尽快把工作和生活在同一城市或地区的外来人口纳入当地的公共服务体系，这不仅是缩小收入差距和实现社会公平正义的需要，也是保持社会和谐稳定的需要。为此，国家可以考虑建立以常住人口为依托的公共服务提供体系，一个人只要在城市有稳定住所和工作，并居住超过一定年限，就应该享受到和城里人相同的教育、医疗、社会保障、就业和住房等待遇。

通过加强税收对收入分配的调节作用、增强社会保障制度的普惠性以及加快实现公共服务均等化，我国再分配环节调节收入分配的作用会大大增强。如果中国也能够建立起像西方发达国家那样的再分配调整机制，收入差距将会大大缩小，收入差距扩大问题基本上就可以得到解决。

参考文献

马建堂：《马建堂就2012年国民经济运行情况答记者问》，国家统计局网站，http：//www. stats. gov. cn/tjdt/gjtjjdt/t20130118_402867315. htm，2013。

李济广：《我国现阶段财产所有权结构统计评估》，《中州学刊》2011年第4期。

李卓：《新中国60年税制建设回眸》，《税务研究》2009年第10期。

李实、罗楚亮：《中国收入差距究竟有多大——对修正样本结构偏差的尝试》，《经济研究》2011年第4期。

樊纲、姚枝仲：《中国财产性生产要素总量与结构的分析》，《经济研究》2002年第11期。

赵人伟：《我国居民收入分配和财产分布问题分析》，《当代财经》2007年第7期。

China Price; Trends; Regulate; Commodity Income Distribution Problems and Countermeasures in China

Zhang Juwei

Abstract: To observe China's problems of income distribution from an international perspective, it can be found that China's income inequality does not show significant difference from the developed countries when it is measured by first distribution (market distribution). The difference between China and the developed countries is that the inequality in developed countries reduced greatly while China's inequality remains almost the same after redistribution. So, it is not difficult to conclude that the problem of high income inequality in China is mainly contributed to the ineffectiveness of redistribution measure. However, the problems of income distribution in China can't be explained only by the increasing income difference itself, the problems are more rooted in the unfairness of income distribution and the polarization. To solve the problems of income distribution, the priority is to swipe out the unfairness of distribution, and reduce the income inequality by more sophisticated redistribution measures.

Key Words: Income Distribution; Unfairness of Distribution; Gini Coefficient

B.9
中国宏观经济与财政运行研判

贾　康等*

摘　要：

现阶段我国宏观经济面临欧美经济复苏、巨大内需、“新四化”协调发展、投资和技术创新以及稳定的财政金融形势等机遇；同时也面临欧债危机和内部制度风险等挑战。可以预见，未来10～20年是中国经济下行因素和上行因素对冲的阶段。现阶段也面临一系列财政调控的可选择弹性空间收窄，如经济增幅波动空间收窄、通货膨胀管理空间收窄等。根据中央经济工作会议“稳中求进”的要求和总体框架以及现阶段的财政收支情况和运行环境，本文提出了对财政宏观调控措施的推进和优化。

关键词：

中国宏观经济　财政　内需　调控措施

一　现阶段宏观经济运行的五大机遇、三个风险与未来增长前景

我国国民经济发展面临着重要的机遇和风险，认真梳理和分析

---

* 贾康，财政部财政科学研究所所长。课题组总负责人：贾康；运转协调人：赵云旗；执笔：张鹏、王志刚、程瑜、梁强。

机遇与风险的类型，正确认识经济未来增长的前景，对经济社会发展战略的制定和通盘考虑有利与不利因素后宏观调控的统筹等，具有重要意义。

（一）当前宏观经济运行的“五大机遇”

机遇是指有利的内部和外部环境以及作用突出的积极因素。当前，国际金融危机冲击后的世界经济其实仍处于长周期的上升期，区域经济合作和一体化进程不断深化，国民经济的总需求方面具备较大的提升空间，而总供给的优化则具有形成“正向匹配”的条件，这些因素和环境构成了我国宏观经济运行的重要机遇。

1. 美国经济复苏与欧洲经济调整为我国经济发展提供了重要机遇和成长中的竞争激励

自2009年第三季度开始，美国经济开始摆脱负增长状态，逐步进入复苏进程，2012年上半年，美国经济保持了1.8%的经济增速，处于稳步复苏期。值得注意的是，上述经济增长是在美国政府启动了扩张性财政政策退出进程和尚未开始QE3的条件下取得的，经济的内在恢复动力已经形成并良好运作。在2012年9月14日美联储启动QE3计划后，预计美国经济能够获得新的支撑，并有效克服年末“财政悬崖”和中日“钓鱼岛冲突”后可能出现的美元资产风险。

推动经济增长的第一动力是私人消费，贡献了近乎90%的经济增长动力；固定资产投资保持良好的结构，设备与软件投资、生产性建筑投资和住宅投资的比例为60∶22∶18；出口能力明显提高，净出口只影响了经济增长 -0.1 个百分点；房地产市场逐步企稳，只有1/5的住房贷款者仍处于负资产状态；失业率在经历过2011年第三季度以来的大幅度下降后进入稳定期，登记失业率保持在

8.2%左右。美国经济的复苏特别是私人消费的振兴给我国贸易出口环境带来明显的有利影响，同时也减轻了国际“热钱”流入我国的压力，设备和软件投资的增长推动了美国产业转型和国际转移，从而为我国在经济稳定较快发展、物价稳定和结构转型上创造了良好条件。

另须关注的是美国2001年以来的“页岩油（气）”革命在近期取得了重大进展。随着美国页岩油“水平开采”技术的成熟，开采成本迅速下降，并在能源、资源等多个领域对石油、天然气等传统能源形成近乎完全的替代。页岩油革命将促进中美能源在需求上的有效错位，并在新能源和新材料技术上形成有效外溢，从而在支撑我国经济总需求的同时，为战略性新兴产业的发展提供重要动力。

欧元区经济在2012年上半年保持负增长状态，经济增速约为-0.4%，失业率攀高至11.1%，调和消费者价格指数（HICP）上涨2.5%，偿债高峰期仍未过去，葡萄牙、希腊、意大利和西班牙等4国在第四季度到期债务1975亿欧元。无论是在危机形势还是在经济复苏上，欧盟都远远差于美国，但正是这种状态，为我国经济发展提供了难得的机遇和空间。一是欧洲经济进入调整期，区内总需求不足，大量设备和技术需要靠外部市场满足，保持繁荣的中国市场是难得的战略性市场；二是欧洲企业受到整个市场流动性不足的困扰，金融市场对资产的定价能力不足，存在资产价格超跌的情况，给我国及全球企业提供了良好的对欧投资机遇，以并购为主要方式的“走出去”将获得较大的空间；三是欧洲企业为获得市场的支持和降低经营风险，将会选择放弃部分非核心业务，特别是为支撑未来发展所进行的过量的“控制性”研发业务，为我国企业购买关键性的“控制性”技术提供了有利渠道；四是欧元受到重大打击，为防止未来的通货膨胀风险，欧洲央行不可能完全承担欧元区的“最后贷款人”角色，仍会从区外引入有效的流动性以满足危机国家和企业的融资需要，这为我国金融资本进入欧洲市场提供了便利，为人民币资产在欧交易创造了条件，并且有可能加速人民币国际化的进程。

2. 消费结构和产业结构升级有可能激发巨大需求潜力

长期以来，我国消费始终保持较为稳定的增速，并为 GDP 的增长贡献力量。但是，私人消费占 GDP 的比重不高和消费结构的整体水平偏低为我国进一步改善消费结构、提高消费能力留下了重要的空间。2011 年，我国年度消费率仅为 47.4%，相较于世界发达国家的 65% 和新兴发展中国家 60% 的平均水平仍有较大的差距，特别是私人消费占比差距更为明显。以 2011 年的 GDP 总规模 47.2 万亿元为基础进行核算，我国消费提升仍有 14.875 万亿 ~ 20.775 万亿元的空间，潜力巨大。在消费结构上，我国还存在耐用消费品占比过低和品牌消费不足的矛盾，通过合理的补贴措施引导耐用消费品的消费已经成为我国近年来消费促进政策的主要手段，并积累了许多经验；而有品牌、有保障、易监管的商品消费仍然不足，但消费理念已经得到很好的培养，有望为我国消费结构的提升提供良好的支撑。

加快推进产业结构升级是我国应对复杂经济环境、维护经济长远发展能力的重要条件。目前，我国还存在着第三产业投资不足和现代农业投资能力不够的压力，此外，第二产业内部也具有新兴产业、技术改造、产品创新和产能调整的投资需求，产业结构升级为总需求带来了巨大的潜力。按照第三产业占 GDP 的 50%、农业生产效率提升 20% 和高新技术产业占 GDP 达到 20% 的标准核算，产业结构升级所增加的投资需求就分别达到 52780 亿元、1790 亿元和22939亿元。

3. 工业化、城镇化和农业现代化与市场化伴随，与全球化、信息化融合，形成明显的效率提升动力

农业现代化是提升农业生产效率、保障粮食与食品安全、改善农民收入状况的重要基础。近年来，我国农业现代化进程稳步推进，农业机械化、设施化、水利化、电气化、信息化和农民技术化都取得了快速的发展，农产品市场机制也得到了进一步的规范与完善，但与世界先进水平的差距依然明显，改进的潜力空间巨大。不断提升的农业现代化水平为农产品深加工、保障工业经济发展需要提供了良好的支持。

我国仍处于工业化进程的不断深化之中。目前，工业经济的科技化、节能化、国际化、专业化需求突出，工业生产对经济的贡献仍具有充裕的提升空间，信息化为工业生产效率的提升提供了坚实的保障，并且工业生产能力的加强为科技的应用、居民生产和生活的便利、提升国际分工的地位和改善贸易条件准备了基础。

城镇化既能够增加需求规模，又可以提升经济和社会效率。我国城镇化水平近年来取得稳步提升，根据国家统计局的数据，2011年我国城镇化率达到了51.27%，而发达国家的则普遍高于75%，城镇化仍有20个百分点以上的提升空间。按照每年提升1个百分点预计，将增加投资需求14000亿元和消费需求2200亿元。城镇化同时可以产生服务业的聚变效应和公共产品提供的规模经济效应。根据中国社会科学院的测算，城镇化每提升1个百分点，将带动生活服务业提升2.3个百分点、生产性服务业提升1.5个百分点，也即城镇化每提升1个百分点将推动第三产业增长2个百分点，增加4065亿元。而按照城镇居民的公共产品提供水平核算（即当前农民居民也已经享受与城镇居民一样的公共产品），城镇化每提高 1 个百分点将节省政府公共财政支出 125 亿元。

4. 经济合作与国内区域均衡发展带来投资调整与技术创新效应

随着国际金融危机和欧债危机的先后爆发，国际经济关系又发生一轮深刻的调整，经济合作深度不断拓展、进程明显加快。全球经济组织的结构和功能不断完善，如 IMF 设立了面向主权国家债务风险的控制稳定基金，世界银行加大发展中国家保持减贫步伐的支持力度等；区域经济一体化进程快速推进，如欧元区签署了“财政联盟契约”，弥补了《马斯特里赫特条约》的重要不足，东盟在《东盟宪章》签署后继续推进了《东盟共同体路线图宣言》和“东盟经济共同体”的建设等。这些合作将进一步消除国家间贸易、投资和金融壁垒，扩展国家间的共同利益，促进国际产业转移和货币合作，并为国际供应链的重组和技术创新优势的形成提供关键性的支持。

我国区域经济也逐步转向以比较优势为基础，以宏观经济政策为引导的平衡战略模式。西部大开发、东北振兴、中部崛起和东部率先发展协同推进，综合改革试验区、区域经济区、省域支持政策等多点布局、重点突破，区域经济的一体化、协作性和竞争性程度明显提高。在这一背景下，我国产业的梯度转移局面开始形成，中西部地区的增长极迅速强化，比较优势和竞争效率成为产业分工的主体，技术创新、应用和推广是区域合作的主线，区域间的要素配置、产业格局、技术能力与国民经济投资调整和技术创新战略将高度趋同，为经济的长期稳定增长提供强大的动力。

国际和国内区域经济合作的联动也是当前我国区域经济发展战略的重要亮点。国家根据周边国家经济合作的目标、内容和措施，主动推进、科学引导、追求“双赢”，将国内区域合作与国际经济合作联结起来，引导资源、资金、技术、人才在国家间、区域内有效配置，在地方层面有效打破贸易、投资等壁垒束缚，将原则性、灵活性和前瞻性统一起来。如云南省的“桥头堡”战略，广西与东盟的“自由贸易区走廊”和新疆与中亚国家的资源、能源“大陆桥”都是国际与国内区域合作协作发展的典型代表。

5. 财政、金融形势相对稳定，在黄金发展中消解“矛盾凸显”具有较大的空间

在积极应对国际金融危机和欧债危机冲击的过程中，我国财政收支活动始终保持良好的局面。2008 年以来，年均财政收入增速保持在 19.2%，4 年间财政收入增长 52436 亿元；财政支出超过财政收入并保持规模较大的年度赤字，但赤字率最高只达到 GDP 的 2.5%，名义政府债务余额控制在 GDP 的 18% 左右，加上实质上属于主权债性质的政策性金融机构债和地方融资平台债务，总余额也未超过 GDP 的 50%，相较于欧元区的 87.2%、美国的 100% 和日本的 230%，财政空间要大得多。此外，我国中央财政仍拥有超过 1000 亿元的预算稳定调节基金和高达 5164 亿元的举债空间，因此，拥有继续保持扩张性财政政策和调控宏观经济运行的较大空间。

我国金融形势保持稳定。至 2012 年 9 月底，广义货币（M2）余额 943689 亿元，同比增长 18.5%；人民币存款余额 92.59 万亿元，同比增长 14.3%，增加 12.28 万亿元。市场流动性充裕，资金配置渠道畅通，尽管近期受到人民币结售汇逆差和美元外流的影响，但央行货币政策调控空间充裕，存款准备金率仍高达 20%，利率尚保持在 3%，而 CPI 等核心通胀指标则下降至 1.9%。良好的金融形势和宽松的政策环境使得央行的利率市场化、汇率市场化和人民币国际化改革进展顺利，并进一步提升市场效率，克服市场中的结构性矛盾和问题。

相对良好的财政、金融形势，使我国拥有在黄金发展期中消解“矛盾凸显”的重要条件。相对充裕的财政实力、良好的支出结构、较大的政府融资空间是支持我国经济社会稳定增长的坚实基础，是化解快速发展中所累积下来的养老、医疗、教育、就业等基本公共服务供给与需求矛盾的主要支柱，也是调控社会成员收入差距、保障低收入群体利益，形成具有广泛共识的社会主义先进文化的关键因素。多层次的金融市场、规范而稳健的金融机构、丰富而完善的金融衍生产品为我国经济主体竞争、创新、发展提供了关键的支撑，相对宽松的货币政策调控空间为我们化解中小企业融资难、推进自主创新战略、有序调控房地产市场、促进实体经济发展等棘手问题提供了良好的环境。

（二）宏观经济运行中可能出现的“三个风险”

在宏观经济总体上保持良好态势的同时，受经济结构中深层次矛盾的影响，宏观经济运行可能出现波动和异常，甚至引发局部性的风险。我们认为，可能形成风险的策源因素包括以下几个方面。

1. 欧债危机带来的“外部风险”

欧债危机给主要危机国家带来的衰退影响仍在持续深化和发酵。当前，欧元区的主导国家纷纷进入低速增长阶段，而主要危机国家则深陷衰退的泥淖，尽管积极因素也在累积和推进，但危机的复杂性和困难的多重性仍将导致欧盟总体经济形势形成全面的波动，从而给主要经贸伙伴的经济正常运行带来冲击。欧盟是我国最重要的经济贸易伙伴之一。2012 年上半年，对欧出口占我国总出口比重的 16.9%，居第二位；持有的欧洲银行债权占 GDP 的比重达到了 3.5%；吸引来自欧盟的直接投资 35.18 亿美元，约占引进外资总规模的 6%。一旦欧债危机形势继续恶化，将会直接影响我国的出口形势，造成对欧出口企业的大面积亏损、停业和破产；将会导致欧洲央行核心资本充足率不足，影响股权收益和增大债权风险；同时，还将大幅度压缩欧盟企业的海外投资能力，甚至自海外市场收缩，这些都将冲击我国经济的正常运行，带来不容小觑的“外需风险”。

2. 宏观经济运行中实体经济扩张与资本市场泡沫间的“替代陷阱”风险

中央经济工作会议确定了我国在当前及未来一段时期要把握好“稳中求进”的总基调，要“牢牢把握发展实体经济这一坚实基础”，推进经济增长方式转变和经济效率提升，因此，着力推进实体经济扩张是政府宏观调控的核心任务。根据图 1 所示的情形，我国在改善固定资产投资结构、支持实体经济发展方面取得了明显突破。但同时，由于实体经济与资产市场的关联性，实体经济的扩张可能加剧资产市场的泡沫的累积或急剧破裂风险。一是实体经济的扩张会加剧资产市场泡沫。政府为支持实体经济的发展，需要适当增加支持、降低利率和改善融资环境，这些举措将直接（如降低利率）或间接（如接受优惠资金的实体经济企业将资金转移至资产市场）地助推资产泡沫的进一步膨胀，并导致实体经济继续保持在“失血”状态，形成资产市场对实体经济的“替代性”。二是实体经济的扩张会导致资产市场泡沫的急剧破裂。政府为防止出现前一类“替代陷阱”风险，往往要对实体经济活动加强监管，并严格控制资产市场的交易和需求。当实体经济扩张势头显著、收益率回升时，大量资金会利用多种渠道从资产市场中退出，从而导致资产泡沫急剧破裂，进而导致财富效应消失和引发金融风险，形成实体经济对资产市场的“替代性”。更进一步看，两类“替代陷阱”风险的相互作用还有可能同时抑制实体经济产出的增长和诱发严重的通货膨胀，形成“滞胀”风险。

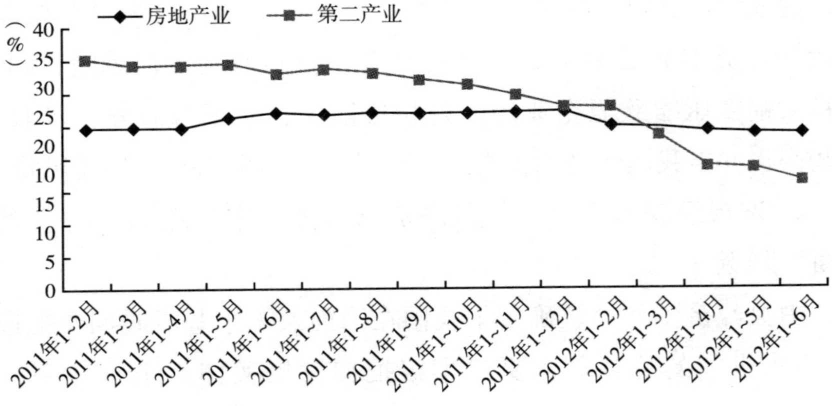

图1　我国第二产业实体经济投资与房地产投资间的变动关系

3. 继续转轨中市场资源配置和政府公共产品供给的“制度风险”

制约我国宏观经济运行的原因还包括我国市场经济体制和机制上的不完善。这种不完善表现在三个方面：一是市场机制固有的缺陷，特别是外部性、信息不完全和中间产品市场失效等问题；二是政府在弥补市场缺陷过程中的越位和错位；三是不合理的行政性垄断。具体包括以下五方面内容。

第一，中小企业运行困难。中小企业在市场竞争中处于弱势地位，技术垄断能力、市场开拓能力、产品开发能力和渠道控制能力都较为有限，事实上无力获取除技术创新等特定领域外的超额收益。我国以间接金融市场为主体，客观上要求融资对象拥有较充裕的抵押物、较确定的获利前景和较好的信用记录，相对于大企业，中小企业的上述各项指标都处于劣势，难以获得金融市场的支持和分散风险，在市场信息非对称环境难以改善和利率市场化改革缓慢推进的情况下，不排除短期内加重导致中小企业运行困难的“制度性风险”。

第二，技术创新和知识产权保护不足。这是典型的中间产品市场不完善的风险。知识产权的产生来源于政府的管制，管理机制缺失或不完全都有可能导致知识产权的消失，从而导致技术发明和其他知识产权研发活动受到阻碍。尽管我国一直在致力于加强知识产权保护，并通过首台（套）设备政府购买的方式补偿企业的研发成本，但市场模仿速度快、竞争混乱仍会导致研发企业“创新租金”的快速消散，并形成中国特色的“山寨”现象。知识产权保护不足成为市场缺陷的第二个“制度性风险”。

第三，资源环境约束的日趋强化。市场条件下的经济活动具有外部性，并难以形成有效的市场补偿机制和修复措施。随着经济总量的迅速扩张，经济活动对资源的消耗量越来越大，并导致环境承载空间的明显压缩，继续依靠低环境成本和廉价资源消耗的经济发展方式难以为继，必须要通过政府对市场外部性的干预来实现经济和自然资源的可持续发展。因此，未来我国面临着理顺资源等要素价格改革和提高企业生产环境成本的双重压力，进而将影响企业的竞争力和宏观经济运行的稳定性。

第四，民生等公共产品的投入不断加大。这是当前政府在弥补市场缺陷过程中越位和错位的核心问题。自公共财政体系开始着手建设和完善以来，在许多情况下都会产生一个错误的逻辑，即市场做不好的应由政府做好，而且政府也能够做好。但事实上，对于许多公共产品，政府是具有一定的保障义务和能力，但也存在着明显的非效率性，甚至在公平性上也难以得到保证，政府的越位或是错位行为一方面挤占了市场的应有空间，另一方面导致了资源的浪费。为满足人民群众的物质文化生活需要，国家不断加大对公共产品和服务的投入，以求为社会成员创造更好的福利状态，但也需要有一个度，可以由市场主导的还是要交给市场，可以由市场补充的还是要积极引导，即使是只能由政府保障的基本公共产品，在其保障水平上也应量力而行，并积极进行需求侧管理，压低居民的需求预期，维护政府公共产品的提供效率和可持续性。

第五，不合理的行政垄断损害了市场效率，并导致资金配置扭曲。我国当前仍存在典型的行政限制的经营领域，即使是一些向民营资本开放的领域，也多存在“玻璃门”和“弹簧门”现象。市场进入壁垒高、信息不透明、主体公平性差，一方面导致了内部市场的低效率，影响了资源效益的发挥；另一方面导致了不合理的高收益，进一步诱使市场优势资源向该行业（企业）流动，加剧了市场资源配置的扭曲。行政垄断的存在加剧了我国资源配置的失灵和效率的损失，构成了垄断性的“制度风险”。

（三）未来10～20年，中国经济下行因素与上行因素的对冲

总体上，我国仍处于经济长波周期的上升期，在未来10～20年内仍将保持良好的运行环境，实现生产方式和组织模式的有序演进，并保持经济持续稳定快速发展。但并不说明我国经济运行中没有矛盾和问题，总量性、结构性、协作性的问题将长期伴随我国经济发展的全过程，甚至在某些条件下还有可能形成关键性的障碍或集中激化。

1. 经济的下行因素

未来导致我国经济下行的原因主要包括制度、要素、社会和技术层面的多个因素，具体有以下几方面。

第一，劳动要素“红利”的减弱与“刘易斯拐点”的临界。我国劳动要素“红利”的减弱受到三个方面因素的影响：一是新增加的劳动力数量下降，至2021年新增劳动人口将较当前下降9%以上（见图2）；二是劳动者素质提升，城市劳动者和农民工逐

步从产业工人向技术工人过渡，工资收入明显上升，带来企业的工资成本上升；三是城镇化的发展推动大量城镇人口进城，进城农民从原有的社会保障＋土地保障模式变成单一社会保障，并由其个人、企业和国家共同承担，个人承担社会保障义务的增加也带来了劳动要素成本的上升。因此，无论是劳动者数量还是劳动要素的价格都表现出临界“刘易斯拐点”的情形，导致我国劳动密集型产业竞争优势下降，影响国内就业和出口形势。

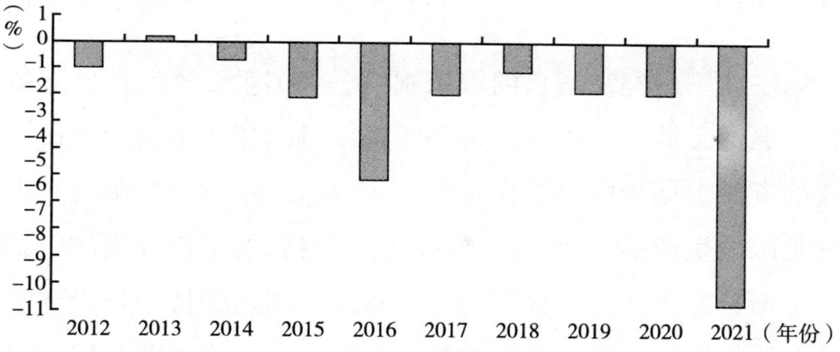

图2　2012～2021年我国新增劳动力预期增速

第二，大宗原材料定价权缺失。目前，我国是世界上最主要的农产品、矿产品和能源类产品进口国之一，在铁矿石、棉花、大豆等许多重要的原材料产品中，进口额都高居全球首位。但我国对国际大宗原材料缺乏有效的定价权，既不能以人民币标价，又缺乏具有全球影响力的市场，更没有制定交易规则和确定交易方式的权利，从而导致我国在绝大多数大宗商品贸易中处于价格和规则接受者的地位。这种定价权的缺失会给我国经济带来双重影响：一方面，定价权的缺失使得我国贸易利益转化为原材料“红利”，进口的原材料越多，付出的成本越高，从而使中国源源不断地向全球原材料出口国和投资商输送利益；另一方面，定价权的缺失使得我国丧失了价格谈判的空间，国内经济运行受到国际市场的明显扰动，经济的脆弱性变强。表1列明了世界主要大宗原材料的交易货币和定价权的归属。

表1　世界主要大宗原材料交易货币和定价权归属

项目	铁矿石	石油	棉花	粮食	有色金属
计价货币	美元	美元	美元	美元等	美元
定价中心	普氏价格	纽约、伦敦	纽约、利物浦	AMD、邦吉	伦敦、纽约

第三，国内经济增长的资源制约。我国主要资源消费保持快速增长，原油、铁矿石等重要资源的进口量已超过国内的产量，其他重要的资源也逐步由自给自足转向进口。由于国内资源的产出已无法满足国内生产的需要，而国际大宗原材料的定价权又缺失，传统的经济增长方式已无法得到稳定和持续，国内经济增长受到资源约束的矛盾将更加尖锐，适度放缓经济增速，推进资源利用方式转型和经济发展方式转变就成为必须坚持的改革路径。

第四，环境评价、环境审批的标准明显提升。环境容忍度和环境承载力也是制约经济发展的重要因素。随着人类经济活动对环境影响和作用的加强，环境成本和环境保护日益成为国际经济组织和各国政府关注的对象。WTO在多哈回合谈判中明确提出了“环境规则标准”，并获得了发达国家的认同；ISO则将1995年通过的环境管理体系标准（ISO14000）向成员国政府推荐，并努力使其成为有强制约束力的标准体系。我国未来的环境评价和环境审批标准也将明显提升，约束力也将得以强化，从而使企业经营成本和竞争能力发生较大的变化，部分企业甚至需要退出市场，给经济稳定发展带来扰动。

第五，社会容忍度下降，改革的承受空间明显压缩。随着改革进入攻坚期和矛盾多发期，社会成员已经在不同的角度上形成了多重利益集团，任何一项改革措施都将触动不同的群体的利益，并引发一定程度的社会矛盾。在这种情况下，既难以推行影响全面的系统性改革，也难以做到对某一个层面的问题多次小幅调整，改革的角度和程度把握上升为决定性因素，这必将放慢改革进程，从而影响经济发展的质量和速度。

第六，粗放式发展带来的投资效用递减。21 世纪以来，我国经济增长中的最主要的推动力量一直是投资的快速增长，并形成了粗放式的经济发展方式，在带动经济规模迅速扩张、居民生活水平显著提高的同时，也带来了资源和环境的过度耗费。投资的目标是形成未来的有效生产能力，而生产能力的有效性则需要与需求的结构和规模相符合，也即投资与消费（内需）和出口（外需）之间存在着内在的比例关系，投资不可能保持过度的增速持续扩张。与内涵式发展所产生的产业间联动、创新和投资乘数效应不同，粗放式发展的投资一般仅会产生行业内的产出规模扩张和产业间的投资需求传递，这样，等量投资带来的经济扩张效果趋于递减。图 3 模拟了以 2011 年固定资产投资情况为基础，每年假定新增 10 万亿元投资所产生的经济增长效果的情况。

此外，人口老龄化压力的不断加大和农业技术革新放缓带来的土地收益递减等因素也加大了经济社会的运行成本，占用了相对较大的经济资源，可能形成经济发展与改革的下行因素中的潜在长期因素。

2. 经济的上行因素

在面对众多下行扰动因素的同时，我国未来推动经济上行的因素也在多个层面、多个角度上积极发挥作用。主要包括以下几方面内容。

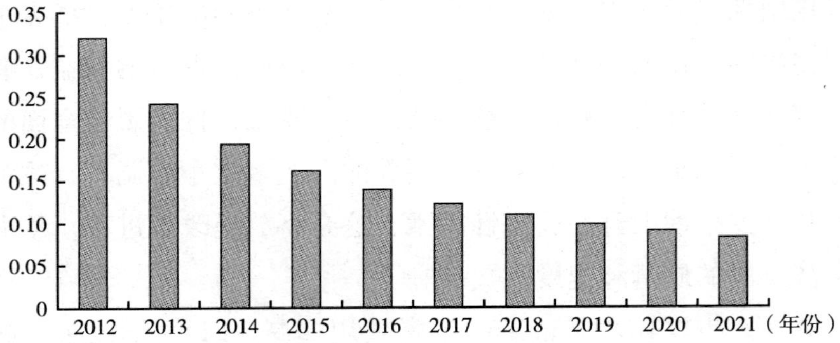

图3　年均10万亿元固定资产新增投资所产生的经济增长效果

一是城镇化为经济增长提供了长期而较稳定的支撑。这一问题在前边已经部分涉及，目前我国仅有51.27%的城镇化水平的持续上升，将在未来20年为中国经济提供稳定而庞大的消费支持和投资支持，并有望呈现出明显的结构改善效果。此外，城镇化还为工业和服务业的发展提供了相对廉价的劳动力补充，保持了劳动密集型工业和一般生活服务企业的生产状况稳定和合理的积累水平，为我国在劳动力总量下降的压力下提供了有益的缓冲。

二是市场配置资源的路径仍有广阔的优化空间。市场的资源配置功能是市场的基本功能，同时也是被实践证实的最有效率的手段。因此，我们应该坚持市场化的取向，将市场配置资源的路径拓展至准公共产品、政府资产管理和垄断行业等多个领域，提升市场效率，保障资源配置的有效性，进而支持巨大的供给和需求，为继续保持经济高速增长提供重要空间。

三是技术创新稳步推进。从新古典增长理论开始，技术在经济模型中都是起着关键作用的因子，多数实践表明，技术在提升要素生产率和推动经济增长方面带来的效果不是加法，而是乘法。在技术创新的推动下，一个国家的经济将可以突破资源、环境和资本积累形成的“天花板”，突破低水平的“稳态”，实现潜在经济增速的持续提升。我国近年来研发投入、技术创新人才和团队，以及创新孵化平台和支持机制都取得了长足的进步，并将支撑我国经济实现稳定快速增长。

四是人力资本的形成速度很快。人力资本是劳动要素和资本要素的合成，一般是由劳动者坚持对自身技能、健康和文化持续投资的结果。人力资本一方面是熟练劳动力，可以提高劳动效率，增加经济产出；另一方面是专业技术人员，可以满足产业结构调整和高新技术产业劳动要素的需要。更为关键的是，人力资本还将突破单独劳动要素集合的累加性和单独资本要素集合的重复性，人力资本的集合往往具有内在的有机性、创造性和协作性，能够积聚巨大的发展后劲，产生明显的综合效益。

更为重要的是，未来中国经济具有两项特殊的“红利”，而且两个“红利”将极大地释放我国经济要素的潜力，改革其运行环境，提高其运行效率。第一项“红利”是“制度红利”，即我国拥有先进的制度基础和良好的制度弹性。先进的制度基础指我国的社会主义政治制度、经济制度和社会制度，其既具有社会化大生产的组织能力，又可以克服资本主义制度的无序性和物化性，可以“以人为本”地推动生产和发展经济。良好的制度弹性则指我国的制度既具有兼容并包的能力，又具有扬弃的能力，如20世纪80年代初期，我国果断地引入了商品经济的体制和机制，再如21世纪初我国加入WTO，将国内贸易法规与国际贸易规则全面对接。我国将长期享有这份“制度红利”，既坚持社会主义制度的优越性，又坚持改革开放，提升制度弹性。第二项“红利”是“社会管理红利”，即社会各阶层的统筹、组合和调整能力。社会阶层是不同社会利益的承载群体，在利益受损风险较大的情况下，会结成相对稳定利益集团，我国正处在多层次网状社会阶层体系的形成阶段。这种社会阶层体系虽会给改革的深化和调整带来一定程度的阻碍，但同时也保障了阶层成员的合法利益，30 多年来的改革开放，为我国城乡居民积累逐渐丰裕的财富，保障私人合法财富的安全和收益既能够激励劳动者的积极性和创造性，也能够为社会资本积累提供重要的源泉和支撑，劳动和资本要素形成了有机的良性互动，也将为我国经济增长提供坚实有力的支持。

3. 经济上行、下行因素的综合“对冲”

总体上看，我国经济的上行、下行影响因素具有重叠性和累加性，除个别因素外，经济上行、下行因素间的作用效果多可以进行整合或抵消，具体见表 2。

表 2　我国经济上行、下行因素间的“对冲”效果

类别	下行因素	上行因素	对冲效果
要素禀赋	人口红利衰退	人力资本形成加速	可完全对冲下行影响，并提供新技术人才和产生创新效应
	老龄化负担加重（长期因素）		
制度体系	大宗商品定价权缺失	制度优势和制度弹性红利	完成制度缺陷改革形成制度红利，继续发挥制度优势
	垄断行业改革		
技术能力	增长的资源约束	技术创新稳步推进	提高资源利用效率，控制环境污染，推进种植技术发展；还具有乘数效应
	环境承载力的限制		
	农业技术革新放缓（长期因素）		
市场资源配置	投资效用递减	市场配置路径优化	放大投资乘数，提升产业协同，推进集约发展
社会管理	社会容忍度下降，改革空间明显压缩	社会管理红利	保障社会成员利益，提升积极性、创造性和容忍度

根据表2，我国经济上行因素可以完全“对冲”并且超越下行因素。因此，未来20年，我国经济在主要扰动因素上将表现为可观的“净值”，考虑到我国当前宏观经济的持续稳定发展和处于世界长波周期的“上行”阶段，将仍有相当大的可能性处于高速增长期。值得注意的是，由于投资效用出现递减、劳动要素总量也逐步减少，经济增长的动力主要由技术创新、社会管理创新、制度创新和人力资本积累四大因素推动，而这四大因素则是构成全要素生产率的主因，即我国未来20年全要素生产率将有很大的提高，并成为支持经济高速增长的第一推动力。

二　稳中求进，应对“多难”，提升财政宏观调控系统性、灵活性、有效性

“稳中求进”是2011年底中央经济工作会议为经济工作设定的主基调。我国现阶段的宏观经济调控面临较多的“两难”和复杂权衡，如何在“稳增长”和转变发展方式的基础上注重局势的通盘把握与政策组合的合理选择、实现经济社会的又好又快发展，是当下及未来一段时期的一个重大命题。

（一）现阶段的“两难”和“多难”，以及调控可选择弹性空间收窄分析

总体上说，我国的发展目前仍属于可以大有作为的重要战略机遇期，但同时也面临“矛盾凸显期”到来后的复杂局面。资源环境压力加大、成本要素价格快速攀升、收入分配差距较大、社会事业发展相对滞后等突出问题，使得执政主体的弹性空间与回旋余地缩减。尽管中国在世界经济中的地位不断上升，但中国人均 GDP

尚居世界第90位之后，仍然是一个发展中国家。以中长期眼界看，中国最大的不确定性来自“中等收入陷阱”式威胁；从短期看，世界金融危机几波冲击之后聚焦为欧债危机，且演变态势扑朔迷离，亦成为我国高外向依存度下宏观经济运行中的巨大不确定性。面对短期及中长期的诸多不确定性，调控当局也面对着一系列“两难”和“多难”。

1. 经济增幅波动空间收窄

据国家统计局公布的数据，2012年第二季度我国GDP同比增长7.6%，较第一季度8.1%的数值继续回落，这也是时隔三年以后经济增长速度又一次回到8%以下，中国GDP已经连续6个季度下降，由此引起市场对“加速下滑”以及“中国经济会不会硬着陆”的担忧。从当前宏观经济运行形势来看，中国面临着以“好字当头”为目标的主动调控经济要求，来寻求增速回调、增长质量提高的软着陆与避免硬着陆的反周期权衡把握的两难选择。这样一个两难的权衡，在中国今后发展过程中，其弹性调节的空间是明显收窄的。

目前，在我们的实际选择上，软着陆和硬着陆之间的边界并不是十分清晰，但是从概念上来讲，应该有比较足的底气避免硬着陆，找到能够控制的调节区间。从短期的发展态势来看，我国实际能够容忍经济增长波动的空间只有1.5个百分点，即7.5%~9%。事实上，中国潜在增长率现在本身并没有公论，但7.5%的年度增长速度应该看做一个底线，经过“好字当头”目标的调节，2012年年度增长速度应控制在8%左右，如果按照第一、第二季度的下滑速度，局面就很不乐观。而从长期来看，我国过去依赖的政府主导型经济增长路径的弊端已经显现。近年来，我国凭借人口红利以及加入WTO带来的利好因素，大力发展资本密集型产业以提升资本与劳动力的比例来维系对劳动生产率提高的贡献，进而带来经济数据的大幅增长，但随之而来的低经济附加值、环境影响、资源消耗、贫富差距、产业结构落后等社会代价巨大，且随着未来人口红利逐步减退甚至消失，这一模式将不具有可持续性，经济运行中面临的不确定性仍然存在。

因此，在当前寻求经济软着陆的过程中，应把各个方面的注意力集中到提高经济增长质量、加快发展方式转变等科学发展观主题之下的“十二五”主线上，提升对经济适度下滑容忍度的共识，为下一步经济调整创造时间窗口。一方面，通过宏观政策来调控短期经济波动；另一方面，继续深化改革，提升潜在经济增长率中枢。

2. 通货膨胀管理空间收窄

影响通货膨胀的原因有很多，既有货币供给方面的因素，也有供需不平衡的因素。由于通胀的高低直接决定货币政策的走向，而流动性的变化又会影响企业的利润和股市的估值水平，所以物价走势成为市场关注的焦点。2012 年以来，我国物价处于平稳回落态势，1～9 月涨幅分别为 4.5%、3.25%、3.6%、3.4%、3.0%、2.2%、1.8%、2.0%、1.9%，前三季度 CPI 同比增长 2.8%，比 2011 年同期回落 3.2 个百分点。以目前我国的宏观经济走势看，物价管理目标区间实际只有 1%～4%，波动幅度必须控制在 3 个百分点以内，管理空间已经明显收窄。

近期通胀的下行反映了总需求压力的缓解，有经济短周期波动的因素。但我们需要在货币信用和资产价格的大周期的背景里看待商品和服务价格的变动。发达经济体处在资产泡沫破灭和人口红利结束后的去杠杆、信用紧缩的调整过程中，货币宽松是为了应对通缩压力，广义货币扩张主要反映流动性偏好上升，发生高通胀的可能性低。我国处在人口红利接近顶点、房地产价格呈现泡沫化迹象的微妙阶段，杠杆增加的空间有限，甚至有去杠杆的压力。宏观调控政策面临的主要挑战不仅仅是保增长和控通胀之间可能的冲突，更重要的是如何平衡总需求管理和控制房地产价格上升，是控制物价（压抑景气水平）与增加就业（抬升景气水平）微妙复杂关系的权衡把握。

3. 产业结构调整和企业调控空间收窄

加快淘汰落后产能是转变经济发展方式、调整经济结构、提高经济增长质量和效益的必由之路，是走中国特色新型工业化道路、实现工业由大变强的必然要求。近年来，随着加快产能过剩行业结构调整、抑制重复建设、促进节能减排政策措施的实施，淘汰落后产能工作在部分领域取得了明显成效。但是，由于长期积累的结构性矛盾比较突出，落后产能退出的政策措施不够完善，激励和约束作用不够强，当前我国一些行业落后产能比重大的问题仍较严重，已经成为提高工业整体水平、实现经济社会可持续发展的严重制约。因此，下阶段，必须充分发挥市场的作用，采取更加有力的措施，综合运用法律、经济、技术及必要的行政手段，进一步建立健全淘汰落后产能的长效机制，确保按期实现淘汰落后产能的各项目标。而要实现这些目标，银根就不能太松，要让企业有一定的压力。但是，这个压力又必须维持在一定的临界点内部，一旦越界，形成企业的“倒闭潮”，就会将经济问题政治化。如果社会方方面面对企业层面的压力达成共识，决策层就必须转到另外一个角度，即呵护企业生存、维护社会稳定。这两个取向是此消彼长的，否则，一味追求淘汰落后产能，而忽视草根创业及中小微企业的生存与发展，又可能出现另一棘手的事情。因此，在淘汰落后产能（优化经济结构）与呵护企业生存（维护社会稳定）之间必须做出一个两难之间的权衡把握，且这个空间已经变得很小、很微妙。

4. 城镇化进程快速拓进空间收窄

城镇化是现代化建设的必经途径，是经济社会发展的必然趋势。改革开放尤其是进入21世纪以来，随着我国现代化建设进程的加快，城市化也得到了前所未有的发展。中国城镇化率从1978年的17.9%上升至2011年的51.27%。粗略估算，城镇化水平提高1个百分点，就相当于有逾1400万人转移到城市，这一人群相当庞大。一般认为，城市化率达到50%，标志着城市化国家的初步形成。目前正是中国加快推进城镇化进程的黄金期，如果这一时期城乡一体化的体制改革和政策调整有重大突破，城镇化率有可能达到60%～65%。无疑，城镇化的快速发展将对经济和社会带来一系列深远影响。从经济上来看，世界各国经济的快速增长都伴随着城市化进程。再者，城镇化将对生活服务业等第三产业产生巨大需求，由此成为缓解就业压力的有效渠道，人们的生活方式、生产方式、职业结构、消费行为及价值观念都会伴随城市化发生深刻变化。

但与此同时，在城镇化过程中，也同时伴生了交通拥堵、环境污染、公共资源短缺、征地拆迁及失地农民进城的就业与安居等“现代城市病”和土地资源浪费、农村劳动力缺失、留守儿童等“农村空心化”问题。同时，“伪城市化”也是屡屡被人诟病的问题之一。所谓伪城市化，是指很多常住在城市的人并未真正成为市民，不能同等享有城市政府提供的各类公共服务，其收入水平、消费模式也无法等同于城市户籍人口。

城镇化绝非单纯的城市空间扩张，其实质是通过相关制度改革和建设，使农民转化为市民，真正融入城市。因此，要加快促进“空间城镇化”向“人口城镇化”的转变，其中各项制度建设，如户籍管理制度、城乡统一就业制度、土地使用和住房制度、农民工子女教育制度、收入分配制度、社会保障制度等是最根本的。在城镇化快速发展的同时所带来的农民进城后的就业、医疗、养老、教育、安居等一系列社会问题，都对现有的城市公共服务体系和社会管理制度带来挑战。在这样一些复杂纠结的矛盾交织之下，管理层如何让城镇化更多地发挥正面效应，而减少它必然发展过程中无法完全避免的种种负面效应，也是一个巨大的挑战和两难选择，即较充分地释放城镇化的增长动力、缓解拆迁矛盾、对农民工落实“国民待遇”的全局、长期权衡把握。

上述这些矛盾都是“两难”或“多难”，这客观上要求宏观调控决策当局要特别注重局势的通盘把握与政策组合的审慎权衡，对短期应变、中期升级与避险和长期可持续发展做好全面的统筹。

（二）稳中求进过程中财政宏观调控的总框架

现阶段面临的国内外复杂多变严峻形势，以及调控政策选择空间收缩的“两难”与“多难”的局面，要求我们在坚持贯彻 2011 年中央经济工作会议设定的“稳中求进”主基调的同时，针对存在的不利因素，充分发挥财政调控经济的功能与作用，进一步优化财政宏观调控措施，提升财政宏观调控的系统性、灵活性和有效性。在宏观调控总体框架设计上，将反周期调控与化解深层矛盾的长效机制结合起来，积极财政政策与稳健货币政策的组合要更加有针对性和可操作性。

1. 积极财政政策与稳健货币政策的搭配

2012 年上半年，为了避免经济大幅下滑所引发的宏观经济硬着陆，中央政府推出了旨在推动消费、投资、引入民间资本等方面的稳增长经济政策。在通货膨胀压力逐步下降的同时，央行也开始通过降息、降准等措施稳定经济增长。下半年，将继续实行积极财政政策和稳健货币政策。在宏观调控的政策规划上，我们坚持用一个框架来涵盖“稳中求进”的两个“着力”层面的内容，以避免政策间的相互抵消或过度累加；但在具体政策设计上，我们将依照统一框架的要求分别提出具有针对性的政策措施，以保证宏观调控政策的准确性和效率。为简便起见，选择 IS－LM－BP 模型作为宏观调控框架的基础模型，具体见图 4。

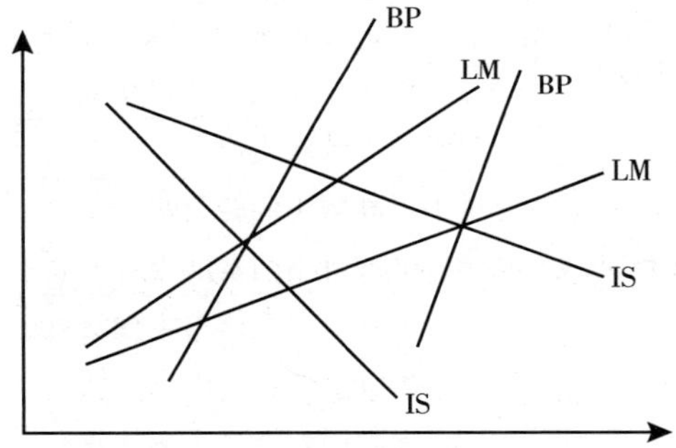

图 4　“稳中求进”框架的基础模型及内容

图中，IS 曲线为商品市场均衡线，其作用处于主导地位，也是宏观调控的基础手段，考虑到积极财政政策的退出需要和产业结构调整等因素，应避免单纯依靠政策力度扩张而推动 IS 右移，可采取政策力度适度扩张与曲线斜率调减的办法（即提高经济对利率的敏感度）实现政策目标。LM 曲线是资本市场均衡线，也应同时右移，考虑到稳健货币政策的要求和我国流动性偏大的实际，为避免引发通货膨胀，LM 曲线应避免平行右移的安排，可考虑的方案是在适度增加货币供给的条件下，大幅度调低 LM 曲线的斜率（即提高金融市场的利率弹性）。BP 曲线为外汇市场均衡线，在统一框架中起着补充和协助作用，当人民币汇率水平基本趋近均衡汇率的时候，可考虑适当降低汇率或引导外汇市场减少对人民币的需求，并通过人民币的适当贬值增强出口能力，以此作为积极财政政策退出时的承接力量。上述政策思路进行规划后汇总为表 3 所示的内容。

表 3　“稳中求进”框架下积极财政政策与稳健货币政策的搭配

所属曲线	曲线性质	政策思路
IS 曲线	减小 IS 曲线斜率	提高资本有机构成
		推进技术研发,鼓励风险投资,发展新产业
		推进长期投资项目发展
	推动 IS 曲线右移	扩大政府支出
		提高居民的转移性收入
		增加自主消费能力
		提升市场主体自主投资意愿
		扩大出口
LM 曲线	减小 LM 曲线斜率	提高国内金融市场的效率
		增大金融市场的利率弹性
	推动 LM 曲线右移	扩大货币供应量
		降低存款准备金率
BP 曲线	推动 BP 曲线右移	完善人民币汇率形成机制,推动人民币适度贬值
		推进人民币国际化

2. 总需求政策和总供给政策的配置

总需求和总供给相等决定实际产出量和物价水平。总需求是指在不同的价格水平下企业希望购买的最终商品和劳务的总量。总供给是指在不同的价格水平下企业希望出售的最终商品和劳务的总量。我国当前经济的下行压力既来自短期总需求的下降，也来自长期总供给能力的下降（经济增长中枢的下移）。在短期和长期因素共振的情况下，我国 GDP 增速出现了较为罕见的 6 个季度的持续下降。从最近公布的经济领先指标指数来看，经济增速仍处于缓慢下降的过程中。

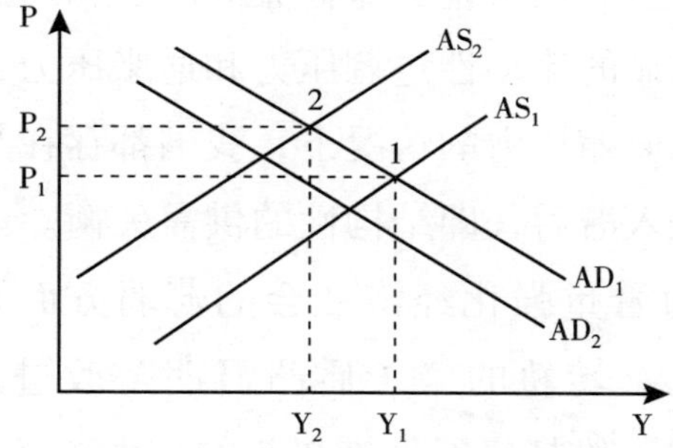

图5　总需求和总供给变化对产出和价格的影响

解决短期总需求疲软，可以依靠上大型基建项目和放松贷款来刺激需求的回升，这不仅会带来未来的通胀压力和资产泡沫，而且会延缓经济转型的步伐。解决长期经济中枢下行，则必须依靠科技进步的力量，转变经济发展方式，对经济体制和政治体制进行深刻变革。否则，人口红利的枯竭会引致房地产泡沫破碎，我国的内生经济增长动力不足，恐将面临经济增长中枢快速下移、交织债务危机和财政危机。政府需要在短期的需求下降和避免长期经济中枢快速下移之间做好平衡，自觉地把“需求管理”与中国特色的“供给管理”有机地紧密结合起来，即在经济周期中的每一个高速增长期，通过积极主动的结构性“填平补齐”，尽量平稳地、有保有压地拉长其时间段；而当每一个相对低迷期来临时，则通过“反周期操作”尽量以扩张和结构升级缩短其时间段，从而使经济又好又快的状态能够长期保持。尤其是在现阶段的中国，作为新兴的市场经济体，我们的市场发达和健全程度还远远不能与发达国家相比，在这种特定国情下和特定发展阶段上，更要注重宏观调控的

“供给管理”。

事实上，中国经济存在着较为突出的结构问题，客观上需要特别注重结构性对策。近年世界金融危机不论在发生之前还是之后，在不论存在较明显的流动性过剩压力和通胀压力，还是其迅速演变为流动性不足和通缩压力的情况下，我国都存在某些领域明显的有效供给不足、投入滞后，即结构性的供需失衡。如能运用政府财力和其他可用财力着重强化经济社会的薄弱方面和“短线”领域，则具有在经济社会转轨的“矛盾凸显期”改进民生、消解矛盾，在“黄金发展期”维持良好发展势头的重大意义。

因此，我们在坚持稳健货币政策与积极财政政策组合搭配的同时，应坚持有所区别地对待“三农”、社会保障、区域协调发展、自主创新、节能降耗、生态保护等问题，运用结构性对策加大要素投入的力度，促进相关机制创新改进，通过“供给管理”加强这些薄弱环节，从而改进总供需的平衡状态，维护又好又快的发展局面，并增强我国在国际竞争中的综合竞争力和发展后劲。在中国的调控实践中，这应该成为一大特色。当然，这种“有支持、有节制”的结构性方略，也有可能给政府体系带来一种“政府万能”的幻觉和轻易滑向过度调控的危险性。所以，承担调控之责的政府部门应保持清醒头脑，始终把结构对策、供给管理掌握在符合市场经济配置资源基础机制的“政策理性”范围之内，应强调尽量运用经济手段来贯彻结构优化的追求，避免“越位”。

（三）当前财政收支情况与运行环境

1. 当前财政收支状况：形势不容乐观

（1）财政预算收支增长概况

2011 年以来，国家财政预算收入同比进入下行通道，预算支出同比增速也呈现下降态势，总的来说，预算支出增速要略高于预算收入增速，表明了财政收支失衡的压力始终存在。

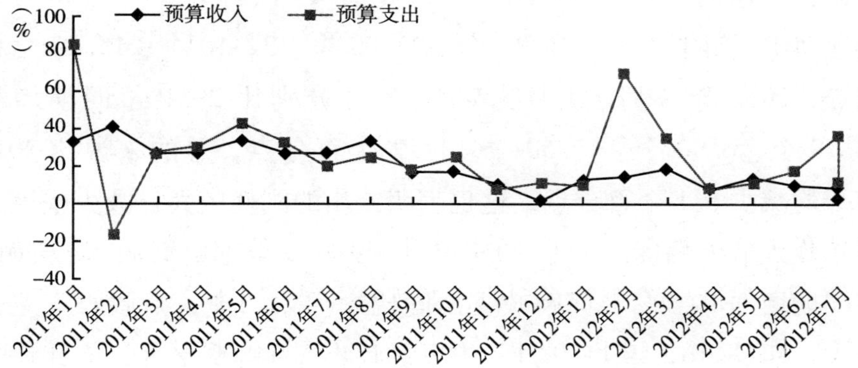

图 6　预算支出和收入同比月度增速

2008 年 1 月 ~2012 年 8 月，出现赤字的月份一般都在 6 月、8 月、9 月、11 月、12 月，也就是每个季度的最后月份，而且赤字额的规模在逐月增大，这从另一个侧面反映出预算执行进度集中在下半年尤其是年底，也就是所谓的“突击花钱”依然存在。

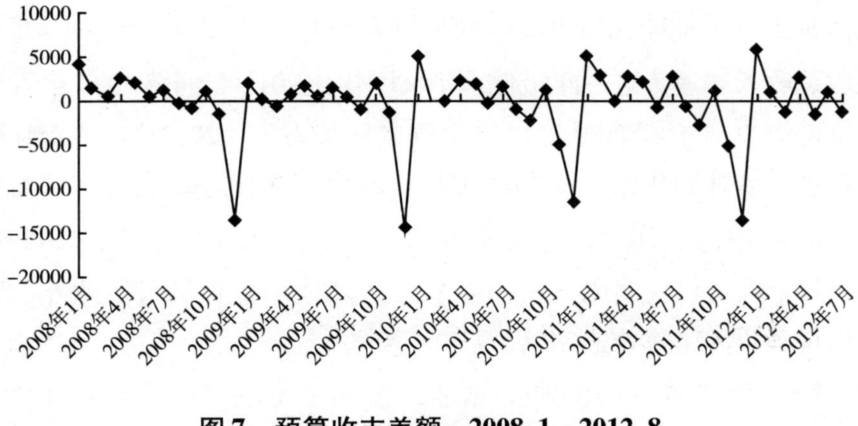

图 7　预算收支差额：2008. 1 ~2012. 8

此外，从月度同比增速看：一是2012年预算收入同比增速均低于2011年，前三季度平均减少18.6个百分点。二是预算支出月度同比增速比2011年增减不一，2012年1月、4月、5月、6月分别比2011年同期减少75.28个、23.00个、32.10个、15.40个百分点，2012年2月、3月、7月、8月分别比2011年同期增加86.79个、6.90个、17.50个、14.2个百分点，总的来说比2011年平均减少6.1个百分点，这也表明支出的刚性较大，减少幅度远低于收入减少幅度。三是2012年1～9月，全国财政收入比2011年同期增加10.9%，而财政支出同比增加21.1%，财政收支差距增大。四是2012年1～9月，中央财政收入44809亿元，同比增长6.8%；地方本级收入45779亿元，同比增长15.2%，地方财政收支失衡形势严峻。

（2）2012年以来的月度财政收支状况

受相关辅助资料完整性的影响，我们暂时无法计算2012年9月的相关辅助数据，因此，只对2012年1～8的情况展开讨论。

①各项税收同比增速均出现不同程度下降

从图8可以得出2012年1～8月度税收收入增长的主要特点。总体来说，各税种2012年同比增长率都处在较低水平，并且1～8月税收总收入增速为近三年最低水平，增幅比2011年回落19.4个百分点。延续2011年第四季度以来的低速增长态势，2012年1～8月税收总收入累计同比增速比2011年同期增速回落20.1个百分点，为近三年同期最低。其中，个人所得税收入有大幅度的下降，2012年1～8月个人所得税同比增长率除2月外其他都是负增长。此外，各主体税种收入增速普遍回落。

2012年1～8月税收收入增速回落的主要原因：一是国内经济增速放缓，居民收入分配体制没有大的改革使得消费增长缺乏后劲，经济下行缺乏好的投资机会以及对房地产市场的调控政策使得投资乏力，欧美经济复苏乏力导致进出口贸易乏力，这些都导致各税种对应的税基缩水。2012 年 1 ~ 8 月，规模以上工业增加值按可比价格计算同比增长 10.1%（8 月当月增长 8.9%），比 2011 年同期回落 4.1 个百分点；固定资产投资同比增长 20.2%，比 2011 年同期回落 4.8 个百分点；社会消费品零售总额同比增长 14.1%，比 2011 年同期回落 2.8 个百分点；一般贸易进口同比增长 4.9%（8 月当月下降 7.5%），比 2011 年同期回落 28.8 个百分点；商品房销售额同比增长 2.2%（8 月当月增长 20.4%），比 2011 年同期回落 23.7% 个百分点。1 ~ 7 月规模以上工业企业实现利润同比下降 2.7%（7 月当月下降 5.4%），比 2011 年同期回落 31 个百分点。相应地，增值税、营业税、进口环节税收、企业所得税等税种增幅大幅回落。二是价格水平回落使得以现价计算的税收收入增速回落，1 ~ 8 月，居民消费价格同比上涨 2.9%（8 月当月上涨 2%），比 2011 年同期回落 2.7 个百分点；工业生产者出厂价格同比下降 1.3%（8 月当月下降 3.5%），比 2011 年同期回落 8.4 个百分点，以现价计算的流转税等税收收入增幅相应回落。三是实施结构性减税政策。2011 年第四季度以来，出台了一系列结构性减税政策，如实施个人所得税改革，提高了工资薪金、个体工商户经营所得的减除费用标准，并对税率结构进行调整，受此影响第一季度个人所得税大幅减少；提高个体工商户增值税、营业税的起征点，对集成电路重点项目和部分进口设备留抵税额予以退税；从 2012 年 1 月 1 日起，对 700 多种商品降低进口关税，对小型微利企业实行企业所得税减半征收优惠政策，免征蔬菜批发零售环节的增值税，开展营业税改征增值税改革试点，等等，这些减税政策的实施，使一些主体税种都有不同程度减收。

②税收和非税收入累计同比增速

2012 年 1 ~8 月税收累计同比增长 8.9%，比 2011 年同期下降了 19.4 个百分点，下降幅度较大。这也导致各地加强了对非税收入的征管力度，2012 年 1 ~4 月非税收入逆势回升，同比增长 52.8%，比 2011 年同期增速提高了 12.5 个百分点，5 ~8 月非税收入增速尽管有所下降，但仍然高于税收增速，这表明财政收入的质量有所下降。

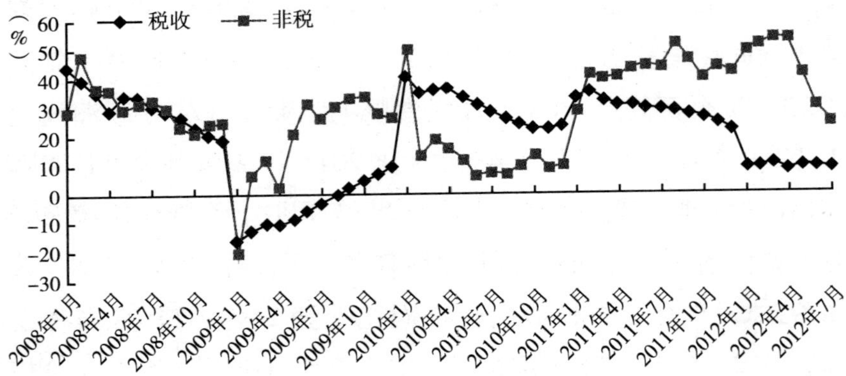

图 8　2008 年 1 月到 2012 年 8 月税收和非税收入累计同比增长速度

③2012 年 1 ~8 月财政支出

2012 年 1 ~8 月累计全国财政支出 72440 亿元，比 2011 年同期增加 12978 亿元，增长 21.8%。其中，中央本级支出 12111 亿元，同比增长 14.4%；地方财政支出 60329 亿元，同比增长 23.4%。

财政部门进一步加强预算支出执行管理，在收入增幅回落的同时，不减民生等重点支出项目。据最新统计，2012 年 1 ~8 月累计，教育支出 10611 亿元，增长 32.2%；文化体育与传媒支出 1087 亿元，增长 19.9%；医疗卫生支出 4224 亿元，增长 23.5%；社会保障和就业支出 8426 亿元，增长 17.5%；住房保障支出 2430 亿元，增长

34%（其中保障性安居工程支出1593亿元，增长42.2%）；农林水事务支出6186亿元，增长24%；城乡社区事务支出5525亿元，增长27.2%；节能环保支出1218亿元，增长24.3%；交通运输支出5008亿元，增长21%；资源勘探、电力、信息等事务支出2458亿元，增长19.8%；国债付息支出1833亿元，增长17.9%。

未来财政支出压力依然很大，原因在于：一是财政反周期调控的要求。种种迹象表明，本轮经济周期将是一个长周期现象，短期内国外发达国家经济复苏依然乏力，新技术革命尚未出现，旧的经济结构调整有待时日，这些更加需要财政的反周期调控，就需要不断加大财政支出的力度，尤其是民生和薄弱领域。二是经济发展的客观要求。根据瓦格纳定律，随着人均收入水平的提高，市场范围的扩大和分工的深化，要求不断提高政府支出占GNP的比重。中国目前已经跨入中等收入国家，居民对教育、文化、医疗等公共品需求更加高涨，要满足这些就需要政府加大投入，以适应民众的公共支出预期。三是改革发展的成本补偿要求。中国正处于一个百年未有之变局，各项经济问题、社会问题频频出现，迫切需要政府有所作为，深入改革，打破旧体制，繁巨的各项改革需要财政来积极承担一定的改革成本，所有这些无疑都将会对未来的财政支出产生相当大的压力。

2. 债务容忍度：债务增量空间还有多大？

债务支出中的国债利息则作为财政支出列入财政预算，用征税来支付，所以高企的债务会加重未来征税的预期，从而不利于长期经济增长。2010年以来，欧洲多国频频爆发的主权债务危机，极大地影响了欧洲国家的国家信用和财政健康状况，也带来人们对未来欧洲各国财政可持续性的质疑。

和发达国家相比，我国债务偿付比率还处于可接受水平，但是债务偿付占中央财政支出的比率却高于其他国家，有必要减少财政支出和赤字，降低未来发行新债的规模。总的来说，我国的国债以国内债务为主。

债务负担率变化来自五个部分：利息支付；初始财政平衡(赤字)；铸币税；通胀效应；增长效应（取决于实际经济增速和通胀)。因此，要降低债务负担率，除了降低利息支付的数额，政府可以从几个方面入手，一个是降低赤字率，二是增发货币或制造通胀，或是推动经济增长，这些都有助于降低债务负担。根据债务动态方程，[①] 我们可以得到维持既定的债务负担率所需的基本或初始预算盈余：

$$\bar{i_t} - \bar{x} = \bar{\sigma_t} + \left(\frac{\pi_t}{1+\pi_t} + \frac{g_t}{1+z_t}\right)\bar{b}_{t-1}$$

其中：铸币税收入占 GDP 的比例也为一个常数 $\bar{\sigma}$，[②] 稳态时经济增速为 $g = \frac{y_t}{y_{t-1}} - 1$，$y_t$ 为实际 GDP，假定财政收支的初始盈余（财政收入减去非利息支付支出）占 GDP 的比例为一个常数 $\bar{x}$，π_t 为通胀率，定义 $z_t = x_t + \sigma_t$。

对 2009 ~ 2011 年铸币税收入取各年实际测算值，经济增速取自统计年鉴的实际值，通胀率取自居民消费指数，对应的债务负担率取欧盟的 60% 标准，就目前而言国内外关于债务实际负担率的研究而言，这一值是一个上限值，也就是可以最大容纳的可持续赤字率水平。接着，就不同的经济参数来模拟长期可持续的预算盈余或赤字率水平（见图 9）。

① 理论模型的详细内容可以参考财政部科研所《研究报告》（第 104 期，总第 1247 期）“中国财政可持续性检验”。

② 铸币税收入占 GDP 比例的计算参考：张健华、张怀清：《人民银行铸币税的测算和运用：1986 ~ 2008》，《经济研究》2009 年第 7 期。

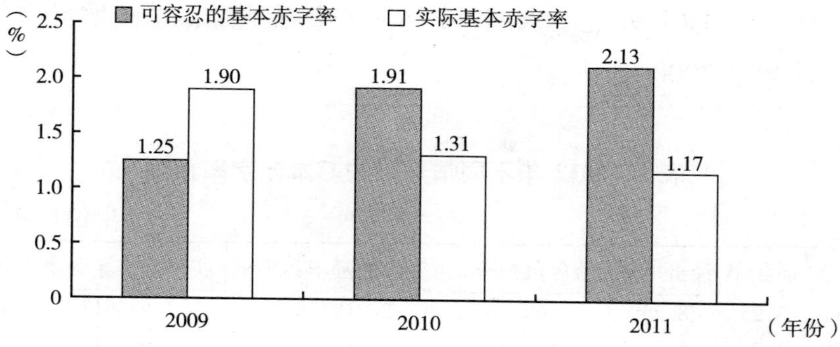

图 9　2009 ~ 2011 年实际基本赤字率和可容忍基本赤字率

从图 9 可以看出，2009 ~ 2011 年除 2009 年外，实际基本赤字率都处于可容忍的区间内。这也表明了中国的财政收支整体状况是稳健的，符合长期可持续发展要求。

对于 2012 年的分析，我们可以就不同的情景进行模拟，经济增长率、通胀率可以选择不同机构的预测值（见表 4、图 10），而铸币税收入占 GDP 的比例为过去 17 年的平均值 2.25%。财政收支取自“2011 年中央财政预算执行与 2012 年政府预算草案”，国债利息支出为预算数，因此得到的基本赤字率为预期赤字率 1.63%。从这些图表可以看出，中国 2012 年的预期基本赤字率仍然处于可容忍的基本赤字率区间（2.31% ~ 2.32%），财政可以扩展的赤字空间仍然有 0.68% 左右，换算成绝对值将达到 3630.69 亿 ~ 3712.71 亿元，这意味着中央政府可以新增的债务 3630.69 亿 ~ 3712.71 亿元，要应对经济下滑的风险，仍然有一定的可作为空间。如果经济增速高于预期、通胀率维持在 3% 左右，实际利率降低，那么新增债务的空间仍然有扩大的余地。如果扩大债务负担率，或者说把一些其他的债务都算进来假定达到 100%，那么可容忍的基本赤字率介于 2.36% ~ 2.38%，财政可以扩展的赤字空间为 0.74% ~ 0.75%，换算为绝对值，将介于3867.95亿~3879.18亿元。概括地说，总的增量国债规模不能超过3900亿。[①]

表4　2012年不同情景下的基本赤字率预测

单位：%

年份	通胀率	经济增速	债务负担率	可容忍的基本赤字率	实际基本赤字率	机构
2012	3.25	8.25	60	2.318328	1.626612	IMF
2012	3.2	8.2	60	2.317747	1.626612	世行
2012	4	8.7	60	2.325209	1.626612	亚行
2012	4	7.5	60	2.318024	1.626612	中国

注：经济增长和通胀率分别来自IMF《全球金融稳定报告（2012）》，世界银行《中国经济季报（2012）》、亚洲开发银行《2012亚洲经济发展展望报告》、中国《2012年政府工作报告》。

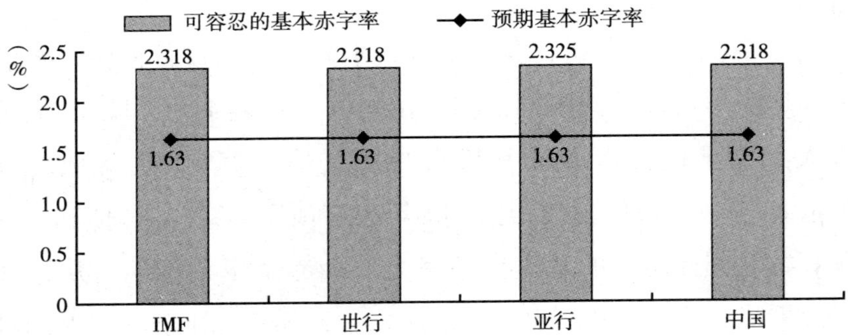

图10　2012年可容忍的基本赤字率和预期基本赤字率

（四）主要财政宏观调控措施的推进和优化

1. 继续实施积极的财政政策，保持经济平稳较快增长

一是着力构建扩大居民消费和社会消费的政策体系。通过财政

① 如果加上年初预算赤字8000亿元，2012年合理的财政赤字规模在1.19万亿元以内，这也是积极的财政政策所能动用的极限。

补贴实行新一轮汽车以旧换新政策，以小排量汽车、节能环保汽车和新能源汽车为重点，特别是提高政府采购促进新能源汽车的推广和发展。实行促进节能家电等产品消费的政策补贴措施，推广节能家电、高效照明、高效电机等四大类产品等。在消费结构上，通过合理的补贴措施推广耐用消费品的消费，引导有品牌、有保障、易监管的商品消费，由此培育新的消费理念，助推结构优化升级。二是发挥财政再分配作用。以转移支付和社会保障体系建设调节社会收入分配，加快城乡居民收入增长，顺利实现“十二五”规划纲要提出的中国式收入倍增计划，使城镇居民人均可支配收入和农村居民人均纯收入增长7%以上的量化指标。这是提高居民消费的前提，也是我国居民消费将呈现长期上升趋势的动力。三是保持合理的社会投融资规模，着力扩大内需。四是发挥财政投资对民间投资与结构调整的引领作用。允许民间投资参与铁路、市政、能源、电信、教育、医疗等领域建设。五是稳定和完善出口政策，支持企业积极开拓市场，积极试点外贸政策的财税支持方案，优化出口退税政策，引导加工贸易向产业链高端延伸、向中西部转移，支持服务贸易发展。

2. 完善结构性减税政策，进一步减轻企业和居民负担

一是积极推进营业税改征增值税的改革。2012 年 7 月 25 日，国务院常务会议决定，自 2012 年 8 月 1 日起至 2012 年底，将交通运输业和部分现代服务业营业税改征增值税试点范围，由上海市分批扩大至北京、天津等 10 个省（直辖市、计划单列市）。今后要稳步扩大试点范围，促进服务业特别是现代服务业发展和提振消费。二是完善大宗商品仓储设施用地的城镇土地使用税政策，以及进一步完善蔬菜等农产品的批发、零售免征增值税等政策，减轻物流企业和农产品生产流通环节税收负担。三是继续贯彻对于中小微企业的税收优惠政策，落实各地提高增值税、营业税起征点实施方案，对中小型微利企业进一步施行所得税减半征收优惠政策，同时减少乱收费、乱罚款、乱摊派等税外负担，打击向企业变相索贿、摊派等腐败违法行为，让“全面降低企业负担”和反腐败、深化改革成为结构性减税的大配套措施，支持中小微企业在公平竞争中做大做强。四是积极研究实施个人所得税改革，由分类征税改为分类与综合相结合征税。除资本利得外，所有应税收入纳入综合范围，统一计征，以体现量能负担原则，同时加强税源监控和税收征管，进一步降低中低收入者的税收负担，加大对高收入者的调节力度。五是完善进出口退税政策。对集成电路重点项目和部分进口设备留抵税额予以退税，出口退税环节应体现国家对自主科技含量产业的支持，鼓励科技含量较高的装备制造业进一步扩大海外市场份额。

3. 深化财政体制改革，推进地方税体系建设

一是以税改推进体制改革。推进资源税改革进程。尽快实行煤炭、岩金矿、磷矿等资源税从价计征改革，对部分品目可先行试点，在一定幅度内根据资源差异确定税率标准。在自然资源丰富的西部地区，将来可以将资源税作为地方税体系中的主体税种之一，建立地方财政收入稳定增长的长效机制；启动环境税改革措施。环境税不仅给企业以成本的压力，更重要的是给民间环保行为以激励，对“清费立税”具有重要作用。应按照先易后难和分步推进的原则，选择防治任务重、技术标准成熟的税目开征环境保护税。由于环境治理属于地方政府管理范畴，因此这部分税收所得也主要归属地方；推进不动产税制改革。在总结上海、重庆两地试点的基础上积极稳妥推进房地产税制度，可考虑将原房产税、城市房地产税、土地使用税、土地增值税、土地出让金等项税费合并，转化为房地产保有阶段统一收取的房地产税，发挥其逐步形成地方税体系支柱的作用。二是完善省以下财政体制。进一步落实省直管县改革，形成财政管理扁平化格局，逐步在省以下落实分税分级管理。在乡财县管基础上，对于一些“零税基”的纯农业区域，可将乡镇处理为县级预算下的一个预算单位，乡级政府变成县级政府的派出机构。三是将三级“阳光融资”举债权和资产管理权理顺、到位。地方政府的融资体系建设，应该合理地、内在地与整个政府体系深化改革和职能合理化形成匹配关系，成为其政权、事权、税权、预算合理制度安排的组成部分。发展地方阳光融资制度，破解地方债“潜规则”，注意疏堵结合，建立规范透明、可预期、受公众监督、有利于控制风险的地方债，逐步理顺中央与地方的举债权和资产管理权，保持地方政府作为融资主体贯彻经济社会发展战略、支持经济社会发展的正面综合效益。

4. 着力推进产业结构调整，促进发展方式转变

一是以工业转型升级和构建现代服务业体系为抓手，有保有压地推进供给端的结构转型升级，把创新、创业作为当前宏观经济政策的着力点之一，支持科技创新，加快建设国家创新体系，提高企业创新能力，促进科技成果向现实生产力转化，推动经济发展更多依靠科技创新驱动。二是大力支持战略性新兴产业发展，建立促进新能源利用的新机制，支持发展新一代信息技术，有效促进发展高端装备制造、节能环保、生物医药、新能源汽车、新材料等产业。三是积极鼓励企业技改资金投入方式，促进传统产业改造升级。四是支持要素价格形成机制的改革，推进节能、降耗、减排和生态保护，完善节能环保产品政府采购政策，支持重点领域低碳技术研究推广和低碳经济发展等，加大节能产品惠民工程实施力度。

5. 以重点支出和转移支付等多种手段持续推动民生改善

一是完善保障和改善民生的制度安排，加快发展各项社会事业，推进基本公共服务均等化，加大收入分配调节力度。二是落实强农惠农富农政策，努力争取农业再获丰收，保障主要农副产品有效供给。三是在基本社保、教育、医疗、住房、公共基础设施、新农村建设等方面，继续实施重点支持，并强调资金绩效，把好事做实、实事做好，特别是各方协同消解弱势群体怨气，提升人民群众满意度。四是健全政府对居民和政府间的转移支付制度，适当提高低保标准，完善县级基本财力保障机制，增强欠发达地区地方政府提供基本公共服务的能力。

6. 坚持资源配置市场化取向，正确界定政府与市场的效率边界

一是公共产品供给尽量发挥市场机制作用。政府在资源配置上越位或错位行为，一方面挤占了市场的应有空间，另一方面导致了资源的浪费。应正确界定政府与市场的效率边界，可以由市场主导的应放手交给市场，可以由市场补充的政府应积极引导。二是公共产品供给需要有度，公共服务支出增速应与财政收入增速相平衡，以维护政府公共产品提供效率和可持续性。三是坚持资源配置市场化取向。将市场配置资源的路径拓展至政府资产管理和垄断行业等多个领域，提升市场效率，保障资源配置的有效性，以平衡市场供求关系，为继续保持经济高速增长提供空间。

China's Macroeconomic and Judge of Financial Running

Jia Kang et al.

Abstract: Nowadays, China's macroeconomic is facing the chance of economic recovery in Europe and America, a huge domestic demand, the coordinated development of new four modernizations, investment and technological innovation as well as the stability of the financial and monetary situation; while is also facing the challenges of the European debt crisis and the internal system risk. It can be predicted that in the next one or two decades, the positive factors and the negative factors of China's economy will conflict. However, a series of optional flexible space narrowing of financial regulation, such as, space narrowing in economic growth and inflation management, are confronted with in this time. According to the requirement of progressing while maintaining stability in Central Economic Work Conference, the overall economic framework, the current financial situation and operating environment of income-expenditure, this paper proposes the advancing and optimization of financial macro-control measures.

Key Words: China's Macroeconomic Condition; Fiscal Condition; Domestic Demand; Regulation

B.10
2013年中国经济增长态势和经济周期波动分析*

刘金全　刘 汉**

摘　要：

在未来一个阶段内，我国经济增长趋势将出现一种结构型减缓，这既有潜在经济增长率结构性减速的原因，还有宏观经济主动调控和经济周期阶段性的原因。虽然无法消除或避免这种必然的放缓，但是我国有可能，也有能力延缓和推迟这种下降的时间，为构建高质高效的经济增长奠定基础。就近期经济增长态势而言，短期经济增长速度开始企稳回升，但容易受到国内外经济环境和政策的影响，预计2013年我国经济增长将会保持在8%左右，季度经济增长趋势呈上升的“软扩长”态势，表现出先升后降的倒U形形态。

关键词：

经济增长　经济政策　经济展望

改革开放以来，我国经济社会发展取得了举世瞩目的辉煌成就，我国从一个农村和农业社会转变为一个城市化和工业化的社会，从计划经济转变为市场经济。国内生产总值以世界少有的年均

---

* 本项目受国家社会科学基金重大项目（10ZD&006）、国家自然科学基金项目（70971055）资助。

** 刘金全，吉林大学数量经济研究中心教授，经济学博士；刘汉，吉林大学商学院博士研究生。

9.7%的增长速度，从 1978 年不足 4000 亿元，迅速上升到 2012 年超过 50 万亿元；人均国民总收入实现了从 1978 年不足 200 美元的低收入国家，向 2012 年超过 6000 美元的中等收入国家的跨越；经济总量居世界位次也从第十位跻身为目前世界第二位的经济大国。改革开放的 30 多年是中国历史上从未有过的发展和繁荣时期，经济持续快速增长，人民生活显著提高，综合国力明显增强，实现了人民生活由温饱不足向全面小康的历史性跨越，国际经济社会影响力和地位得到了的空前提高（江小涓，2008）。但是，2008 年国际金融危机冲击给我国经济造成严重下滑，在 2009 年政策刺激下实现 V 形反转之后，经济增速从 2010 年第一季度到 2012 年第三季度，出现了连续 10 个季度的大幅下滑（刘树成，2013）。与此同时，世界经济也由危机前的快速发展期进入深度转型调整期，一些主权国家的债务危机，主要发达国家失业率高居不下，新兴经济体经济的稳定增长难以为继等因素使得国际经济形势错综复杂，不确定性风险依然很大（王天龙，2013）。

随着我国经济发展面临的国内外环境发生了重大变化，经济增长态势与前景变得不是十分明朗。但对我国短期经济增长的前景分析基本都认同，短期内我国经济将企稳回升（“中国季度宏观经济模型”课题组，2012；杨晓光和鲍勤，2013；祝宝良，2013）。事实上，2012 年 9 月以来宏观经济中的多项重要指标开始出现企稳回升态势，但是经济回升的基础仍然不牢固，短期内经济增长将在反复波动中筑底回升，联合国（2012）认为外部需求疲软和大规模政府支出刺激经济增长难以为继，给中国经济造成了较大的下行风险，中国经济有可能会出现“硬着陆”，在“硬着陆”的情景下预测我国经济在 2013 年下降 3%，2014 年下降 5.7%，2015 年下降 6.8%，并据此将我国 2012 年和 2013 年总体经济增长的预测均下调 0.6%。随着潜在经济增长率的结构性减速（陈亮等，2012），我国中长期经济增长将会出现显著的下滑，国务院发展研究中心“中等收入陷阱问题研究”课题组（2011）和刘世锦（2011）预测“十二五”期间我国经济的潜在增速年均为 9.1%，可能在“十二五”末期放缓，“十三五”明显下一个台阶，降至 7.1%。中国经济增长前沿课题组（2012）认为，随着城市化和经济服务化的推进，中国经济将逐步进入减速通道，潜在增长率将在 2016 年之后降到 8% 之下。世界银行和国务院发展研究中心联合课题组（2012）认为，GDP 平均增长率将从 2011 ~ 2015 年的 8.5% 逐步下降到 2026 ~ 2030 年的 5%。

本文利用刘汉和刘金全（2011）的混频数据预测模型对我国经济增长率进行短期预测，发现我国短期经济增长呈现倒 U 形，即经济增速为先升后降，且 2013 年底经济增速回调不会超过 2012 年第三季度的谷底，总体经济增长趋势呈上升状态。此外，借鉴 Comin 和 Gertler（2006）采用 Christiano 和 Fitzgerald（2003）提出的一种带通（Band-Pass）滤波方法（以下简称 CF 滤波），对经济增长率的中长期趋势和周期进行分离，其中分离出来的趋势成分（非周期成分）非常平缓，且呈现出大弧度上凸的形态，这说明我国自改革开放以来，经济增长的中长期趋势呈现先升后降的态势，即从 1979 年第一季度的 7.8%，逐渐上升到 1996 年第三季度的 10.6%，然后逐渐下降到 2012 年第四季度的 8.6%。样本区间内的上升阶段和下降阶段持续期基本持平，但下降阶段较上升阶段时间要长，变化幅度小（如图 5 所示）。按照这种中长期走势分析，我国经济中长期趋势还将出现下降，但是降幅较为平稳。虽然不能控制这种中长期趋势的下降，但我国作为一个地域辽阔、人口众多的国家，国内需求的回旋余地较大，工业化、城镇化的纵深发展都有一个逐步推移的过程，因此有条件，也有可能延缓和推迟这种下降的时间，形成经济增长的长波，获得平稳快速增长（刘树成，2012）。

虽然对短期经济企稳回升，长期经济放缓有基本的认识和数量上的预测，但是长期经济放缓会在什么范围内进行？将要持续多长时间？会产生什么样的影响？该采取怎样的宏观经济政策？目前还没有清晰的认识。因此下文将就以上问题，通过对经济增长的回顾与展望、经济放缓的典型事实的数量分析，以及经济放缓的深层次原因和应对之策的探讨，为“十二五”期间经济发展给出一个基本描绘，也为近年宏观调控的基本格局给出一个基本描述。

一　“十二五”初期经济增长回顾与2013 年增长趋势展望

经济增速从 2010 年第一季度开始连续 10 个季度持续下降，到 2012 年第四季度才开始出现轻微反弹，目前我国经济放缓，潜在经济增长率将要下台阶已经逐渐成为共识。但是，就短期来说，经济增长除了有中长期因素的影响外，还有结构性、周期性，以及外部环境等因素的影响。因此，对 2012 年经济进行回顾，并展望 2013 年经济是我们判断当前经济形势和未来一段时间内经济走势的基础。

（一）2012 年经济回顾

我们从传统拉动经济增长的国内外因素对 2012 年我国经济进行分析和解读。总的来看，2012 年我国经济下滑主要有以下几个方面的因素。

首先，国际不利大环境对我国经济的影响。金融危机以来，世界经济整体增长疲软，主要发达经济体未来增长前景黯淡，如受“财政悬崖”、外需，以及桑迪飓风的影响，美国2012年第四季度GDP环比下降0.1%，这是自2009年第二季度以来，美国经济首次出现负增长；受欧债危机影响，欧元区2012年第四季度的经济产出环比下降了0.6%，在2009年以来的第二次经济衰退中结束了2012年；受民间企业设备投资和公共投资的增长的影响，日本2012年第四季度实际GDP同比上升0.2%，是第三季度以来首次出现增长；而主要新兴经济体虽然呈现微扩张态势，但仍然面临着如何实现经济转型、保持经济平稳发展等严峻挑战。面对这样偏冷和不确定的国际发展环境，我国在外需上受到严重影响（如图1所示，图中实线表示序列的同比增长率，光滑的虚曲线表示的是趋势值，虚直线表示的是样本期内的均值，下文图形无特殊说明也用类似的方法表示），出口增长率虽然在近期有所回升，但是总体趋势仍旧低于18.7%的平均增长率，且不确定性较大；而图2中的外商直接投资增长率的情况更加严峻，从2012年1月开始，连续13个月呈负增长，且下滑的幅度和持续时间呈加大、加长的趋势。此外，一大批新兴发展中国家的劳动密集型制造业规模持续较快的扩大，使得国际市场的生产和供给规模持续扩大，我国出口市场的供求关系已由供不应求转变为供大于求，竞争日益激烈。

其次，国内消费结构进入调整期，内需扩大动力不足，从图3中社会消费品零售总额增速可以看出，虽然金融危机以后，由于国家出台了一系列刺激国内消费的举措，使得消费出现了一定程度的上升，但是我国消费的趋势仍呈缓慢下降的态势，2012年以来的消费甚至低于样本期间15.7%的均值。究其原因：一方面，实际收入增加缓慢、消费习惯与社会保障体系不完善等问题导致消费增

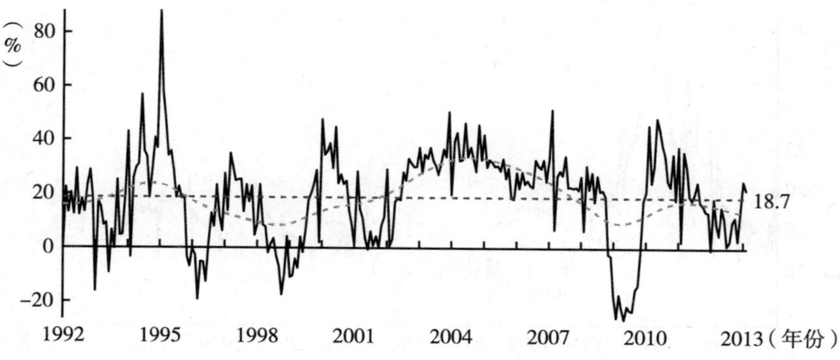

图 1　出口增长率及其趋势

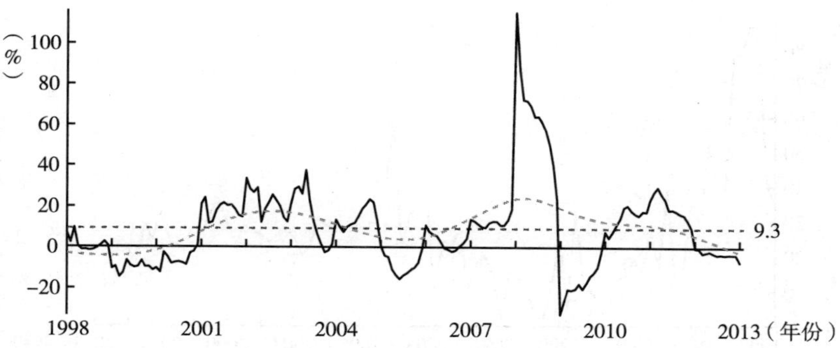

图 2　外商直接投资（实际利用外资金额）增长率

加缓慢，其中实际收入增加缓慢与物价上涨、各项生活成本快速增加密切相关。而消费习惯与社会保障体系不完善，这就使得人们将进行储蓄以购买房屋等大件物品，或用作教育、医疗，以及应急之用，这样在无形中减少了消费。另一方面，受城市特别是大城市、特大城市发展空间和土地供给潜力限制，城市以“住、行”为主的消费结构升级活动进入调整期（余斌，2013），轿车和商品房消费的步伐在逐步放慢，增长速率也过了高速增长时期，与此相关的行业也受到了严重的影响。

再次，国内投资增长速度减慢，对经济的贡献减弱。张立群

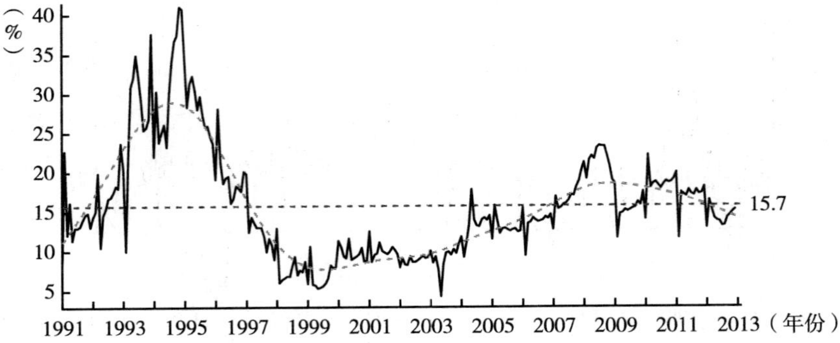

图3　社会消费品零售总额增速

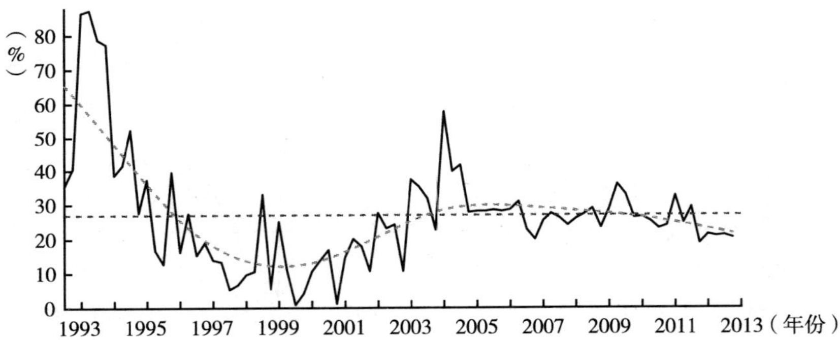

图4　固定资产投资完成额（季度）

（2013）认为受城市发展空间、地下设施配套能力、地方政府资金能力的限制，以城镇建设为主的地方投资扩张能力将减弱；随着产能过剩问题的发展，以及企业对未来市场预期的转差，企业和产业投资活动也将趋缓。而房地产投资受到国家宏观经济政策调控影响，虽然2012年市场主导的房地产投资有小幅回升，但是房地产投资回升的力量还是明显不足。此外，受外需疲软、出口拉动的投资动力减弱的影响，与此密切相关的制造业投资开始出现下降。与此同时，诸如公路、铁路、地铁、水利等基建投资和民生工程投资的空间相比前些年有了显著下降，再加上地方财政资金限制，这些方面的投资将大幅消减。

最后，包括生产要素和劳动力要素在内的成本显著提高。劳动力、土地、资金、资源等生产要素价格持续上涨，企业生产成本大幅度提高。与此同时，经济发展方式的转变要求经济从粗放、高投入、高耗能、高污染，低水平、低质量的发展模式转向高质量、可持续的集约型发展方式，这就使得企业在生产成本方面出现大幅度上升的趋势。

（二）2013 年经济展望

随着将扩大内需作为着力点，加快启动带动力强的重大基础设施投资项目，出台鼓励民间投资实施细则，增加低收入群众收入，实施节能产品惠民工程等措施陆续发挥作用，我国经济从 2012 年第三季度开始出现了企稳回升的态势（祝宝良，2013），这为 2013 年经济增长创造了条件。下文将分别从国际和国内的有利因素和不利因素来分析 2013 年的经济走势。

首先，2013 年世界经济仍在调整中，需求增长乏力等问题短期内难以根本改变，因此，我国经济 2013 年还将面临一系列国外不利因素：①世界经济增长疲软对我国外需有明显影响。如美国“财政悬崖”引致的财政政策调整会使美国经济受到一定冲击，欧元区在“经济增长”与“财政紧缩”的两难选择中面临较大的不确定性，日本巨额债务、增税措施和内需难以使经济从根本上好转，而全球能源、原材料新增需求放缓使得巴西、俄罗斯和南非等新兴资源出口国受到冲击。②受经济不景气的影响，各国对本国市场大力保护，对国际市场激烈争夺，贸易战和汇率战不断升级，新一轮贸易保护主义有明显抬头趋势。③与此同时，随着国际大宗商品价格的逐渐走高，全球通胀风险有所抬头。

其次，2013 年国际经济环境虽然将复杂多变，但总体略好于 2012 年。2013 年全球经济有利因素也在逐渐增多，主要表现为：①世界经济状况略有改善，虽然大部分国际机构都下调了对 2013 年世界经济增长的预测，但是均认为 2013 年经济会略好于 2012 年，将呈现非常缓慢但稳定的增长，如世界银行在 2013 年 1 月 15 日最新一期的《全球经济展望》中，虽然将 2013 年全球经济增速调低为 2.4%（低于 2012 年 6 月报告的 3% 预测值），但仍然略高于 2012 年 2.3% 的增速。②主要发达国家实施再制造业化战略，经济好转。如美国房地产市场持续好转，能源成本降低推动相关新行业发展，新技术优势带动高端制造业发展，这些都预示着美国经济仍会继续复苏；而欧洲央行推出的“直接货币交易计划”，有利于稳定欧洲金融市场，能够有效缓解欧债危机对欧洲经济和世界经济的冲击，2013 年欧元区的经济将略好于 2012 年。③新兴经济体正在加快结构调整和开放步伐，经济前景被广泛看好，如印度在零售、航空和广播电视等行业进行开放，遏制经济增速日益下滑的局面；俄罗斯加入世界贸易组织，并在积极推进远东开发。

再次，国内经济由于长期积累的结构性矛盾和经济周期性减速的共同作用，经济运行中出现很多不利因素，主要有：①经济增长下行压力加大。受潜在经济增长的影响，长期经济增长的预期将会面临较大回落，而近期经济增长面临资源、环境和劳动力成本上升，外部市场和国内需求不足等多种因素的共同影响，经济平稳运行面临一系列不利因素。②工业企业经营困难，制造业缺乏新增长点。由于劳动力成本和融资成本较高，环境保护压力加大，企业生产和经营成本上升，工业企业效益出现较大幅度的下滑，部分企业甚至出现亏损，面临着前所未有的转型升级阵痛期，这同时也导致局部地区出现慎贷和惜贷现象（祝宝良，2013）；③科技创新能力不强，经济中缺乏新的增长点。传统产业投资已经过了投资高峰期，形成的产能已陆续进入释放期，而高新技术产业和新兴产业技术水平整体偏低，以企业为主体、以市场为导向、产学研相结合的技术创新体系尚不健全，缺少自主知识产权和名牌产品，新兴产业带动作用还不强，无法支撑经济增长。

最后，尽管国内经济面临重重困难，但是从 2012 年第三季度开始，经济运行中的多项指标开始回暖，经济开始筑底回升。展望 2013 年，国内经济运行有很多有利因素，主要有：①我国扩大内需的政策空间仍然较大，如居民收入的快速增长，网络消费、信用卡消费、社区商业等居民消费模式的创新与发展，有利于消费保持稳定增长，说明我国“稳增长”的政策空间较大。②宏观调控不断完善。经过改革开放以来市场经济宏观调控经验的积累与反思，我国根据经济形势，制定具有针对性的宏观经济政策，在宏观经济政策的灵活性和前瞻性方面取得了长足的进步，应对复杂局面的能力显著提高。③政治周期的影响，2013 年是我国各级政府的换届之年，也是新一届政府履新开拓之年。而换届周期多与经济发展周期同步，大量的热钱、快钱涌入投资，地方“投资冲动”会明显升级。在保持总体经济稳定的基础上，将势必会有一些新的经济举措，这将有助于获得社会和民众的信任，同时对当前社会的信心和预期也将起到很好的引导和支撑作用。

综上所述，展望 2013 年经济形势，我们应该继续实行积极的财政政策和稳健的货币政策，适度加大财政政策力度，积极扩大国内需求，加大经济结构战略性调整力度，按照稳中求进的工作总基调，以提高经济增长质量和效益为中心，实现经济持续健康发展。

（三）2013 年经济预测

温家宝总理在2013 年《政府工作报告》中指出2013 年我国经济社会发展的主要预期目标为：GDP 增长为7.5%左右，这一方面可以向社会传达中国经济稳定的信号，引导社会对2013 年形成稳定的预期；另一方面，我国经济在2012 年三季度开始企稳回升的条件下预定7.5%的经济增长目标是较为保守的，但是这样可以为政府宏观调控留下更大余地和空间，并且在长期经济增长下滑的背景下，还可以与“十二五”期间7%的总体增长目标相衔接（余斌，2013）。当然，对于2013 年经济增长的预测还有一些其他的看法和预测。张平和陆明涛（2013）认为尽管近来一些先行指标显示经济企稳，但依据综合的先行指标测算，经济依然未走稳，微观效益下滑、地方政府债务高筑等深层次的问题没有得到改善，经济增长动力不足，预计2013 年经济增速低于8%，与2012 年持平。杨晓光和鲍勤（2013）认为2013 年中国经济增速将比2012 年有明显的回升，预计全年GDP 实际增速为8.4%左右，比2012 年提高0.6 个百分点左右，且季度GDP 同比增长呈前低后高趋势，上半年为8.2%左右，下半年为8.5%左右。

结合分析上述我国经济运行的有利因素和不利因素，预计制造业投资稳中趋缓，房地产投资略有减慢，基础设施投资有所加快，库存投资对经济由负拉动转为正拉动，消费和出口相对稳定。预计2013 年全年实际GDP 增长率为8%左右［采用刘汉和刘金全（2011）的短期预测方法］，季度经济将呈现先升后降的倒U 形形态，2013 年中后期增速将出现回调，一种短期积蓄反弹力量，下降幅度将不会低于2012 年三季度的谷底，总体增长趋势呈上升的“软扩长”态势。

二　经济下滑的“典型化事实”与深层次原因

改革开放以来，我国经济经历了五次显著的下滑，而最近一次的下滑，诸多研究认为这是一种不同于以往短暂的周期性紧缩导致的下滑，而是由我国经济发展阶段、人口、需求和市场供求关系等一系列结构性变化所导致的经济增长永久的结构性减缓。而一些研究也证实，当人均 GDP 水平达到中高收入国家水平，供给和需求结构都将发生极大变化，经济发展放缓成为必然，因此，原有的一些发展方式、战略都需要进行转变，增长动力调整带来的创造性毁灭必然导致经济增速放缓（Eichengreen，Park and Shin，2012）。

（一）改革开放以来经济下滑的比较分析

Hall（2011）将深度下滑（long slump）的期间定义为失业率低于正常水平的时期。本文借鉴这种定义方法，将我国经济下滑期定义为经济从紧缩期低于改革开放以来 9.9% 的平均增长水平开始，直到扩张期 GDP 增速高于 9.9%，且持续期应超过一年。根据这样的定义，我国自改革开放以来有五个显著的下滑区间，分别为 1979 年第一季度 ~1983 年第二季度、1988 年第四季度 ~1991 年第三季度、1997 年第三季度 ~2002 年第四季度、2008 年第三季度 ~2009 年第三季度和 2010 年第三季度 ~2012 年第四季度，且最后一个下滑期还没有完全结束，具体如图 5 中的阴影部分所示。从图 5 可以看到，下滑期均是周期成分小于零的区域，这说明经济下滑与经济周期的紧缩紧密相连，同时，前三个下滑期与图 6 中的中周期中频成分的收缩期对应，但是最近两个下滑期发生了一些异变，2008 年第三季度 ~2009 年第三季度下滑期虽然处在中周期的下滑阶段，却不是严格意义上的经济周期的紧缩期，这说明这个下滑期除了周期性因素外，还受到国际金融危机的外在因素所影响。而 2010 年第三季度 ~2012 年第四季度的下滑期还没有结束，从图 6 也可以看出这轮下滑期还属于中周期的筑底阶段，这说明这轮下滑期要恢复长期趋势水平还需要一段时间的调整。

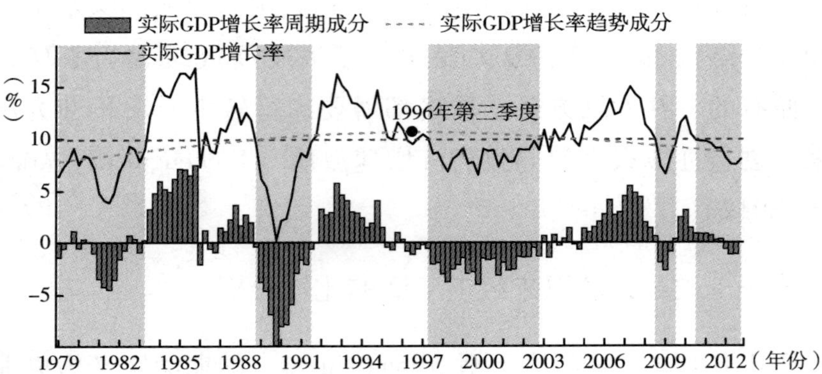

图 5　实际 GDP 增长率及其周期和趋势成分

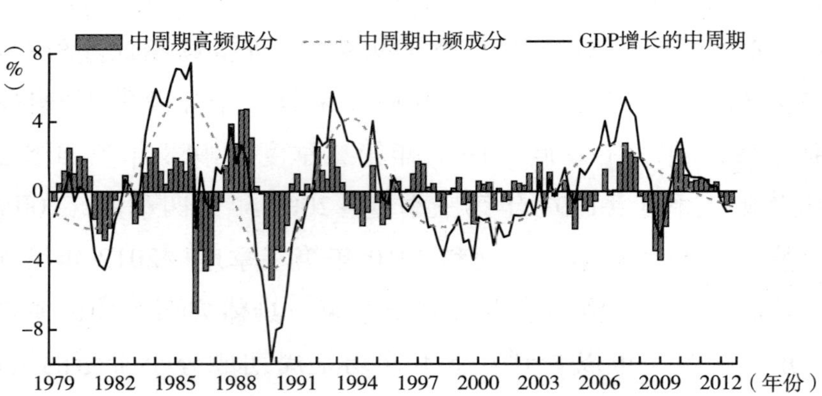

图 6　实际 GDP 增长率中周期及其中高频成分

表 1　经济增长下滑的统计描述

下滑期	持续时间(季)	均值	方差
1979 年第一季度～1983 年第二季度	18	7.19	1.72
1988 年第四季度～1991 年第三季度	12	5.58	3.17
1997 年第三季度～2002 年第四季度	22	8.30	0.81
2008 年第三季度～2009 年第三季度	5	8.33	1.38
2010 年第三季度～2012 年第四季度	10	8.80	0.92

将上述五个下滑阶段的持续时间、均值和方差进行统计分析，我们发现 20 世纪 90 年代以前我国经济增长下滑期的均值较小，方差较大。而我国经济出现大缓和以后，经济增长下滑期的均值稳定在 8% 左右，且方差波动较小。为了比较上述五个下滑期间的异同点，本文给出上述下滑期的宏观经济政策，希望从财政政策和货币政策中获得不同期间下滑期的产生原因。

首先，1979 年第一季度到 1983 年第二季度的下滑经历了由 1979～1980 年的财政政策与金融政策的“双松”阶段转向 1981 年的紧财政松货币，再转回 1982～1983 年的“双松”政策。其中，1979～1980 年的“双松”政策是改革开放以后发展经济、改善人民生活水平的需要，但是由于操作不当，导致 1980 年的物价上涨，因此 1981 年开始实施“紧”财政政策、“松”货币政策，宏观经济的这次调整是改革开放后第一次成功运用财政政策与金融政策配合来调控宏观经济运行。随着改革的深化，1982 年启动的“双松”政策导致经济过热，下滑期也随之终结。该下滑期受宏观经济政策影响非常大，尤其是带着计划经济影子的财政政策影响还是相当大。

其次，1988 年第四季度到 1991 年第三季度的下滑具有持续时间短、下降幅度大、波动程度大的特点。该下滑阶段的宏观经济政策也经历了多种政策组合，1988 年延续了 1987 年的“双紧”政策，并在 1989 年逐步转向“紧”财政政策和“松”货币政策，随后转向“双松”政策。这个下滑阶段的宏观经济政策仍然不够成熟，政策的方向和力度掌握都有所欠缺。

再次，1997 年第三季度到 2002 年第四季度的下滑持续时间最长，下降的幅度较小，波动变得十分缓和。而这次下滑主要是经济的周期性变化与亚洲金融危机等外部因素的作用共同导致了这次下滑。而适度从紧的财政政策和货币政策让过热的经济在 1997 年实现了“软着陆”，随后面临的亚洲金融危机也被积极的财政政策和“稳健”的货币政策成功瓦解，经济下滑也随之消失。

最后，2008 年第三季度到 2009 年第三季度的下滑期主要受国际金融危机的影响，表现为下降快、持续时间短的特征。宏观调控将财政政策从“稳健”转为“积极”，将货币政策从“从紧”转为“适度宽松”，经济也逐渐走出危机。而从 2010 年第三季度到目前为止，连续 10 个月 GDP 增长率下降，到 2012 年第四季度才开始企稳回升，出现下降幅度和波动幅度小，但持续时间长的特点。该阶段宏观经济政策从积极的财政政策和适度宽松的货币政策转向积极的财政政策和稳健的货币政策，且注重预调、微调。

综上所述，上述五个下滑阶段的前两次下滑中宏观经济政策变化频繁，且两者之间的配合不是十分协调，宏观调控尚不成熟，容易造成经济的大起大落，这也是前两个经济下滑期均值水平低、波动幅度大、持续时间短的主要原因。而从第三个下滑期开始，宏观经济调控开始逐渐成熟，财政政策和货币政策配合实现了经济的“软着陆”，随着金融危机的爆发，下滑期的宏观经济政策倾向于使用积极的财政政策，而货币政策偏向于稳健，更加注重调控方向、力度和节奏的掌握。

（二）第五次经济下滑的特征

最近一次经济下滑不同于前四次的周期性下滑，以往经济增长的下滑通过反周期政策和经济刺激的调整，均能使经济增长恢复到正常水平。而本次经济增长下滑既有内外部环境变化、传统经济的周期性下降的原因，还有全球经济重新整合、人口结构变化等一系列重要转变的结构性放缓的原因。因此，本次经济下滑有一些不同于前四次下滑期的典型特征，具体有以下几点。

第一，经济增长传统动力发生变化。拉动经济增长的消费、投资和出口，在第五次经济下滑期都遇到了严峻的考验，增长动力明显不足。①虽然我国一直在扩大内需，出台了刺激内需的多项政策，但是效果依然欠佳，这主要是与消费结构升级面临瓶颈有关。②出口一方面受到国外市场需求疲软的影响，另一方面随着国内生产成本的提高，我国出口的产品相比新兴市场竞争力大大下降，比较优势开始逐步消失，再加上贸易摩擦的大幅度增多等诸多限制因素，出口的规模也接近国际市场吸收能力上限，我国出口增速难以高速扩展，回落成为了必然。③而在投资方面，随着快速城镇化、工业化引致的铁路、公路、港口、机场等有着良好经济回报的基础建设投资已经基本完成，通过快速城镇化、工业化逐步完成，其推动投资增长的模式将难以为继，另外，随着投资的成本、空间等多方面的显示，投资的效率明显下降，拉动经济增长的贡献也在降低。

第二，人口结构发生变化，人口红利逐渐消失，面临“刘易斯拐点”。我国人口结构的变化主要表现为快速的人口老龄化、劳动力增长速度放缓，从而导致抚养比率（65 岁及其以上人口与 15 ~64 岁人口的比例）上升以及储蓄率和投资率的下降，预计抚养比将在未来 20 年内翻一番，而劳动年龄人口预计将在 2015 年以后开始减少。蔡昉（2007）认为我国人口自然增长率从 20 世纪 60 年代中期开始持续下降，劳动年龄人口的增长率从 80 年代也开始了下降，且 21 世纪以来下降速度明显加快，并预计在 2017 年左右停止增长，劳动力无限供给（劳动年龄人口可以看做劳动力供给的基础）的特征正在消失，刘易斯转折点已经初见端倪。余斌（2013）认为我国总人口虽然仍在缓慢上升过程中，但是 15 ~59 岁劳动人口最高值出现在 2011 年，15 ~64 岁劳动人口在 2015 年达到峰值。老龄化不仅意味着整个社会的储蓄率下降、投资率下降，还意味着经济社会活力逐步减弱，养老医疗费用的支出大幅度上升。

第三，劳动成本、融资成本和环境成本上升，生产成本显著提高。首先，随着上述人口老龄化的加速，劳动力无限供给的生产型人口结构将一去不复返，劳动力的减少使得劳动成本进入长期上升渠道（陈彦斌、姚一旻，2012）；其次，随着人口红利的逐渐消退，房价得到控制，一系列社会保障措施的完善，再加上一些新的消费观念刺激消费政策的出台，我国高储蓄率势必将会从高位回落，利率也将随之上升，带来金融市场利率的整体上升，使得企业投融资成本出现显著上升；最后，随着人民对资源和环境的关注，我国长期以来的高污染和高能耗的粗放型经济增长方式已经没有生存空间，这就需要对污染进行控制和治理，这一方面会使得政府加强税费的征收，另一方面会要求企业进行升级换代，或者进行污染治理，这都将造成企业的生产成本增加。

以上几种原因的交织和相互作用，使得传统经济增长动力和生产方式无法使经济保持高速增长，增长下滑已成必然，因此我们需要进行结构调整与发展方式的转变，从根本上扭转目前的困局，寻求新的经济增长点。

三　经济下滑的应对之策与政策选择

经济增速的结构性下降是追赶型经济发展国家也要经历的一个过程，国际上与我国类似的发展阶段经济增长都下降了 40% ~ 60%，我国经济增长是否也将出现类似情况呢？我们将如何应对这种经济增长的结构性下滑？下文将给出经济下滑的应对之策和政策选择。

第一，稳定经济增长，引导经济增长预期。首先，稳定经济增长是要保持适度的较快经济增速。刘树成（2012）认为 GDP 增速不能太低，一方面 GDP 是提高和改善人民生活的物质基础，适度的 GDP 增长才能保证人们的生产生活需要；另一方面 GDP 是财政收入的直接来源，经济结构调整、社会事业发展、社会保障都需要强有力的财政支持。此外，稳定经济增长、保持适度的较快增长还能为生产和销售、市场需求和就业营造良好的宏观经济氛围，优化经济结构的功能。其次，引导经济增长预期包括降低人民对高增长的依赖和引导人民对经济增长下移的容忍度。陈彦斌和姚一旻（2012）认为可以通过加快推进社会改革弥补社会建设领域的历史欠账，通过缩小贫富差距、扩大就业和促进再就业、完善社会基本公共服务体系和提高社会管理水平来维系社会稳定，降低社会对经济增速的依赖。另外，潜在经济增长率下移已经成为事实，有针对性的宣传和引导可以避免由现实经济增长率过快、过急的下落所引发的经济和社会的震荡。

第二，推进工业化、城镇化的纵深发展，挖掘中西部经济增长潜力。中国是一个地域辽阔、人口众多的国家，区域发展极不均衡，城乡差别巨大。东部发达地区已经达到或超过高收入国家的水平，如北京、上海、广东、江苏、浙江等地，而有的西部地区还未达到中等收入国家水平（2012 年贵州人均 GDP 为 1953 美元），而事实上当一国人均 GDP 达到 2000 美元后，经济往往能保持长时间的较高增长（如韩国在人均 GDP 超过 2000 美元后，保持了 11 年增速为 8.8% 的高增长）。虽然我国东部发达地区增速开始回落，但是我国城镇化还将继续，中西部地区的城镇化发展空间更大，城镇化的推进有助于城市基础建设水平的提高，能扩大城市发展空间，增加发展后劲，还能够促进人民生活水平提高，尤其是住和行的消费结构升级，强有力地拉动汽车、房地产市场的发展；此外，城镇化所带来的人口的不断聚集和持续增加，有利于企业获得劳动力，扩大生产规模，反过来又刺激城镇发展。除了城镇化外，东部发达地区的技术优势可以在我国经济的内部逐步转移，这也将刺激社会内部潜在需求的增长。此外，随着工业化和城镇化的纵深发展，中西部地区可以承接东部发达地区所引进的大量国外先进技术与管理经验，缩小城乡差距，加快西部地区的城镇化建设，逐渐使中西部地区成为我国经济增长的重要引擎。

第三，第二次人口红利的开发。劳动年龄人口增长快、比重高所带来的有利于劳动力供给和形成高储蓄率的人口结构优势已经开始逐步消失。针对这一问题，蔡昉（2010）认为我国还可以通过推进户籍制度改革和实施均等公共服务，从城市化领域继续开发第一次人口红利的另一半，让部分老龄人口成为稳定的劳动力供给、新增消费需求、城市基础设施建设需求、社会保障制度的贡献者。此外，蔡昉（2010）还认为，老年人口比重提高产生的储蓄动机和人力资本供给所带来的第二次人口红利有着巨大的开发潜力，可以通过制度的制定和选择来开发第二次人口红利，一方面可以通过加强老年人的就业培训和继续教育来提高人均资本水平，从而可以提高老龄人口的劳动参与率，并在适当条件下通过延缓退休来扩大劳动供给，减缓养老负担；另一方面，引导老龄人口对自己健康余寿的预期，从而激发他们的储蓄动机，保持高储蓄率。

第四，深化改革开放，奠定经济健康高质量发展的制度基础。改革开放所确定的经济制度使得我国经济收获颇丰。但随着时间的推移和社会的发展与进步，改革开放所带来的红利在逐渐消失，而出现不利于经济增长的弊端越来越多。我国改革开放和世界主要国家经济转型的经验证实，制度改革可以拓宽经济发展的空间，是现阶段转变经济发展方式的重要保障。因此，我们可以从以下几个方面进行努力。首先，通过对社会保障、城乡二元结构的变革，挖掘更多的“人口红利”和消费潜能；其次，理顺政府与市场关系，减少政府的直接干预和调控，释放经济增长动力；再次，通过制度改革降低市场准入条件，放松对垄断行业的控制，发展民营经济，在金融服务业、文化服务业等领域不仅可以发挥人民的创造力，而且能够创造出新的需求；最后，通过改革建立良好的市场竞争秩序，破除垄断，采用专利保护制度鼓励企业创新，发展和加强教育，提升人力资本，从而促进技术扩散与生产率提高。

综上所述，虽然我国经济基本面发生了一些变化，国内外经济环境依然复杂多变，但我国经济增长态势和前景还是值得乐观的。在经济政策方面要将短期稳增长和长期调结构相结合，继续实施积极的财政政策和稳健的货币政策，尤其要注意近期经济增长由“稳”变“热”和中长期供给的改善与提升，在延缓潜在经济增长下滑的同时，适时地加快我国经济转型和深化改革开放。

参考文献

Christiano, Lawrence J. and Terry J. Fitzgerald, "The Band Pass Filter," *International Economic Review* 44 (2003).

Comin, Diego and Mark Gertler, "Medium-Term Business Cycles," *American Economic Review* 96 (2006).

Eichengreen, B., Park, Donghyun and Shin, Kwanho, "When Fast-Growing Economies Slow Down: International Evidence and Implications for China," *Asian Economic Papers* 11 (2012).

Hall, Robert E., "The Long Slump," *American Economic Review* 101 (2011).

Unite Nation, "World Economic Situation and Prospects 2013," prerelease, December 26, 2012.

蔡昉：《中国经济面临的转折及其对发展和改革的挑战》，《中国社会科学》2007 年第 3 期。

蔡昉：《人口转变，人口红利与刘易斯转折点》，《经济研究》2010 年第 4 期。

陈彦斌、姚一旻：《中国经济增速放缓的原因、挑战与对策》，《中国人民大学学报》2012 年第 5 期。

国务院发展研究中心"中等收入陷阱问题研究"课题组：《中国经济潜在增长速度转折的时间窗口测算》，《发展研究》2012 年第 10 期。

江小涓：《中国开放三十年的回顾与展望》，《中国社会科学》2008 年第 6 期。

刘汉、刘金全：《中国宏观经济总量的实时预报与短期预测——基于混频数据预测模型的实证研究》，《经济研究》2011 年第 3 期。

刘世锦：《增长速度下台阶与发展方式转变》，《经济学动态》2011 年第 5 期。

刘树成：《不可忽视 GDP——当前中国经济走势分析》，《经济学动态》

2012 年第 7 期。

刘树成:《当前和未来五年中国宏观经济走势分析》,《中国流通经济》2013 年第 1 期。

卢中原:《经济增速适度放缓有利于推进经济转型》,《财贸经济》2012 年第 1 期。

世界银行和国务院发展研究中心联合课题组:《2030 年的中国:建设现代、和谐、有创造力的高收入社会》,会议报告,2013 年 2 月 27 日。

王天龙:《2013 年国际经济形势分析与我国宏观调控建议》,《宏观经济管理》2013 年第 1 期。

杨晓光、鲍勤:《2013 年中国经济形势展望》,《中国科学院院刊》2013 年第 1 期。

余斌:《中国经济前景与 2013 年展望》,《中国发展观察》2013 年第 1 期。

张立群:《中国经济开始进入转型背景下的中速增长期——2012 ~ 2013 年经济形势分析与展望》,《中国党政干部论坛》2013 年第 1 期。

张平、陆明涛:《中国经济从高速增长转向高效增长——展望 2013 年及后 5 年的中国经济》,《现代经济探讨》2013 年第 1 期。

“中国季度宏观经济模型”课题组:《2012 ~ 2013 年中国宏观经济再展望》,《厦门大学学报(哲学社会科学版)》2012 年第 6 期。

祝宝良:《当前经济形势分析》,《中国金融》2013 年第 1 期。

The Analysis and Prospect of China's Economic Growth Trend in 2013

Liu Jinquan Liu Han

Abstract: It has become consensus that the economic growth would be permanent structural slowdown, when we analysis the prospect of the medium and long-term economic growth in China. The reason would be the active macroeconomic control and the factor of economic cycle stage. China would have the ability to delay and postpone the time of this slump, and build a high quality and efficiency economic growth, although it is impossible to eliminate or avoid the inevitable slowdown. The Short-term economic growth in China has begun to stabilize and rebound, while it vulnerable to influence by the economic environment and policy of domestic and international. We argue the 2013 economic growth in China is expected to be maintained at around 8% , the quarterly economic growth trend would increase first and then decrease. And it would have a "soft expansion" trend, and take on an inverted "U" pattern.

Key Words: Economic Growth; Economic Policy; Economic Outlook

B.11
中国外贸发展大趋势

金柏松　刘建颖*

摘　要：

近年我国外贸形势呈现如下特点：进出口总体增速回落，贸易结构不断优化，贸易方式持续改善，贸易主体格局更趋合理，贸易伙伴多元化，中西部地区外贸快速增长。在新的全球贸易测算法下，我国与主要贸易伙伴的贸易差额被重新计算，结果显示，现行统计数据对差额存在夸大，贸易不平衡被过分炒作，因而我们呼吁贸易摩擦也该“停战”了。2013 年，全球经济发展环境将有所改善，弱势增长将转变为温和增长。我国外贸发展面临的外部环境将好于2012 年，预计 2013 年我国进出口贸易将增长 10% ~15%。

关键词：

贸易顺差　加工贸易　稳定复苏

一　近年我国外贸发展回顾[①]

（一）进出口总体增速回落

2010 ~2012 年，我国外贸进出口总值分别为 29727.6 亿美

---

* 金柏松、刘建颖，商务部研究院。

① 参考商务部研究院外贸研究所 2013 年 1 月 21 日“外贸形势分析与预测”报告。

元、36420.6亿美元、38667.6亿美元，同比增长34.7%、22.5%、6.2%。其中三年来我国出口分别达到15779.3亿美元、18986亿美元、20489.3亿美元，同比增长31.3%、20.3%、7.9%；三年来进口分别为13948.3亿美元、17434.6亿美元、18178.3亿美元，同比增长38.7%、25.0%、4.3%。三年来我国进出口贸易增长大幅收窄，主要是外部环境所致。三年来世界经济、贸易增速放缓，欧债危机持续发酵。从我国经济增长模式分析，三年来我国主动调整我国经济增长模式从外需依赖型向内需主导型转变。努力扩大内需，更多地依赖内需带动我国经济增长。我国主动调整的结果最明显的是三年来我国贸易顺差，分别为1831亿美元、1551.4亿美元、2311亿美元，同比分别增长-7.2%、-15.3%、49.0%，贸易顺差占国民经济比重稳定在4%的国际公认合理区间。与此同时，2010~2012年来我国外贸占全球市场份额逐年提升，说明我国调整外需的政策取得积极成果，即在保证进出口保持一定增速情况下，逐步实现平衡，经济增长逐渐转向以内需为主（见图1）。

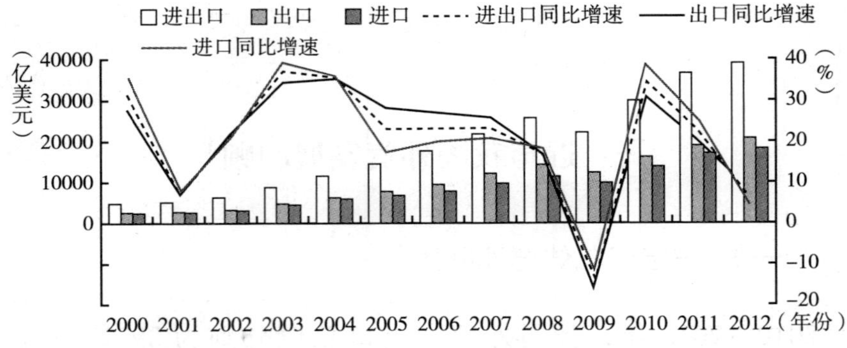

图1　2000~2012年中国年度进出口规模及同比增速

资料来源：根据历年《中国统计年鉴》整理。

（二）贸易结构继续优化

2010～2012年，我国机电产品出口分别为9334.3亿美元、10855.9亿美元、11794.2亿美元，同比增长30.9%、16.3%、8.6%，占同期外贸出口总值的59.2%、57.2%、57.6%。高新技术产品的出口增速分别为30.7%、11.5%、9.6%。2010～2012年，服装出口增速为20.9%、18.3%、3.9%，纺织品出口增速为28.4%、22.9%、1.2%，鞋类出口增速为27.1%、17.1%、12.2%（见图2）。

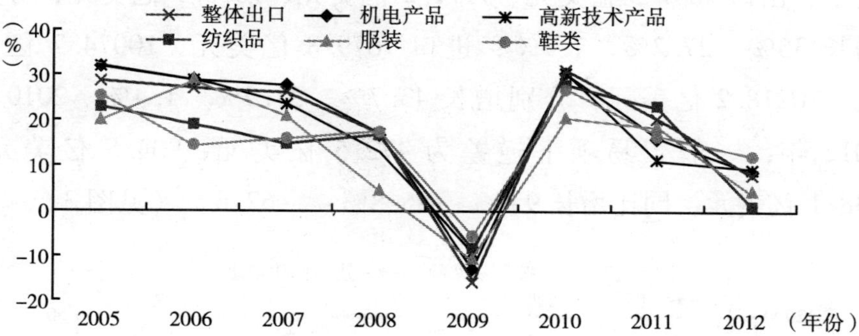

图2 2005年以来中国重点商品出口增速

资料来源：根据海关统计数据计算。

2010～2012年，我国铁矿砂进口6.2亿吨、6.9亿吨、7.4亿吨，同比分别增长－1.4%、11.3%、7.2%，进口均价每吨128.4美元、163.8美元、128.6美元，同比分别上涨60.6%、27.6%、－21.5%。大豆进口5480万吨、5264万吨、5838万吨，同比分别增长28.8%、－3.9%、10.9%，进口均价每吨457.7美元、566.8美元、599.3美元，上涨3.6%、23.8%、5.7%。机电产品进口6603.1亿美元、7532.9亿美元、7823.8亿美元，同比分别增长

34.4%、14.1%、3.9%。汽车进口81万辆、103.6万辆、113万辆，同比分别增长93.4%、27.9%、9.1%。2012年，国际市场部分大宗商品价格走低，我国能源、原材料等初级产品进口整体呈“量增价跌”态势。

（三）贸易方式持续改善

2010～2012年，我国一般贸易进出口值分别为14887.1亿美元、19245.9亿美元、20098.3亿美元，同比分别增长39.9%、29.3%、4.4%，分别占同期外贸总值的50.1%、52.8%、52.0%。其中，出口7207.3亿美元、9171.2亿美元、9880.1亿美元，分别增长36%、27.2%、7.7%；进口7679.8亿美元、10074.7亿美元、10218.2亿美元，分别增长43.7%、31.2%、1.4%。2010～2012年，一般贸易项下逆差为472.5亿美元、903.5亿美元、338.1亿美元，同比增长950%、85.8%、－62.6%（见图3）。

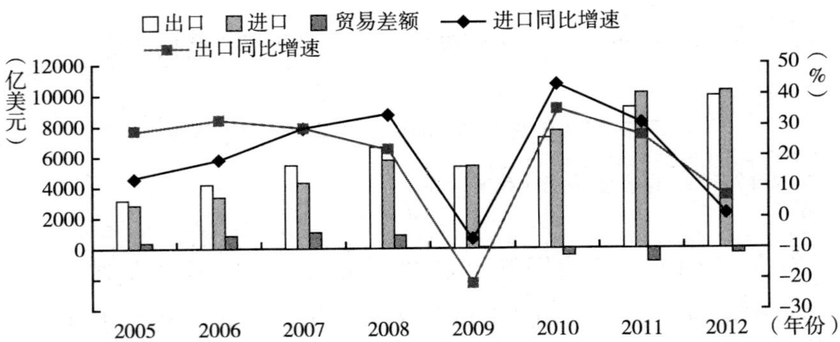

图3　2005年以来中国年度一般贸易规模及同比增速

资料来源：历年海关统计。

2010～2012年，我国加工贸易进出口值分别为11577.6亿美元、13052.1亿美元、13439.5亿美元，同比分别增长27.3%、

12.7%、3.0%。其中出口分别为7403.3亿美元、8354.2亿美元、8627.8亿美元，同比分别增长26.2%、12.8%、3.3%；进口分别为4174.3亿美元、4697.9亿美元、4811.7亿美元，同比分别增长29.5%、12.5%、2.4%。2010~2012年，加工贸易项下顺差分别为3229亿美元、3656.3亿美元、3816.1亿美元，同比分别增长22.2%、13.2%和4.4%（见图4、图5），是同期总体顺差规模的1.76倍、2.36倍、1.65倍。

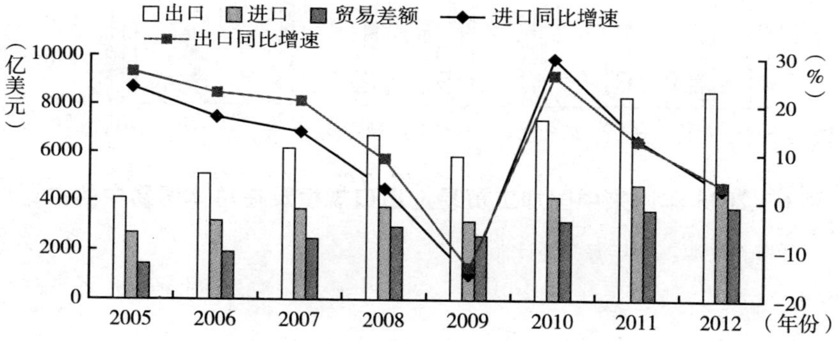

图4　2005年以来中国年度加工贸易规模及同比增速

资料来源：历年海关统计。

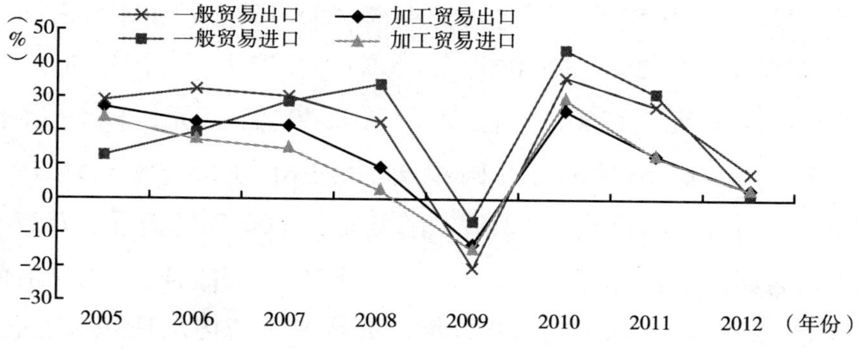

图5　2005年以来中国一般贸易和加工贸易进出口增速

资料来源：历年海关统计。

由于加工贸易属于附加价值较低的贸易方式，故加工贸易占比降低意味着我国对外贸易方式改善。如图6所示，2005年以来，我国加工贸易占比呈现逐年下降趋势。

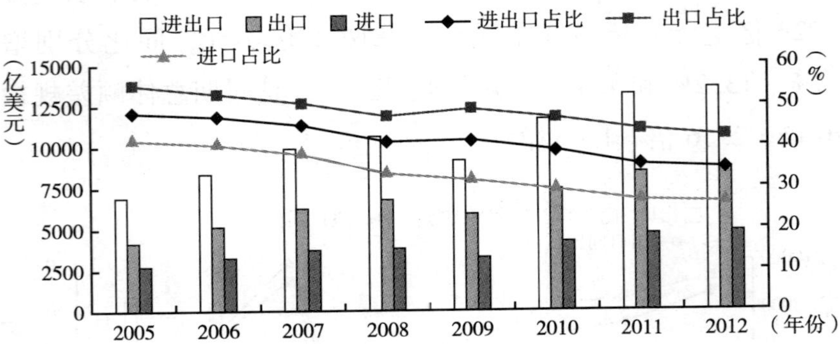

图6　2005年以来中国加工贸易进出口规模及在总体贸易中的占比

资料来源：历年海关统计。

（四）贸易主体格局更趋合理

2010～2012年，民营企业进出口7505.4亿美元、10212.8亿美元、12210.6亿美元，同比增长47%、36.1%、19.6%，占同期外贸总值的25.2%、28.0%、31.6%。外商投资企业进出口16003.1亿美元、18601.6亿美元、18940亿美元，同比增长31.4%、16.2%、1.8%，占同期外贸总值的53.8%、51.1%、49.0%。国有企业进出口6219.2亿美元、7606.2亿美元、7517.1亿美元，同比增长29.7%、22.3%、－1.2%，占同期外贸总值的20.9%、20.9%、19.4%。2012年，贸易主体结构出现积极变化，外商投资企业占比首次低于50%，而民营企业占比大幅提升，超过国有企业12.2个百分点（见图7、图8）。

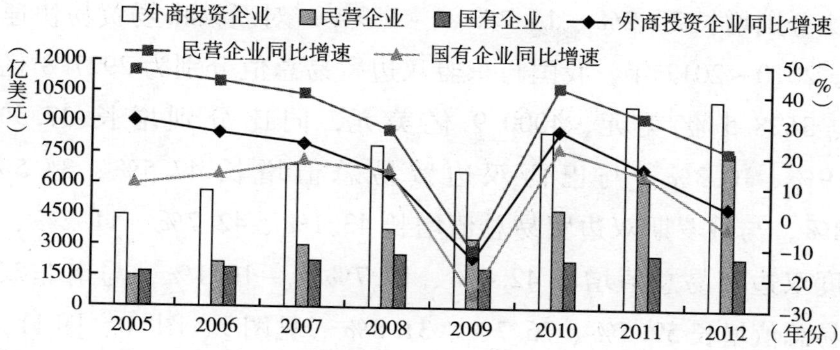

图7　2005年以来中国各类企业年度出口规模及同比增速

资料来源：历年海关统计。

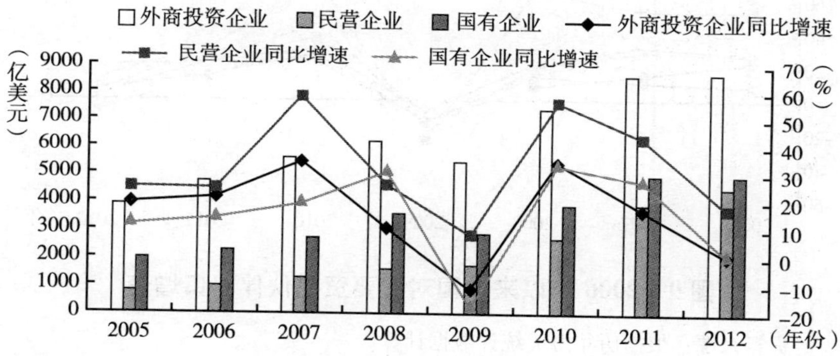

图8　2005年以来中国各类企业年度进口规模及同比增速

资料来源：历年海关统计。

（五）贸易伙伴多元化

2010～2012年，中欧双边贸易总值分别为4797.1亿美元、5672.1亿美元、5460.4亿美元，同比分别增长31.8%、18.2%、-3.7%；中美双边贸易总值3853.4亿美元、4466.5亿美元、4846.8亿美元，同比分别增长29.2%、15.9%、8.5%；中日双边贸易总值分别为2977.7亿美元、3428.9亿美元、3294.5亿美元，同比分别增长30.2%、15.2%、-3.9%。对新兴市场贸易快速增长。2010~2012年，我国与东盟双边贸易总值分别为2927.8亿美元、3628.5亿美元、4000.9亿美元，同比分别增长37.5%、23.9%、10.3%。与巴西双边贸易总值增长47.5%、34.5%、1.8%，与俄罗斯双边贸易总值增长43.1%、42.7%、11.2%，与印度双边贸易总值增长42.4%、19.7%、-10.1%，与南非双边贸易总值增长59.5%、76.7%、31.8%（见图9、图10、图11）。

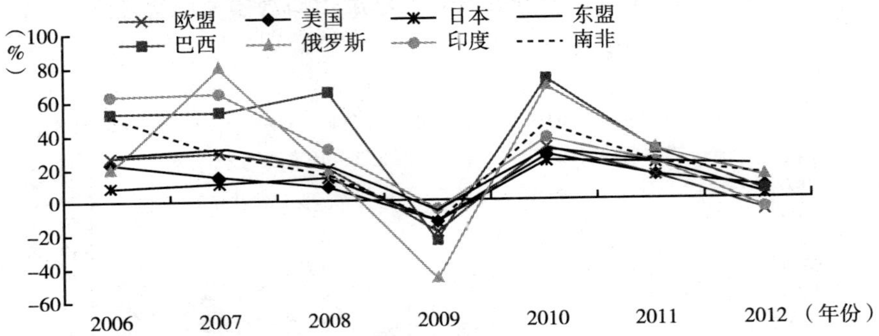

图9　2006年以来中国对主要贸易伙伴出口增速

资料来源：根据历年海关统计数据计算。

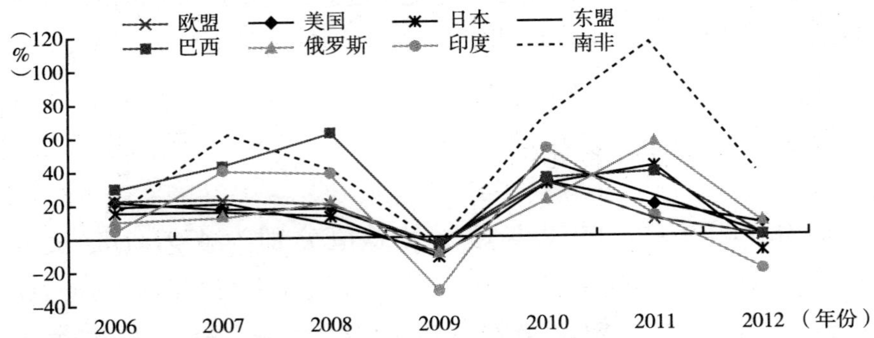

图10　2006年以来中国自主要贸易伙伴进口增速

资料来源：根据历年海关统计数据计算。

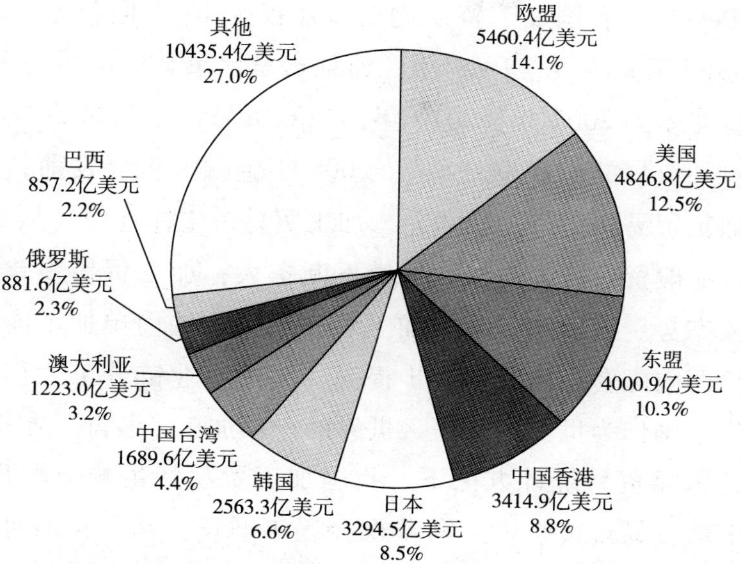

图 11　2012 年中国与前十大贸易伙伴贸易额及占比

资料来源：根据海关统计数据计算。

（六）中西部地区外贸快速增长

2010～2012 年，广东、江苏、上海、北京、浙江、山东、福建等七省市进出口值合计占我国外贸总值的 83.2%、81.5%、79.9%。2011 年，中西部地区出口增速明显高于全国同期总体出口增速，其中，重庆、河南、贵州和江西等省市的出口增速分别为 160%、82.7%、55.5% 和 63.1%。2012 年，重庆、安徽、河南和四川等中西部省市的出口增速分别为 94.5%、56.6%、54.3% 和 32.5%。贸易区域布局更趋合理，中西部地区对外贸发展作出的贡献较大。

二　对我国加工贸易顺差的认识

改革开放以来，我国加工贸易迅速发展，所占比重也急剧增加。1980 年，我国加工贸易进出口额仅为 16.7 亿美元，2012 年已达 1.34 万亿美元。1994 年，加工贸易比重首次超过一般贸易，并一直持续到 2007 年。2010 年，一般贸易比重超过 50%，重新占据对外贸易的“半壁江山”。2008 年金融危机爆发前，一般贸易、加工贸易均保持高额顺差，加工贸易占主体地位。从 2009 年开始，一般贸易转为逆差，规模不断扩大；加工贸易顺差也呈持续扩大态势。这反映了我国加工贸易从过去的简单加工向深加工发展，国内配套、增值率逐步提高。国际产业链分工大行其道形势下，中国作为世界的工厂，世界的产品加工、装配、制造基地，在现行国际贸易统计方法下，我国加工贸易产生顺差顺理成章。而且随着贸易规模扩大，顺差也会逐年增长。其实我国对加工贸易业务管理是全世界最优惠的方式，对企业几乎没有征税，顺差基本就是我国厂房租金、劳动力给外企打工所得、地方收取的一定的管理费。所以从很大程度上看，加工贸易顺差就是我国服务贸易出口。

这是对内分析，对外来讲，加工贸易顺差一直是我国外贸顺差的主要来源，我国加工贸易主要出口市场是美国、欧盟、中国香港和日本，进口市场主要是韩国、中国台湾、中国香港、东盟、日本及美欧。在这个复杂的分工体系下，日美欧企业是我国加工贸易企业和国际产业链的经营管理者。这些日美欧企业在本部经营研发、设计、制造核心零部件，从韩国、新加坡、中国香港、中国台湾的企业采购中间产品，最终将所有零部件、设备经过多次跨境，汇集到中国某家加工贸易企业，进行加工、组装，然后出口。显然，中国加工贸易出口存在重复计算。

不仅如此，日美欧企业作为经营管理者，有权决定产业链各个环节加工度和分配各个环节收益多寡。日美欧企业作为掌控者，当然获取的附加价值最多，韩国、新加坡、中国香港、中国台湾的企业获益其次，我国加工贸易企业获益最少。但按照现行统计方法，全部计算在我国加工贸易出口。显然，即使是各国家、地区加工贸易附加价值也重复计算在我国境内。加工贸易出口额、附加价值额的叠加、重复计算是造成我国加工贸易顺差的主要原因。

2013 年 1 月 16 日，经合组织与世贸组织发布全球贸易新测算法，并启动新增值贸易数据库。依据传统计算方法，货物和服务每跨过一次国界都要被重新计算。随着国际分工的迅速发展，一件产品在制造过程中会多次跨越国界，因而被重复统计在国际贸易数据中。新测算法对商品在不同国家生产过程中的附加值进行跟踪，计算时仅考虑一国出口货物中的国内附加值部分，避免了重复计算。依据新测算，2009 年中国对美国的贸易顺差从 1763.37 亿美元降至 1312.3 亿美元，减少了 25.6%。在新的全球贸易测算法下，我国与主要贸易伙伴的贸易顺差应该被重新计算。因此，美欧国家以现行统计方法统计出的贸易顺差为由，要求人民币升值，大搞贸易摩擦战也应该偃旗息鼓了。

三　2013 年我国外贸发展环境

（一）世界经济复苏态势将由弱势渐趋温和

2012 年，全球经济整体低迷中出现增速分化。美国经济表现出一定韧性，经历了短暂低迷、欧债危机及“财政悬崖”冲击后，仍保持复苏态势。欧洲经济则节节走低，整体陷入衰退。日本经济在短暂复苏后再次失速。新兴市场经济也有所动荡、下滑。

2013 年全球经济发展环境将有所改善，弱势增长的态势将转为温和复苏。根据国际货币基金组织（IMF）2012 年 10 月发布的《世界经济前景展望》，2012 年、2013 年全球经济增长率分别为 3.3% 和 3.6%。

1. 世界经济先行指数趋于乐观

2013 年 2 月 JP Morgan 全球制造业采购经理人指数（PMI）为 50.8%，为六个月来首次回落，但已连续三个月处于扩张区域，显示全球经济依然维持弱势复苏趋势。但发达经济体复苏存在差距。美国 2013 年 2 月 ISM 制造业 PMI 从 1 月的 53.1% 升至 54.2%，创 2011 年 6 月以来新高，已连续三个月高于荣枯分界线 50%。欧元区 2013 年 2 月 PMI 为 47.9%，与 1 月持平，制造业收缩幅度有所放缓，但已连续 19 个月低于 50%。日本 2 月经季调后 Markit/JMMA 制造业 PMI 由 1 月的 47.7% 升至 48.5%，低于 50%，显示日本制造业有改善迹象，即将进入复苏的通道。

2. 美国经济持续缓慢复苏

2013 年 2 月，美国非农业部门失业率降至 7.7%，为四年来最低。就业人数新增 23.6 万，大大超过市场预期。美国 2012 年第四季度国内生产总值（GDP）按年率计算负增长 0.1%，为 2009 年第二季度美国经济结束衰退以来首次出现季度负增长。2012 年美国经济增长 2.2%（初值），好于 2011 年 1.8% 的增速水平。2012 年第四季度美国固定资产投资已结束五个季度的下降，开始大幅回升，其中设备软件投资、住宅投资分别增至 11.3% 和 17.5%。房地产销售复苏带动的住宅投资大幅扩张，成为经济增长的重要动力。总体来看，美国经济仍有些偏弱，2013 年上半年还面临一些不确定因素，美国财政赤字提高上限延期至 5 月 19 日或将导致“财政悬崖”问题爆发，会削弱其经济复苏的动力。基于以上分析，2013 年美国经济将增长 2.6%。

3. 欧元区经济远未摆脱衰退

欧元区2012年第四季度实际GDP季环比收缩0.6%，其中德国环比收缩0.6%，法国0.3%，意大利0.9%，葡萄牙1.8%。欧元区失业率高企，西班牙25岁以下年轻人失业率55.6%，希腊年轻人失业率57.6%，意大利、葡萄牙与爱尔兰分别达36.6%、38.3%与30.2%。因就业人口较少，支撑经济发展的动力明显不足，社会动荡可能引发政局不稳。经济减速的同时，欧元区债务负担反而会加重。如今法国减赤压力巨大，财政面临紧缩；意大利政局混乱，债务重组方案能否顺利实施存在疑问；西班牙财政、金融改革还无法深化。日前，欧盟下调了2013年欧元区经济增长预测，认为由于企业和家庭信贷条件紧张、失业率高企以及投资冻结等原因，欧元区2013年上半期无法实现增长，下半年还需视情况做出判断。不过世界经济持续复苏将有利于欧洲经济走出衰退。2013年欧元区全年经济增长大致为零。

4. 日本经济“疲软+通缩”格局有望得到改善

金融危机后，日本经济出现轻度衰退，2010年在我国经济带动下有所恢复，2011年大地震，2012年与我国关系处理不当，又陷入衰退，2012年第四季度实际GDP环比年率0.2%，结束2个季度收缩。预计2012年度日本经济增长1%。物价方面，长期以来，日本消费物价指数（CPI）与核心CPI当月同比几乎都是负值。2013年1月，日本CPI最新数据显示同比还是降0.3%，核心CPI同比降0.7%。须知这是在日本新任首相上台三个月一直实施激进宽松政策情况下，日本通缩尚未出现改善迹象，表明日本要实现2%的通胀目标，路途漫漫。但日本股市自安倍竞选纲领中有关此刺激经济复苏措施曝光以来已经上涨了20%，带动了人气，增强了信心。同时日本将于2014年提高消费税率，估计2013年日本个人消费表现将好于往年，特别是长年沉寂的住宅销售终于开始回升，企业投资也均有回升，显示未来经济复苏前景出现较好的趋势。预计2013年度日本经济增长2.6%。

5. 主要新兴经济体恢复有快有慢

2012年第三季度以来，韩国、中国台湾、印度、巴西等主要新兴经济体实际GDP呈复苏迹象。其中，中国台湾、巴西第四季度GDP季环比增速明显改善，韩国企稳回升，印度略显缓慢。从支撑各国经济增长的动力看，工业产出的环比动量略显不足，出口状况尚不稳定，预计短期内仍以缓慢恢复为主。2013年1月，韩国、中国台湾贸易顺差大幅下降，巴西由顺差转为逆差，印度贸易逆差扩大。2月韩国贸易顺差再次扩大，巴西逆差有所收窄，反映新兴经济体依然保有一定的增长动力。

6. 全球通胀稳中略降，宽松货币环境有望维持

2013年初以来，全球主要经济体通胀总体平稳，略有下降。各国普遍处于危机后的调整期，经济增长动力不足，物价水平还在下行趋势。目前国际大宗商品价格持续下跌，预计未来1~2个季度，将呈现温和状态。考虑到全球经济弱势复苏至下半年将趋于稳定温和，下半年全球物价有可能止跌，逐步出现回升态势。而美国自动减支以及债务上限问题随着经济复苏而淡化，美国量化宽松政策有可能适当减弱，2014年有可能结束。欧债危机尚未解除、日本新一轮宽松政策才刚实施不久，预计欧盟、日本宽松货币政策仍将持续较长一段时间。宽松的货币政策将支撑物价维持在一定水平。

（二）2013年中国经济增长强调质量

2012年，我国GDP增长7.8%，工业增加值增长10%，固定资产投资增长20.6%，社会消费品零售总额增长14.3%。我国经济已实现软着陆，低谷时期已过。2013年我国政府工作报告中确定全年GDP目标增速为7.5%，与2012年持平，也与“十二五”规划年均7%的目标增速基本一致。报告强调，经济要保持合理增速，为增加就业、改善民生提供必要条件，为转方式、调结构创造稳定环境。CPI预期目标为3.5%，2012年为2.6%。社会消费品零售总额目标增速14.5%，高于2012年增速14.3%。但考虑到物价因素，2013年预期通胀率3.5%，则预期社会零售商品总额实际增长也许在11.0%，这比2012年社会平均总额扣除物价因素增长11.8%有所调低。全社会固定资产投资目标增速18.0%，比2012年目标增速高2个百分点，表明政府安排投资增速的力度有所加大。考虑到结构性减税与保障性支出增长，2013年我国财政赤字大幅上调，总规模至1.2万亿元，创2009年以来最高纪录。广义货币M2目标增速较2012年小幅回落1个百分点至13%。从各项指标情况看，2013年我国经济工作重心将集中于加快转变经济发展方式和调整经济结构，提高经济增长的质量和效益，继续发展城镇化、信息化、工业化和农业现代化。IMF等机构普遍预计2013年中国经济增长将快于2012年。

四　2013年我国外贸形势展望

展望2013年，我国外贸发展面临的内外部环境将略好于2012年，世界经济弱势复苏将转变为温和复苏。2013年我国经济增长预计也将快于2012年。

我国对外贸易以往保持30多年高增长可能已触及“上限”，这意味着我国出口高速增长传统模式的黄金期已过。中长期看，出口增速上升空间有限，将在中速水平企稳。因为以往我国外贸增长多是承接发达国家的产业转移、订单转移。2013 年，美欧等发达国家私人与公共部门在调整平衡过程中，主要就是调整贸易逆差。相应地，发达国家也将致力于恢复和发展本国制造业。国际制造业向我国产业转移少了，订单少了，我国出口增速也将随之放慢。我国出口竞争力也随着各项费用的增加而减弱，新的竞争优势还没形成，也会影响我国外贸增长达不到以往高速度。

2013 年我国经济增长将快于 2012 年，进口需求也会有所增加，但同样达不到以往高速增长的水平。随着我国加快调整经济结构、转变经济发展模式，我国经济将更多地依靠内需拉动，外贸依存度或将进一步降低。

综合考虑各方面因素，预计 2013 年我国进出口总额将达到约 4.315 万亿美元，同比增长 11.6%。其中，出口总额约 2.295 万亿美元，增长 12%；进口总额约 2.020 万亿美元，增长 11%；贸易顺差约 2750 亿美元，仍然处于平衡区间。

五　政策建议

当前，我国仍处于国际产业分工体系的中低端，比较优势仍主要集中于劳动密集型产品和资金密集、技术密集型产品的劳动密集加工环节。下一步我国转变经济发展模式的潜力空间较大，后发优势还比较突出，我们应有针对性地帮助企业克服困难，增强信心，培育外贸竞争新优势，实现产业转型升级，才能保持外贸稳定增长。

（1）进一步发挥宏观政策的调节作用。继续实施积极的财政政策和稳健的货币政策，保持合理的社会融资规模，加大金融对实体经济的支持力度，增强经济增长的活力与动力，保证有效益、有质量、可持续的增长。

（2）保持人民币汇率基本稳定，推动人民币在贸易项下国际结算中可以自由使用的范围。

（3）促进贸易投资便利化。我国进出口贸易相关手续繁杂，耗费时间多，暗箱操作、谋利操作、腐败操作加大了我国企业的经营外贸成本，严重削弱了国际竞争力。按照国际经验，凡是自动化、简化、模式化办理各种进出口手续，至少可以节省企业10% ~15%成本，将显著提高效率和竞争力。

（4）针对世界经济存在不确定性和债务风险，我国应该做好政策储备。一旦发生危机，我国对外贸易发展受阻，预先制定的储备政策也便于及时出台。根据实际情况出台有利于大企业兼并重组、合并中小企业的政策；出台防止中小企业大批倒闭、突然增加大量失业的对策；出台加大对大企业出口信贷规模和允许大企业转贷给中小企业，由大企业管控中小企业信贷风险的政策；创新商业模式，鼓励我国对外承包工程企业扩大出口，发展成套设备出口，政策上应该扶植一批承包带动出口企业；探索进一步对外开放的方式方法，如可在条件成熟的中西部地区探索开设保税园区，优先发展中西部物流现代化体系，整治物流体系腐败收费等。

（5）完善互利共赢、多元平衡、安全高效的开放型经济体系，提高利用外资综合优势的能力和总体效益，加快“走出去”步伐，以吸引外资和对外投资双动力带动我国进出口贸易增长，提高抵御国际经济风险的能力。

（6）继续加大外贸转型升级支持力度。对制造业企业而言，就是提高加工度，提高国产化率，提高出口产品附加价值。

（7）鼓励大企业发展国际渠道，建立全球营销体系，以自有渠道扩大出口，以自有渠道培育自主品牌出口，以自有渠道投放自主研发新产品，实现由“中国制造”向“中国创造”转变。

（8）积极适应国际市场变化，主动发展低碳贸易。密切跟踪和研究发达国家低碳贸易政策，引导外贸企业顺应形势，积极发展绿色低碳产品，鼓励节能环保产品进出口。

（9）积极开展区域、次区域合作，签署双边贸易协议，以自贸区协议扩大我国贸易发展的国际空间，特别是挖掘我国与南美洲国家发展贸易的潜力。

The Grand Trend of China's Foreign Trade

Jin Baisong　Liu Jianying

Abstract: In recent years, China's foreign trade situation shows the following characteristics: the overall growth rate of import and export trade has declined, the trade structure has been optimized continuously, the trade pattern keeps improving, the main body of trade becomes more reasonable, trading partners are diversified, and the foreign trade in the midwest China grows quickly. In the new global trade measurement system, the trade balances between China and its major trading partners are recalculated, and the results show that the existing statistical data has exaggerated the balances. The trade imbalances have been overstated and the trade frictions should be ended. In 2013, the global economic situation will be improved and weak growth will turn into moderate growth. The external environment that China's foreign trade facing will be better than 2012. Preliminary estimates suggest that China's foreign trade should grow by 10% ~15% in 2013.

Key Words: Trade Surplus; Processing Trade; Stable Recovery

B.12

中国金融稳定性、金融压力状态分析与预测*

陈守东　王妍**

摘　要：

本文度量并评价了我国金融系统的稳定性状态，对金融稳定性的周期性特征进行了分析；通过选取金融变量合成中国金融压力指数，采用马尔科夫区制转移模型分析了当前我国金融压力的状态，并进一步对2013年中国金融压力进行了预测。2012年我国金融系统处于稳定的区制状态下，2012年金融压力逐渐下降，转移到了中低压力区制状态。预测表明，2013年我国金融压力将出现缓慢回升，由低压力区制向中压力区制转移，但是仍然会处于中压力区制的均值以下。

关键词：

金融稳定　金融压力　宏观经济

一　引言

国际金融危机爆发以来，金融稳定性及其与经济的关联性受到监

* 本项目受教育部人文社科重点研究基地重大项目（2009JJD790015）、国家社科基金重大项目（10ZD&010）、国家社科基金项目（12BJY158）资助。

** 陈守东，吉林大学商学院教授，博士生导师，研究方向：金融计量分析，王妍，吉林大学商学院博士研究生，研究方向：金融计量分析。

管部门和学术界的广泛关注。2011 年以来，随着民间金融的迅速发展，我国不少地区高利贷、非法集资案件频发，在当前经济运行形势变化和房地产市场调整等各项调控政策出台的背景下，维持金融系统稳定性、防范系统性金融风险的发生已经成为各级政府主要关心的议题。2012 年中央经济工作会议明确提出，“要高度重视财政金融领域存在的风险隐患，坚决守住不发生系统性和区域性金融风险的底线”。

金融系统具有内在的不稳定性或脆弱性（Minsky，1982），这种不稳定性具有周期性变化特征，当金融不稳定状态积聚到一定程度并受到金融系统内部或外部宏观经济冲击后，就会对金融系统产生压力，压力持续扩大会导致金融机构破产、金融市场崩溃以及一系列连锁反应，最终导致系统性的金融风险以及金融危机的发生。系统性的金融风险会威胁到整个金融系统，导致金融体系的功能丧失，并会对实体经济造成强烈的负面影响。因此，迫切需要建立一系列的风险预防、监测和管理措施，有效地度量和监控金融系统内的风险，防止单一机构、市场的风险或者区域性的风险演变扩散成系统性的金融风险。

本文首先采用状态空间模型得到反映我国金融系统不稳定状态的不可观测变量，分析近年来我国金融系统的稳定性及其特征。其次，通过选取压力变量，合成代表我国金融系统压力状态的指数，并进一步分析当前我国金融系统的压力状态，并对 2013 年我国的金融压力进行预测。

二　金融稳定性

（一）理论基础与模型方法

根据 Minsky 的“金融不稳定性假说”，以及 Bernanke（1986）的金融系统放大经济周期波动的金融加速器理论，我们认为金融系统具有内在的周期性变化特征，当处于投资繁荣时期，金融机构对未来持续看好并且基于自身盈利的动机，往往会增加信贷量，放松信贷条件，这种宽松的信贷环境将进一步刺激投资，并且导致资本资产的价格不断攀升，金融不稳定性状态积聚；当这种金融不稳定性达到一定状态，并且没有得到人为干预或自动的风险释放，就会导致金融危机的发生，而在金融危机发生后或金融风险得到释放后，金融系统将处于较稳定的状态，与这种状态相伴的是投资的相对不繁荣。金融系统作为经济系统的重要子系统，其中的许多金融变量的变化具有同步性，这些变量的同步变动可能受一个共同的潜在不可观测变量的影响，这个共同的变量可以代表整个金融系统内在的稳定或不稳定的状态。因此，我们将 Stock 和 Watson（1991）的同步经济指标的动态因子模型应用到金融系统中，并且根据“金融不稳定性假说”，认为金融系统的不稳定性具有明显的两区制状态，即在投资繁荣期的金融不稳定性和投资不繁荣期的金融稳定性。通过对金融变量建立带马尔科夫区制转移的状态空间模型，得到能够反映我国金融系统不稳定状态的潜在不可观测的共同因子 $fisi$ 。

在投资繁荣期，金融信贷发行量快速增长，资本资产价格高涨，通货膨胀等现象普遍存在，而在投资相对不繁荣期或低迷期往往相反，也就是说这些金融变量变动在一定程度上可以反映金融系统的不稳定状态，并且具有较高的同步性，因此我们选择以下金融变量作为月度同步金融变量指标，包括金融机构各项贷款（*CREDIT*）、房地产价格（*REALESTATE*）、股票市场流通市值（*STOCK*）以及居民消费物价指数（*CPI*）。[①] 我们对各金融变量进

① 房地产价格序列通过月度商品房销售额除以商品房销售面积得到；使用流通市值而不是股票价格指标，是因为股票价格受本身特有因素的影响强烈；居民消费价格指数以 2002 年 12 月为基期 100，由环比数据推算得到。

行了对数一阶差分，使用的样本区间为 2002 年 1 月 ~ 2012 年 12 月，数据来源于中经网数据库，数据的处理和模型的估计通过 RATS 8.0 软件完成。

（二）金融不稳定状态共同因子

我们首先分析选取的四个同步金融变量的同期相关关系。结果显示，变量的同期相关关系都在 90% 以上，进一步对变量的交叉相关性分析表明，这些变量超前滞后 12 个月的相关关系仍然很强，说明这四个金融变量的变化具有很高的同步性，结果见表 1。

表 1　变量同期相关关系

变量	*CREDIT*	*REALESTATE*	*STOCK*	*CPI*
CREDIT	1.0000	—	—	—
REALESTATE	0.9664	1.0000	—	—
STOCK	0.9500	0.9293	1.0000	—
CPI	0.9655	0.9624	0.9198	1.0000

按照 Kim（1994）给出的马尔科夫区制转移状态空间模型的基本滤波和平滑算法以及未知参数的最大似然估计方法，通过 RATS 编程估计我们所建立的金融变量动态因子模型（Kim，1994），模型的参数估计结果见表 2。

参数估计结果显示，除了变量 *REALESTATE* 因子系数 γ_2，变量 *CREDIT* 的特定成分一阶滞后系数 ψ_1 以及变量 *STOCK* 的特定成分一阶滞后系数 ψ_3 不太显著外，其余变量基本有很高的显著性水平。各同步金融变量受金融不稳定性的影响系数 $\gamma_i(i = 1,2,3,40)$ 均为正，说明金融不稳定性越强，这些金融变量的变化就越剧烈。金融机构国内信贷受到金融不稳定性的影响系数 $\gamma_1 = 0.2398$ 显著

表 2 马尔科夫区制转移动态因子模型参数估计结果

变量	估计系数	标准差	t - 统计量	显著性
γ_1	0.2398	0.0968	2.4756	0.0133
γ_2	0.0229	0.0266	0.8605	0.3895
γ_3	0.0751	0.0440	1.7061	0.0880
γ_{40}	0.0588	0.0394	1.4933	0.1354
γ_{41}	0.1337	0.0659	2.0286	0.0425
γ_{42}	-0.2476	0.1037	-2.3868	0.0170
ψ_1	-0.1013	0.1150	-0.8803	0.3787
ψ_2	-0.3280	0.0724	-4.5308	0.0000
ψ_3	0.0614	0.0899	0.6830	0.4946
ψ_4	0.3933	0.0981	4.0087	0.0001
σ_1^2	0.4482	0.0746	6.0044	0.0000
σ_2^2	0.8760	0.1039	8.4304	0.0000
σ_3^2	0.9304	0.1115	8.3451	0.0000
σ_4^2	0.5730	0.1003	5.7134	0.0000
φ_1	0.3957	0.0915	4.3235	0.0000
φ_2	0.2148	0.0830	2.5884	0.0096
μ_{S_1}	7.4697	2.8494	2.6215	0.0088
μ_{S_2}	-0.5925	0.2788	-2.1250	0.0336
p	0.3055	0.2541	1.2024	0.2292
q	0.9435	0.1467	6.4297	0.0000

性水平为0.0133，可见其受金融不稳定性的影响最大并且最显著。具有两区制截距马尔科夫区制转移的共同因子 $fisi_t$ 的截距项分别为7.4697 和 -0.5925，并且均在5%的显著性水平下显著。转移概率 p 和 q 分别为0.3055 和0.9378。由估计结果可见，金融变量的变化受金融不稳定性的影响较显著，并且国内信贷受到的影响最强烈，我国的金融不稳定性具有明显的两区制状态，即我们定义的投资繁荣期的金融不稳定状态和投资不繁荣期的金融稳定状态，金融系统在投资不繁荣期的持续时间（约 18 个月）要明显的大于投资繁荣期（约 1.4 个月），也就是说我国金融系统在金融不稳定状态下很

容易风险爆发或消除，转移到金融稳定状态，而一旦位于金融稳定状态则持续的时间会较长。

图 1 给出了通过建立的马尔科夫区制转移状态空间模型所得到的潜在不可观测的状态变量，即本文的金融不稳定性状态因子 *fisi*。图 2 和图 3 分别是投资繁荣期和投资不繁荣期共同因子的滤波概率。图 1 可见，我国金融系统的稳定性具有明显的两区制特征，并且金融稳定性具有周期性循环特征，这与 Minsky 的“金融脆弱性假说”相吻合。在 2008 年以前金融不稳定状态因子 *fisi* 的波动幅度基本一致，但是 2008 年以后，我国金融系统的不稳定性快速积聚，并达到一个历史的最高点，以后逐渐下降，2010 年至今持续处于金融较稳定的状态。这与我国实际情况十分吻合，自 2008 年国际金融危机爆发，并持续影响我国经济后，国家开始实施一系列刺激经济的办法，包括“四万亿投资计划”，以及持续宽松的货币政策，这些措施导致我国金融不稳定性在 2009 年快速积聚，而 2010 年以来的稳健的货币政策有效地防止了这种金融不稳定状态的继续攀升，化解了潜在的风险，避免了大范围金融经济危机的产生，而这种相对稳定的状态一直持续至今。从图 2 和图 3 的滤波概率图可以进一步看出，在 2008 年的国际金融危机爆发之前，我国的金融系统周期性地处于不稳定的状态，2009 年出现了非常明显的金融不稳定状态，而 2010 年至今我国金融系统的金融稳定性较高，并且同样可以看出，我国金融系统在稳定状态下的持续时间要明显长于投资繁荣期的金融不稳定状态。我们认为，2008 年之前的周期性金融不稳定状态主要是由金融系统本身固有的内在周期性变化特征决定的，而 2009 年的异常不稳定主要源于刺激经济的各项措施。也就是说，我国金融系统的不稳定状态具有内在的周期性，并且这种周期性的波动幅度会受到各项财政、货币政策的影

响，只要能在金融不稳定状态积聚到一定程度之前有效地释放风险，这种金融不稳定性就可以转移到金融稳定的状态。

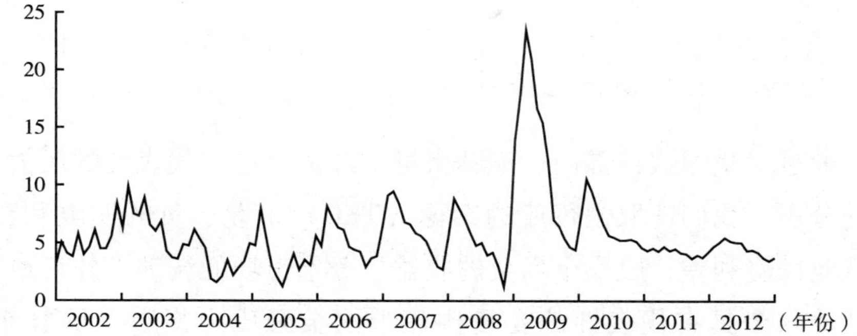

图 1　共同因子 *fisi*

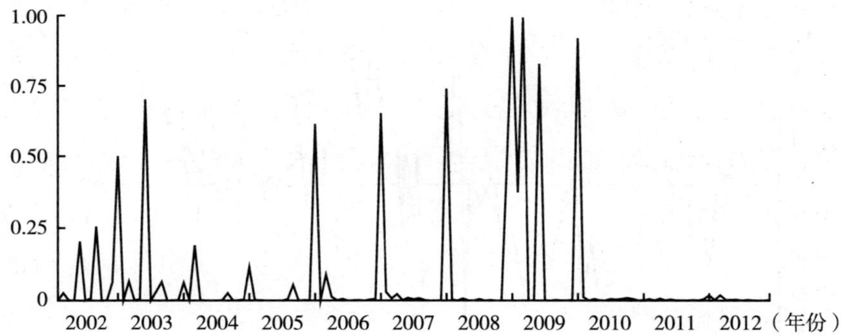

图 2　投资繁荣期 *fisi* 滤波概率

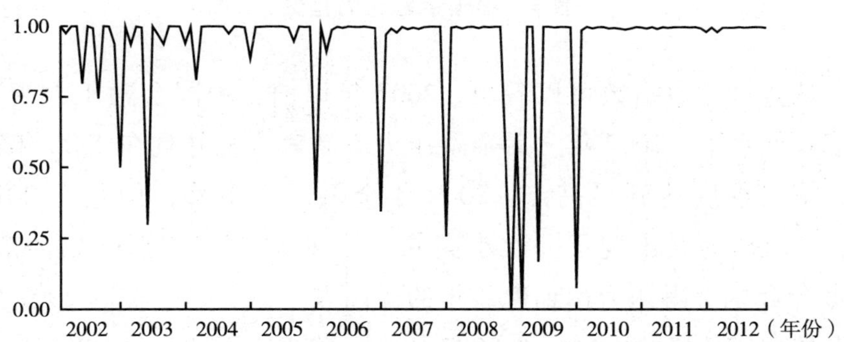

图 3　投资不繁荣期 *fisi* 滤波概率

三　中国金融压力分析与预测

（一）中国金融压力指数

通过对我国银行部门、证券市场、外汇市场有代表性的压力变量的分析，我们选取银行业的泰德（TED）价差、负的期限利差、银行业风险利差，股票市场负的收益、股票市场的波动、外汇市场的波动六个具有代表性的变量构建中国金融压力指数（陈守东、王妍，2011）。

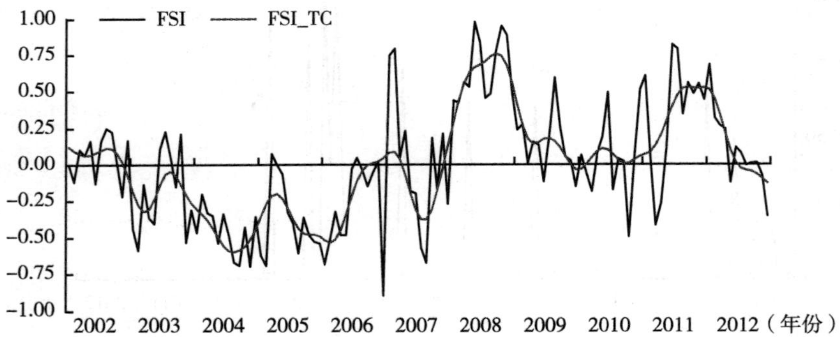

图4　中国金融压力指数

从金融压力指数可以看出，2007 年以前，中国金融压力指数处于较低水平，2007 年之后金融压力不断攀升，并且在 2008 年第二、第三季度达到最高点，2009 年金融压力下降，但是在 2011 年，金融压力又出现了一次小高峰，并在 2012 年之后开始回落。2008 年我国金融压力达到近些年的最高点，主要是受美国 2007 年爆发的次贷危机的影响，在 2007 年央行曾六次上调存款基准利率，银行部门信用风险、流动性风险加大，加之2006～2007 年我国房地产市场和资本市场也都承受了巨大的压力，因此，2008 年我国金融体系压力大幅增大。而 2009 年我国金融压力呈现下降趋势，这主要归因于国际金融危机后我国出台了各项刺激经济的调控政策，其间我国的金融压力得到缓解。2011 年我国金融体系压力的大幅升高，主要是由于银行部门近两年信贷又出现紧张迹象，银行部门风险加大。

（二）金融压力分析与预测

在这部分中，我们通过对中国金融压力指数建立一个三区制的马儿科夫区制转移模型，进一步分析中国金融压力指数及其特征，并对 2013 年我国金融系统的压力状态进行预测。

根据金融压力指数自相关、偏自相关图，以及 AIC 准则，我们对中国金融压力指数选取包含三阶滞后的区制转移自回归模型：MSMH(3) - AR(3)。模型的似然比线性检验值为 34.8663，Chi (4) = [0.0000]，Chi (10) = [0.0001]，即显著地拒绝了模型为线性的原假设，说明我们所选取的非线性模型要显著地优于线性模型。

表 3　金融压力指数区制

区制	均值	持续期	转移概率	低压力	中压力	高压力
低压力	-0.4663	5.27	低压力	0.8103	0.1347	0.0550
中压力	0.0249	3.96	中压力	0.1597	0.7476	0.0927
高压力	0.4699	4.59	高压力	0.0000	0.2178	0.7822

由表 3 关于我国金融压力指数区制特征的分析可见，我国金融压力在低压力期的持续期最长（5.27 个月），高压力期次之（4.59

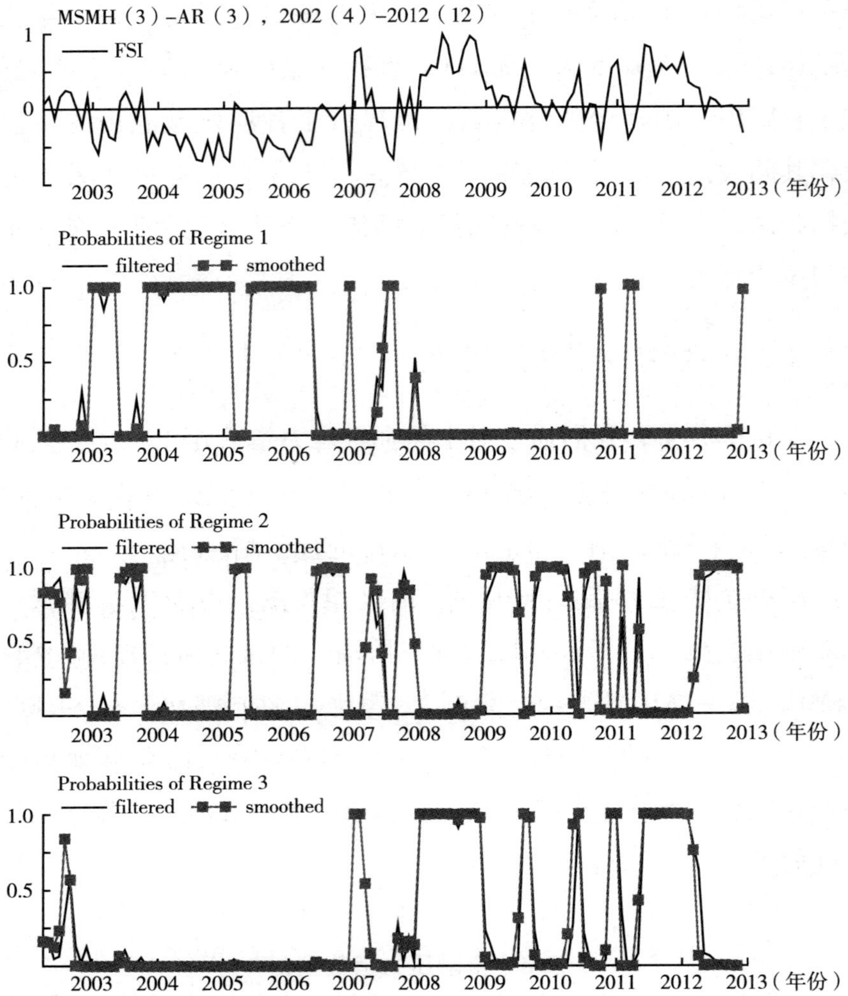

图 5　中国金融压力指数区制分析

个月），在中压力期持续时间最短（3. 96 个月）。金融压力在低压力期向中压力期和高压力期转移的概率分别为 0. 1347 和 0. 0550，可见我国金融系统的金融压力在低压力期更容易向中压力期转移；而金融系统在中压力期更容易向低压力期转移；在高压力期基本全部转移到中压力期，而不会直接转移到低压力期。由此可见，我国金融系统的压力状态骤升或骤降的概率很低，压力状态的转移比较平稳。图 5 给出了我国金融压力指数的三区制滤波概率和平滑概率。我国金融压力三区制特征比较明显，2007 年之前我国金融系统处于中低压力区制，而国际金融危机爆发的 2008 年，我国金融压力处于高压力区制，2009 年金融压力向中压力区制转移，2010 年和 2011 年我国金融压力波动较大，2011 年金融压力仍然处于高压力区制，但在 2012 年金融压力逐渐下降，转移到了中低压力区制状态。

使用上面的 MSMH（3） – AR（3）模型对 2013 年 1 月 ~ 12 月我国金融压力指数进行预测，预测的结果绘成图 6。2013 年我国金融压力会出现缓慢回升，由低压力区制向中压力区制转移，但是仍然会处于中压力区制的均值以下。2013 年我国金融压力的缓慢上升，可能归因于以下因素：经济增速放缓、基准利率降低的滞后效应以及利率市场化的推进。这些因素使得银行盈利性仍然压力较大，证券市场、房地产市场受宏观经济以及各项调控政策影响快速繁荣的可能性较小。

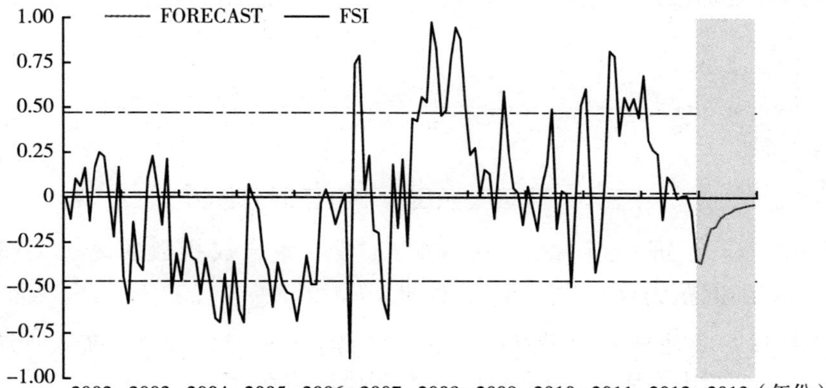

图 6　2013 年中国金融压力指数预测

四　结论

第一，我国金融系统的稳定状态具有内在的周期性，并且这种周期性的波动幅度会受到各项财政货币政策的影响，只要能在金融不稳定状态积聚到一定程度之前有效地释放风险，这种金融不稳定性就可以转移到金融稳定的状态。

第二，我国金融压力在低压力期的持续时间最长，金融压力的转移比较平稳，骤升或骤降的概率较低；2007 年之前我国金融系统处于中低压力区制，而国际金融危机爆发的 2008 年，我国金融压力处于高压力区制，2009 年金融压力向中压力区制转移，2010 年和 2011 年我国金融压力波动较大，2011 年金融压力仍然处于高压力区制，但在 2012 年金融压力逐渐下降，转移到了中低压力区制状态。

第三，由于经济增速放缓、基准利率降低的滞后效应、利率市场化的推进以及各项宏观经济调控政策等原因，我国银行部分压力仍然较大，证券市场、房地产市场快速繁荣的可能性较低，2013 年我国金融压力会缓慢回升，但仍然处于中低压力水平。

参考文献

陈守东，王妍：《金融压力指数与工业一致合成指数的动态关联研究》，《财经问题研究》2011 年第 10 期。

Bernanke，B. S.，Gertler，M.，*Agency Cost*，*Collateral*，*and Business Fluctuations*，NBER Working Paper，No. 2015，1986.

Kim，C. J.，“Dynamic Linear Model with Markov-switching，” *Journal of Econometrics* 60（1994）.

Minsky, H. P. , "The Financial Instability Hypothesis: Capitalist Process and the Behavior of the Economy," in Financial Crisis: Theory, History and Policy (Cambridge University Press, 1982).

Stock J. H. , Watson M. W. , "A Probability Model of the Coincident Economic Indicators," in *Leading Economic Indicators: New Approaches and Forecasting Records*, ed. by Lahiri K. and Moore G. H. (Cambridge: Cambridge University Press, 1991).

The Analysis and Forecasting of China's Financial Stability and Financial Stress

Chen Shoudong　Wang Yan

Abstract: In this paper, we measure and evaluate the financial stability of China's financial system, and cyclical characteristics of financial stability are analyzed as well. After selecting proper variables, we construct a financial stress index to characterize the stress state of financial system. A specific markov switching model is used to analyze current stress state of financial system and forecast the future financial stress in 2013. Analysis demonstrates that financial system was in stable regime in 2012 and financial stress decreased gradually to low-stress regime. Forecasting indicate that in 2013 the stress state of China's financial system will pick up slowly, switching from low-stress regime to mid-stress regime, but will still below the median of mid-stress regime.

Key Words: Financial Stability; Financial Stress; Macro-economy

B.13

2012 年上海证券市场回顾与 2013 年展望

吴 谦　朱平芳*

摘　要：

2012 年在美国经济复苏不及预期、欧债主权危机恶化、我国经济增速下滑等复杂的宏观背景下，我国 A 股市场整体震荡下行，上证综合指数小幅上涨 2.58%，呈现明显的结构化分化特征，个股分化严重，市场整体已经进入估值历史底部区域。展望 2013 年，在整体经济弱复苏、上市公司业绩回升预期及通胀可能反复的背景下，A 股市场难以出现持续性上涨行情，但存在较好的结构性投资机会。

关键词：

证券市场　欧债危机　经济增速　货币政策

一　2012 年上海证券市场回顾

2012 年，中国经济可谓内忧外患。在外围市场方面，欧债危机风波迭起，美国经济复苏不及预期，世界经济复苏的长期性、艰巨性和复杂性凸显。国内经济增速下滑趋势明显，主要宏观经济指标趋于恶化。随着经济基本面的恶化和通胀的回落，政府推出了一

* 吴谦，国海富兰克林基金管理有限公司；朱平芳，上海社会科学院数量经济研究中心。

系列经济刺激计划稳定经济增长，并采取稳健的货币政策，但由于外需不振和去库存的压力，工业生产始终处于缓慢下行过程。在各种复杂的内外因素的交错影响下，中国 A 股市场整体呈现震荡下行的态势，市场人气非常低迷。

（一）A 股市场整体震荡下行，呈现明显的结构化分化特征

2012 年上证综指以 2212 点开盘，全年基本处于震荡下行走势，更在 12 月 4 日下探至全年最低的 1949 点，之后在银行、保险等蓝筹股强势崛起的带动下，市场开始大幅反弹，最后一个交易日以 2269 点收盘，全年上证综指小幅上涨 2.58%，市场呈现出明显的结构化分化特征，无论板块之间还是同一板块内的个股均分化严重。

纵览全球股市，A 股涨幅排名倒数第三，A 股的市场表现与宏观经济形势并不匹配。宏观经济低迷对市场的压制首当其冲，欧债危机风波迭起则令谨慎情绪反复升温，新股扩容脚步不断加快以及股指期货的日渐成熟也导致指数始终难以向上突破。尽管监管层推出诸如强制分红政策、大力倡导蓝筹股价值投资、连续三次降低市场交易费用和市场监管费用，地方政府也陆续出台一系列拉动经济增长的计划等种种监管新政，以及两次降存款准备金率和两次降息，但收效甚微，投资者信心匮乏无疑是市场低迷的重要原因。

（二）债券市场情况回顾

1. 2012 年信用债市场发展迅速

2012 年，债券市场共发行各类债券 85751.34 亿元，较 2011 年增加 11.66%。从中央结算公司新发债券的券种结构来看，政策性银行债券、国债和中期票据在发行总规模中占据主要地位，三者发行量合计超过发行总量的 70%（见图 1）。企业债券发行 6474.31 亿元，

同比大幅增长160.49%，其中最引人注目的是城投债券发放量，在银监会“降旧控新”的思路下，地方融资平台贷款持续受限，在此背景下，债券市场逐渐成为平台公司的主要融资通道。从企业债券到中期票据，监管部门对城投债券几乎全线放开。2012年全年，银行间债券市场发行的城投类债券累计达6367.9亿元，同比增长148%，城投债券发行量占银行间市场当年发行总量的11%，同比上升了7个百分点。

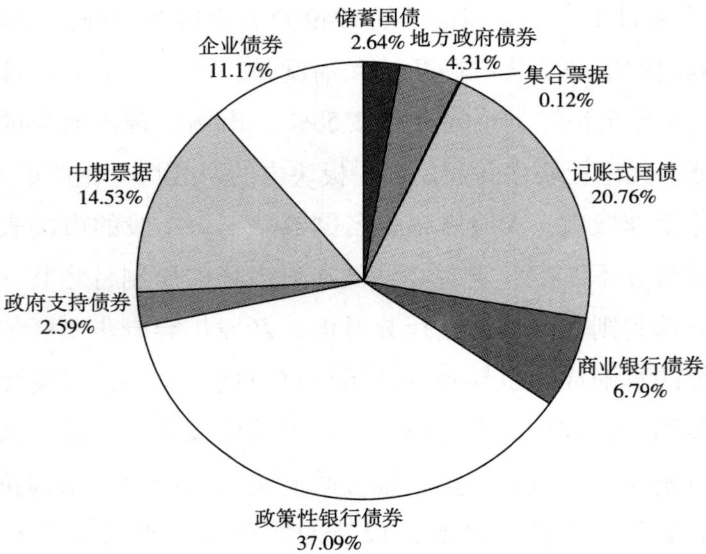

图1　2012年各类券种累计发行量占比

数据来源：中国债券信息网。

2012年以来，三大债券监管部门全线发力，纷纷降低发行门槛，扩大发行人范围，并突破净资产40%的红线，同时致力于淡化发行监管，以加快发行节奏。2012年全年信用类债券（包括企业债、中期票据、集合票据、商业银行次级债券、短期融资券和非金融企业定向融资工具等）在银行间债券市场共发行了3.79万亿元，远超过政府债券的1.61万亿元。截至2012年底，信用债券托管余额的市场占比达到30.56%，较2011年增加超过5%，为实体经济发展提供了重要支持。从交易结算量来看，信用类债券2012年全年的现券成交量为32.47万亿元，同比显著增长了22.66%，占据全市场现券交易结算总量的42.14%。从流动性方面来看，企业债券、中期票据和短期融资券是银行间债券市场周转率最高的券种，明显高于市场平均水平。

2.2012年中债指数先扬后抑，中债收益率曲线先降后升

截至2012年12月底，中债综合指数（净价）为100.7547点，较2011年12月底的101.2478点下降了0.49%，中债新综合指数（财富）为142.7568点，较2011年12月底的137.7031点上涨了3.67%。从全年来看，银行间债券市场价格走势基本呈现四个阶段的特征：第一阶段（1~4月），在通胀压力上行、PMI由1月的50.5%升至4月的53.3%等因素的影响下，中债收益率曲线平稳上行，中债指数震荡走低。第二阶段（5~7月），在宏观经济出现进一步放缓，CPI已到3%以下的背景下，政府加快了稳增长政策推进的步伐，央行在5月中旬采取了年内第二次降低存款准备金率的操作，在之后不到一个月的时间内两次降息，并扩大了利率浮动的区间。在宏观经济下滑及宽松资金面的支持下，中债收益率曲线出现大幅陡峭化下行，中债指数快速上涨。第三阶段（8~9月），投资增速缓慢回升，进出口触底反弹，消费稳步增长，国民经济运行触底企稳态势显现，再加上美国QE3政策的推出，使得市场对经济向好的预期增强。在宏观经济预期向好及货币政策整体较为谨慎的背景下，中债收益率曲线出现平坦化上移，中债指数呈现悬崖式下跌。第四阶段（10~12月），宏观经济数据由于受低基数影响，企稳回升趋势明显，而通胀走势由于季节性影响而呈现反弹变化，在此背景下，中债收益率曲线出现温和平坦化上行，中债指数小幅下行。

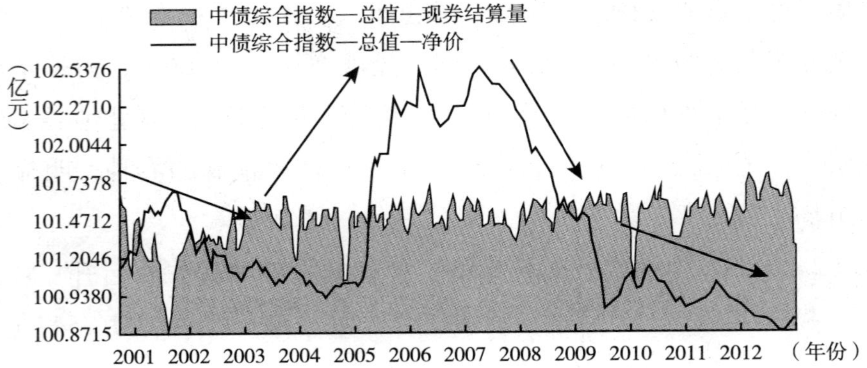

图 2　中债综合指数净价指数走势

数据来源：中国债券信息网。

（三）基金市场运行情况

1. 债券型基金大幅扩容，而偏股型基金遭遇发行困局

2012 年共发行了 255 只新基金，募集总规模达到 6400 亿元，发行数量和发行规模均创出历史新高，其中以债券型基金为代表的低风险产品约占据募集规模的八成。在低迷的市场环境下，偏股型基金遭遇发行困境，去除两只创新类跨市场 ETF（嘉实沪深 300ETF 及华泰柏瑞沪深 300ETF），102 只偏股型基金的平均首募规模仅为 6.48 亿元，远低于 2011 年偏股型基金 10 亿元的平均首募规模。在新基金发行“大跃进”的背景下，出现越来越多的“迷你型”新基金，2012 年首募规模低于 3 亿元的有 20 只，最小的一只发起式基金仅有 1.79 亿元。

2. 低风险、稳收益的理财债券型基金受到投资者欢迎

在债券型基金的大幅扩容中，短期理财债券基金成为扩容的主

力。在近几年股票市场维持弱势震荡格局、缺乏明显的赚钱效应、投资者避险情绪不断升温的背景下，银行理财产品在 2011 年以后获得了前所未有的快速发展，经常出现供不应求的局面。银监会于 2011 年 10 月叫停了一个月以内期限的银行理财产品。在此背景下，基金公司发行的追求绝对回报目标的各期限的理财型短期债券基金应运而生。由于理财债券基金具有低风险稳收益、投资透明、费用低廉、参与门槛低等特点，受到了追求低风险、稳定收益，且有定期理财需求的广大普通投资者的欢迎。

3. ETF 创新产品加速，跨市场、跨境 ETF 推出

2012 年中国 ETF 获得了跨越式发展。历经五年的筹备，境内跨市场 ETF——沪深 300ETF 终于迎来了发行契机。华泰柏瑞基金公司和嘉实基金公司分别在 5 月初成立了沪深 300ETF，首募规模分别高达 329. 69 亿元和 193. 33 亿元，分别在上交所和深交所上市。华泰柏瑞沪深 300ETF 的首发募集刷新了 2006 年 12 月 13 日以来偏股型基金的首发纪录，同时也是 A 股市场上募集规模最大的指数基金和现存规模最大的股票型基金。

继境内跨市场 ETF 推出之后，2012 年 8 月 9 日成立了两只跨境港股 ETF——华夏恒生 ETF 和易方达恒生中国企业 ETF，首发规模分别为 35. 86 亿元和 16. 17 亿元，被称为“港股直通车”。

由于多年来中国一直存在债券交易市场分割及债券流动性不足等问题，债券指数基金发展缓慢，债券 ETF 仍是空白。2012 年债券 ETF 将有望获得突破，博时基金和国泰基金分别获得了开发债券 ETF 的授权。同时，实物黄金 ETF 也在积极筹备中，有望在 2013 年推出。

4. 基金公司专户业务在制度红利的推动下迎来发展新活力

2012 年以来，中国证监会本着“放松管制、加强监管”的总体思路，对基金行业逐步采取了一系列革新性举措，鼓励基金公司向现代化的财富管理机构转型。尤其全面松绑基金公司的专户业务，拓宽投资范围，放松投资限制，允许基金公司以独立子公司的形式投资于非上市公司股权、债权和收益权类资产，开展除公募以外的其他所有资产管理业务。在这一政策红利激励下，多家基金公司通过设立专户子公司以开展全面的资产管理业务。

二　2013 年上海证券市场展望

（一）影响证券市场走势的主要因素分析

对 2013 年证券市场走势的判断，我们主要从全球经济形势、国内宏观经济趋势和政策层面这三个方面展开分析。

1. 全球经济增长显露趋好迹象，美国经济呈现稳步复苏，欧债危机有望进一步缓和

2012 年 12 月以来，全球经济增长显露趋好迹象。发达国家方面，美国受房地产市场消费增长推动保持缓慢复苏态势；欧元区核心国德国外贸与商业好转，预示其经济有望回升，同时危机国救助继续取得进展，欧元区经济开始出现企稳迹象。新兴市场国家方面，金砖四国 2012 年第四季度均出现了不同程度的复苏。从制造业 PMI 来看，2012 年 12 月全球制造业 PMI 结束了 6 个月的衰退，再次回到荣枯线之上。美国 2012 年 12 月制造业 PMI 明显回升，欧元区窄幅波动，日本继续下行，而金砖四国制造业均处于扩张状态，其中印度最强，中国与巴西相对较强，俄罗斯回落较快（见图 3）。预计未来美国与日本制造业继续将向两端发展，欧元区则有望出现好转，金砖四国总体向好，但维持分化格局。

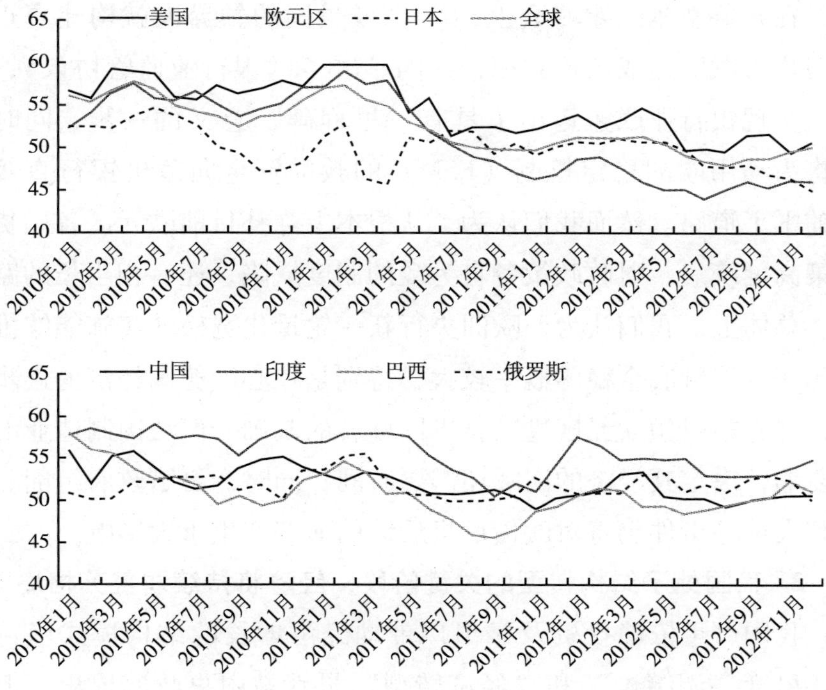

图 3　全球制造业 PMI 比较

数据来源：WIND 资讯。

2012 年 12 月以来，美国汽车消费与房地产市场均处于良好上升趋势，设备与软件投资出现快速增长，表明美国企业投资的活跃度已明显提高。个人消费与企业投资的良性恢复将促进美国经济增长内生动力的提高，增强经济复苏趋势的持续性，进而抵消政府开支因“财政悬崖”带来的冲击及净出口的减少。然而，美国就业压力依旧较大，但失业率下滑趋势可能放缓。美国经济呈现弱复苏的“稳态”，但考虑到“财政悬崖”的影响，美国经济复苏的道路仍将比较曲折。

2012 年第四季度以来，欧债危机出现明显缓和。2012 年 12

月，在布鲁塞尔欧盟峰会上，27 个成员国的领导人就构建真正经济与货币联盟达成政治共识，共同签署了《银行业监管协议》，为最终实现银行业联盟迈出了具有“里程碑”意义的一步，同时这也将为动用欧洲稳定机制（ESM）的救助资金向危机银行直接注资铺平了道路。然而我们认为，从根本上弥补目前欧元区各国货币政策高度统一、财政政策各自为政的制度缺陷，还有相当长的路要走。总体上，我们认为，欧洲央行新一轮量化宽松的实施能够推动欧元区经济触底企稳的概率较大，特别是核心国德国经济的逐步复苏，将有望引领欧元区进一步巩固好转的基础。但法国制造业的持续萎缩，决定其经济的回暖还需要时间；同时，希腊政府组阁、意大利大选等事件仍将对欧债危机后续的演变产生重大影响。

2. 我国处于结构转型的关键阶段，经济将持续弱复苏格局

我国严重依赖投资及靠出口带动经济增长的结构模式亟待改变，尽管“调结构”和“经济转型”早就被中央政府提出，但实际操作起来进展缓慢，当前中国经济仍处于弱复苏状态，以政府主导的基建投资和企业补库存为拉动当前经济回暖的主要动力。2013 年城镇化将逐步展开，新政府将主推“城市群”建设（大中小城市和小城镇梯度建设）和“城市带”建设（大型城市群连片发展），固定资产投资仍会保持较快的增长速度；消费较 2012 年增速有望基本持平或略高，内生增长动力相对不足；在外围经济形势复杂多变的背景下，我国出口大幅回升的可能性并不大。

但政府基建和地产领域的投资冲动和需求扩张增加了通胀压力，房地产资产价格的上涨提高了通胀预期，推进中的资源、能源价格改革和环境约束都将可能带来通胀风险。在通胀风险预期上升的背景下，货币政策将由之前的稳中偏松向稳健中性转变，严控通胀风险。

因此，我国目前处于经济转型的关键时期，十八大产生的领导核心的施政措施对我国未来经济的发展至关重要。

3. 货币政策保持稳健，财政政策更加积极

2013 年 3 月上旬召开的“两会”传递出 2013 年全年的宏观政策组合为“宽财政、稳货币”，财政政策宽松力度加大，货币政策由之前的稳中偏松向稳健中性转变。财政预算赤字扩大至 1.2 万亿元，赤字率上升 0.5 个百分点，体现了财政政策宽松力度加大。M2 增长目标为 13%，低于 2012 年的 14%。在全球经济仍较疲弱的背景下，稳增长仍将是中国的主要经济政策。海外市场实施宽松的货币政策，对我国可能带来输入型通胀压力，我国将会继续采取稳健的货币政策，大幅放松的概率很小，积极的财政政策将会体现在结构性减税和增加支出等方面。

2013 年，在政府换届背景下的政策博弈将更加复杂多变，管理层仍有政策放松空间。随着国内政策效果显现，2013 年 GDP 增速将在逐渐平稳的基础上小幅回升。但政策的主基调是“稳增长”而不是“保增长”，因此，对政策不可期待过高，应在乐观中保留一份谨慎。

（二）2013 年 A 股市场行情展望

目前，中国经济发展面临着复杂的国内外环境。从全球市场看，经济复苏相对平稳但仍处于艰难期，部分经济体债务负担较重，“紧财政、宽货币”或成为主要发达经济体长期的政策选择。从国内经济来看，经济企稳的基础还不够稳固，当前物价形势虽然相对稳定，但多方面导致物价上行的不确定性因素仍较多，全球超宽松的货币环境还将持续较长时间，对我国潜在的输入型通胀压力加大。当前我国经济已进入短期趋势性转变过程，未来经济缓慢增长、CPI 步入温和上行通道以及资本流动和货币汇率等都将形成新的运行格局。2013 年在“新政府、新思路”的大背景下，我们对 2013 年的股票市场持谨慎乐观态度。

2013 年股票市场上升的主要动力来自宏观经济复苏带动上市公司业绩增速回升和市场资金需求压力下降。市场风险溢价下降和流动性回升共同推动市场估值中枢上行。股票市场的不利因素主要在于本轮经济复苏还存在不确定性，经济复苏后的通胀压力可能导致政策转向，上市公司净利润增速温和回升，但盈利能力没有显著提高，上市公司长期增长动力尚未形成。综合分析，我们认为 2013 年上半年，在经济弱复苏、上市公司业绩回升预期下，股票市场存在较好的结构性投资机会；下半年面临通胀上升可能导致政府政策转向的因素，股票市场可能出现一定幅度的调整。我们预计 2013 年上证综指的运行中枢大致在 2200 ~ 2700 点的范围。

（三）债券市场展望

2013 年，债券市场风险主要体现在两方面：一方面是利率风险，而基本面仍旧是影响债券收益率走势的根本因素。首先，上半年经济可能出现小幅回暖，PMI 的企稳回升，反映企业经营环境已温和改善，工业增加值及固定资产投资均有企稳迹象。其次，通货膨胀压力将会不断加大，一是欧美继续推行量化宽松政策的可能性较大，输入型通胀压力持续存在；二是政府换届效应可能催生新一轮投资升温，带动物价过快上涨；三是为实现 2020 年城乡居民人均收入翻番的目标，劳动力成本持续上涨将成为长期趋势；四是随着城镇化的进一步推进，土地供需不平衡的矛盾依然存在，地价上涨的长期压力不会减少。总之，2013 年存在一定的通胀压力，债券收益率曲线上行压力较大，尤其是 7 年期以上中长端品种，但我们认为利率上行速度不会太快，投资策略上建议可以选择久期较短的投资品种。另一方面，我们依然认为信用债存在一定的投资机会，但信用债市场波动会较大，票息收入依然是重要的收益来源，同时要防范信用风险，随着信用债市场的超速发展，特别是城投类债券的迅猛扩张，2013 年信用债爆发倒债危机的可能性会加大。

Review and Analysis of Shanghai Securities Market in 2012 and Prospects for 2013

Wu Qian　Zhu Pingfang

Abstract: Under the comprehensive macro background of deteriorated European sovereign debt crisis, unsatisfactory economic recovery of USA and a slow down in China's economic growth, China's A Share Market fell with fluctuation on the whole and Shanghai Composite Index rose by 2. 58% with distinct structural differentiation. The ups and downs of individual stocks differentiated greatly. And the valuation of the whole market has stepped into a historical bottom area. Looking forward into the year of 2013, a continuously rising market is not expected and China's A share market may show great fluctuations with some structural investment opportunities instead under the backdrop of weak economic recovery and expectation of financial performance improvement of listed companies and inflation concern.

Key Words: Securities Market; European Sovereign Debt Crisis; Economic Growth Rate; Monetary Policy

B.14

2013 年中国经济增长周期态势和物价走势的分析与预测*

高铁梅　张同斌**

摘　要：

本文在搜集了大量宏观经济指标的基础上，筛选出 28 个景气指标，然后利用合成指数、扩散指数和预警信号系统等计量经济方法对我国经济增长周期态势和物价走势进行了测定和预测。结论如下，我国上一轮经济增长周期的下降局面已于 2012 年 6 月结束，然后在偏冷区间内缓慢回升，2013 年初已回升到“正常”区间。预计 2013 年前三个季度我国经济都将处于增长周期的上升阶段，将在 2013 年 9 月左右达到峰，GDP 增长率将达到 8.3% 左右；物价增长周期滞后于经济增长周期，会处于缓慢上升阶段，将在 2014 年 3～4 月左右达到峰。因此，2013 年物价上涨压力不会显著增加，全年上涨将不超过 3.5%。由于国内外形势仍很复杂，具有较大的不确定性，宏观调控宜“以稳为主”，根据经济运行情况，适时进行预调微调。

关键词：

经济周期　物价走势　景气指数　预警信号

---

* 本项研究得到国家社科基金重大项目（10ZD&010）、国家自然科学基金项目（71173029）和教育部社科规划基金项目（10YJA790021）的资助。

** 高铁梅，东北财经大学经济计量分析与预测研究中心副主任，东北财经大学数学与数量经济学院教授，博士生导师；张同斌，经济学博士，东北财经大学数学与数量经济学院讲师。

2012 年世界经济持续震荡低迷，欧债危机进一步恶化，美国和日本等主要经济体经济复苏乏力，新兴经济体经济增速放缓。在外部需求不旺的背景下，我国宏观经济增长也处于下行通道，2012 年上半年我国宏观经济增长速度一直下滑至 6 月，达到了谷底，消费价格指数（CPI）在 2012 年 7 月降到 2% 以下，年底略有回升，工业品出厂价格指数（PPI）则于 2012 年 3 月就已经转入负增长。在中央稳增长、调结构、促转型的一系列政策措施的积极作用下，2012 年下半年经济逐渐企稳回升，中国经济实现了软着陆。2013 年，我国所面临的国内外经济形势依然复杂，不确定性、不稳定性因素仍然存在，世界经济复苏仍很脆弱，国际金融危机深层次的影响还在继续，国内有效需求不足与产能过剩问题都在制约着我国经济的发展，但也有许多积极的因素正在逐渐显现。

2013 年我国经济增长能否保持上升趋势？经济增长周期波动态势和物价走势如何？政府的宏观调控政策取向应如何调整？为了对这些热点问题做出比较科学和准确的回答，本文基于“经济景气分析系统”和“宏观经济监测预警信号系统”，对当前的经济周期态势和经济景气状况，以及物价波动形态及影响因素进行分析和判断，采用先行指数和多种经济计量模型对经济增长、物价等主要经济指标的走势进行分析和预测，在此基础上，对政府下一步的宏观调控提出政策建议。

一　景气指数分析法对经济景气状况的分析和预测

1. 景气指标的重新筛选

经济波动是通过一系列经济活动来传递和扩散的，任何一个经济变量本身的波动过程都不足以代表宏观经济整体的波动过程。本文采用国家统计局公布的工业增加值月度实际增长率指标作为基准指标，利用K-L信息量、时差相关分析等计量方法对生产、消费、投资、对外贸易、财政、金融、物价、企业经营效益、交通运输等各领域的大量指标重新进行了筛选。由于工业增加值月度实际增长率指标是扣除了价格因素的实际增长率序列，为了使合成的指标类型一致，本文对被筛选的价值型经济指标也进行了价格平减，然后计算各景气指标的同期比增长率序列，[①] 经季节调整并消除不规则因素。

本文筛选出的中国先行、一致、滞后景气指标组及与各指标相对应的K-L信息量和时差相关系数列在表1。从与基准指标的接近程度上来判断，表1所显示的各指标的K-L信息量和时差相关系数的超前（滞后）期比较接近。

表1　中国经济增长周期景气指标组

	指标名称	延迟月数	K-L信息量	时差相关系数
先行指标	1. 金融机构储蓄存款增速*	-12	9.81	0.71
	2. 固定资产新建投资额增速*	-9，-10	42.3	0.61
	3. 金融机构各项贷款增速*	-8	12.8	0.52
	4. 固定资产投资完成额增速*	-8	9.32	0.73
	5. 地方项目固定资产投资额增速*	-7	11.8	0.73
	6. 固定资产投资本年新开工项目个数增速	-6	63.2	0.51
	7. 货币供应量(M1)增速*	-5，-4	13.6	0.47
	8. 水泥产量增速	-4	3.46	0.76
	9. 粗钢产量增速	-3	21.3	0.77
	10. 生铁产量增速	-3	18.0	0.76

① 资料来源：中国经济信息网宏观月度库，http：//db.cei.gov.cn/，数据时间为1996年1月~2012年12月。

续表

	指 标 名 称	延迟月数	K-L 信息量	时差相关系数
一致指标	1. 工业增加值增速*	0	0	1.00
	2. 工业企业产品销售收入增速*	-1	10.48	0.89
	3. 发电量增速	-1	4.29	0.88
	4. 国家财政收入增速*	-1	19.10	0.50
	5. 进口额增速*	-1	29.01	0.63
	6. 增值税增速*	0	13.35	0.52
	7. 房地产开发综合景气指数	0	5.15	0.63
	8. 出口额增速*	1	45.77	0.60
	9. 铁路货运量增速	1	9.57	0.70
	10. 沿海主要港口货物吞吐量累计增速	1	9.88	0.64
滞后指标	1. 商品房本年施工面积累计增速	+3	7.96	0.61
	2. 原材料、燃料、动力购进价格指数（上年同月 =100）	+4	7.87	0.77
	3. 工业品出厂价格指数(上年同月 =100)	+4	3.02	0.77
	4. 居民消费价格指数(上年同月 =100)	+6	2.37	0.68
	5. 社会消费品零售总额增速*	+6	5.09	0.41
	6. 出口商品价格总指数(上年同月 =100)	+8	4.26	0.75
	7. 建筑材料类购进价格指数（上年同月 =100）	+10	3.75	0.64
	8. 工业企业产成品增速*	+12	10.25	0.74

注：1. 表中的结果是利用 2000 年 1 月 ~2012 年 12 月的数据计算的结果，各指标均为同比增长率序列，并且经过季节调整，去掉了季节要素 S 和不规则要素 I 的 TC 序列。

2. 当延迟月数有两个数时，前一个是 K-L 信息量的延迟月数，后一个是时差相关系数的延迟月数。K-L 信息量越接近于 0，说明指标 x 与基准指标 y 越接近。表中计算出的 K-L 信息量扩大了 10000 倍。

3. 指标名称后标有“ * ”的表示经过价格平减的实际值指标。①

① 本文利用国家统计局公布的价格月度同比（上年同月 =100）和环比（上月 =100）数据分别计算了 5 种基期价格指数（2005 年全年平均值 =1）：居民消费价格指数、商品零售价格指数、工业品出厂价格指数、出口价格指数和进口价格指数，并利用固定资产季度价格指数，通过插值方法，计算出固定资产月度基期价格指数。表 1 中带有“ * ”的指标是根据分别经过上述相应基期价格指数平减得到的实际值计算的增长率序列。

2. 基于合成指数对经济周期态势的分析与预测

本文采用表1筛选出来的景气指标组，利用美国全国经济研究所（NBER）方法分别建立了一致[①]、先行和滞后合成指数（Composite Index，简称CI，各指数均以2005年平均值为100）。为了能够较为准确地预测整体经济运行的走势，本文按照先行指标先行期的长短构建了长先行合成指数和短先行合成指数，[②]样本期间为1996年1月～2012年12月，长先行指数延至2013年2月。

根据一致合成指数所反映的宏观经济总体走势（见图1，其中阴影部分为剔除了小波动的景气收缩阶段），始于2009年1月（谷）的本轮经济增长周期，经过1年的急速扩张并创出1996年以来的历史最高峰后，从2010年1月（峰）开始转入景气下降阶段，一直持续到2012年6月（谷），至此，景气下降期达到29个月。此后，景气止跌企稳，开始步入上升通道。

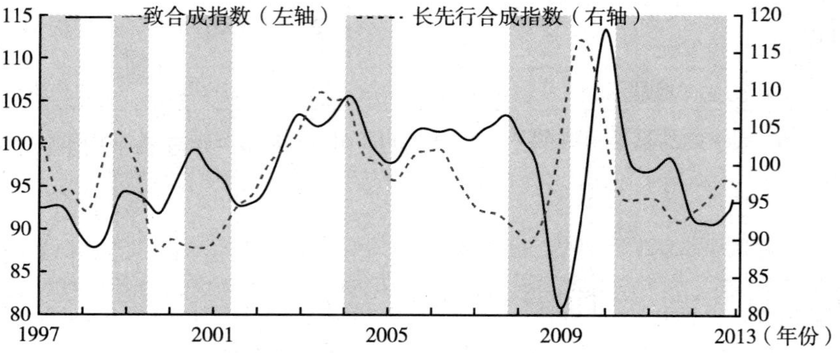

图1（a） 一致合成指数与长先行合成指数

① 一致合成指数采用表1中一致指标组的前5个指标合成。

② 长先行合成指标组包含表1的前6个指标，主要是金融和投资类实际增速指标；短先行合成指标组包含表1的后4个指标，主要是M1实际增长率和原材料类增速指标。

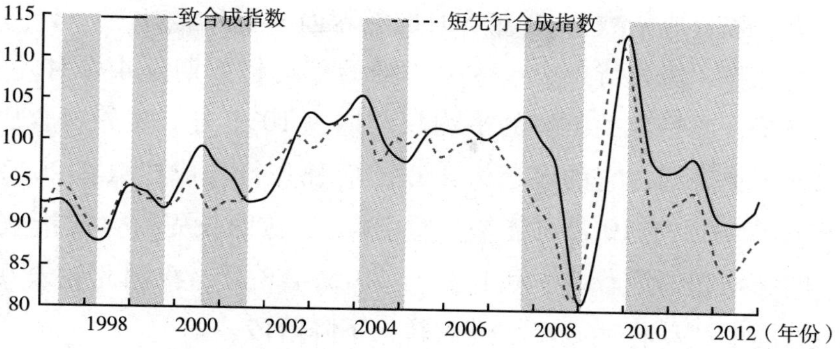

图 1（b） 一致合成指数与短先行合成指数

图 1 的一致合成指数显示，在应对全球金融危机的特殊背景下形成的本轮经济短周期显示出与前 3 次增长周期不同的“短扩张”型非对称形态，扩张期较短，而景气收缩期明显延长。2011 年 8 月以来，经济景气再次出现超预期的较快下滑，尤其是 2012 年 6 月，一致合成指数已经处于 2002 年以来的次低水平（2009 年初是最低谷）。本轮景气回落的持续时间为 29 个月，远超过前 3 次短周期平均 13 个月的收缩长度。

短先行合成指数主要是由狭义货币供应量（M1）实际增速和原材料行业（水泥、钢铁）增速构成的，而长先行合成指数的构成指标主要是由金融机构的储蓄存款和贷款增速，以及固定资产投资的实际增速和新开工项目个数增速构成的，说明我国扣除了价格因素的货币和投资实际增长波动较长地领先于经济波动，是影响我国经济波动的主要因素，同时重要原材料行业增长的波动也领先于经济波动，不过超前期较短。图 1（a）显示，长先行合成指数在 2008 年 4 月达到近 8 年的最深谷底后，经过 14 个月的大幅扩张后，于 2009 年 6 月到达峰顶，较一致合成指数 2010 年 1 月的高峰先行 7 个月。长先行合成指数达到峰顶后快速下滑，2011 年 9 月到达谷底，比一致合成指数2012年6月的谷超前9个月。

经计算，短先行合成指数关于峰的平均超前期仅4个月左右，而长先行合成指数关于峰的平均超前期为10个月。短先行合成指数还处于上升期，它的峰还未出现，而长先行合成指数在2012年底显示出2012年10月可能是个暂定峰，[①] 按照长先行合成指数10个月的平均超前期计算，可以预计2013年8月，我国此轮宏观经济增长周期波动将达到峰，进而转入下降阶段。

滞后合成指数主要由各类价格指数（上年同月 =100）、社会商品零售总额实际增速、工业企业产成品库存实际增速等构成的。图2显示滞后合成指数的滞后期比较明显，历史上各个周期对应较好。滞后合成指数的一个重要作用就是确认宏观经济周期波动的转折点确已出现。从图2可以看出，2012年12月滞后合成指数的下降开始平缓，预示已接近谷底。说明工业企业的库存调整已接近尾声，同时可以确认一致合成指数2012年6月的谷底，即可以大体确认中国经济从2012年下半年以来确已处于增长周期波动的上升阶段。

3. 基于扩散指数对经济周期态势的分析与预测

扩散指数（Diffusion Index，简称DI）的基本思想是把保持上升（或下降）的指标占上风的动向，看做景气波及、渗透的过程，将其综合来把握整个景气。本文进一步利用扩散指数方法，采用表1筛选出来的景气指标组分别建立了一致[②]、先行（长、短）和滞后扩散指数。

---

① 截至2013年3月15日，统计局已发布了6个长先行指标的2013年1月、2月数据，把新数据加入后，长先行合成指数的终止月为2013年2月，但是一致指标组、短先行指标组和滞后指标组的2013年1、2月数据都有指标尚未公布，所以它们的终止月仍为2012年12月。

② 一致扩散指数也采用表1中一致指标组的前5个指标合成。

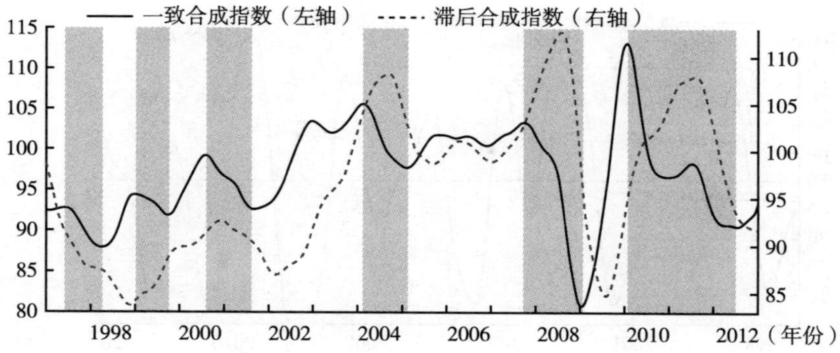

图 2　一致合成指数与滞后合成指数

扩散指数之值为 50% 时，就意味着经济活动的上升趋势与下降趋势平衡，表示该时刻是景气的转折点。当扩散指数由上方向下方穿过 50% 线时，取前一个月作为扩散指数峰的日期，而当扩散指数由下方向上方穿过 50% 线时，取前一个月作为扩散指数谷的日期。扩散指数的极大值点和极小值点比扩散指数的峰和谷先行一段时间，是扩散指数的特点之一，利用这一性质，可以提前预测景气峰、谷的出现时间。

从图 3 可以看出，一致扩散指数在 2012 年 6 月从下向上穿越 50% 线，取前一个月作为本轮扩散指数下降周期的谷底，即 2012 年 5 月为一致扩散指数的谷底。同时，从图 4 的滞后扩散指数的曲线可以看出，滞后扩散指数已于 2012 年 12 月从下向上穿越 50% 线，即已达到谷底，可以断定本轮中国宏观经济的增长周期波动确已于 2012 年 6 月越过了谷底，目前处于上升阶段。

图 3 中的长先行扩散指数①的极大值点于 2012 年 7 月出现，除

① 和计算长先行合成指数一样，将数据延长至 2013 年 2 月，显示长先行扩散指数最近的极大值点和暂定峰分别出现在 2012 年 7 月和 12 月。

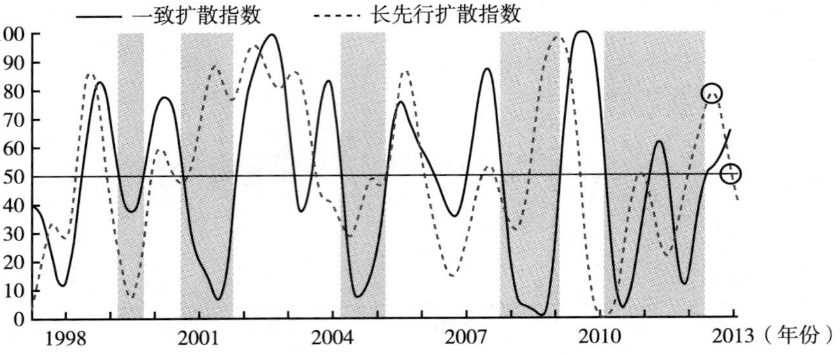

图 3　一致扩散指数与长先行扩散指数

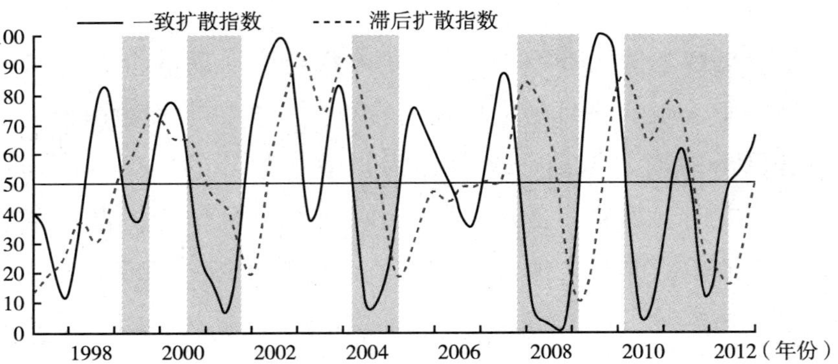

图 4　一致扩散指数与滞后扩散指数

去较低的极大值点后计算得到，长先行扩散指数的极大值点相对于一致扩散指数峰的平均超前期为 14 个月，由此可以预测一致扩散指数将于 2013 年 9 月达到峰；而长先行扩散指数已于 2012 年 12 月由上向下穿过 50% 线，即长先行扩散指数的暂定峰已出现在 2012 年 11 月，长先行扩散指数的峰相对于一致扩散指数的峰的平均超前期为 10 个月，由此可以预测一致扩散指数将于 2013 年 9 月达到峰。

综合以上合成指数和扩散指数的全部预测结果，我国经济波动将于 2013 年 9 月左右达到峰，2013 年上半年中国经济将处于增长周期的上升通道，第四季度将进入下降阶段。

二　基于监测预警信号系统对经济周期态势的分析与预测

监测预警信号系统的主要作用是，可以通过观察和分析预警信号的变动情况来判断目前经济运行态势及未来经济增长的趋势，可以为经济决策部门针对经济运行的动态采取调控措施提供依据。本文利用表 1 中 10 个一致指标构成监测预警信号系统。

1. 基于景气动向综合指数的分析

由监测预警信号系统计算得到景气动向综合指数（见图 5）。从图 5 可以看出，景气动向综合指数的走势与图 1 中的一致合成指数的波动类似。1998 年和 2008 年受世界经济危机的影响，中国经济增长也进入了“过冷”的蓝灯区。1997 年以来 15 年的大部分年份，中国经济发展都处于稳定增长的绿灯区。但是 2008 ~ 2012 年出现了大起大落，2009 年初 ~ 2010 年初，景气动向综合指数由“过冷”的蓝灯区迅速上升至“过热”的红灯区，这是由于政府的 4 万亿元投资促使经济超速发展带来的结果。大起必然伴随着大落，2010 年 6 月经济运行由“偏热”状态回到景气“正常”区间，但 2011 年 11 月以后景气状况连续下滑至“偏冷”区间，景气动向综合指数进入 2012 年后又连续发出“偏冷”信号，在 2012 年 6 ~ 7 月达到最低点（25）。

大幅度的景气波动给宏观经济增长带来的危害是巨大的。2009 年的大规模投资促使中国经济快速走出低谷，但是带来的后果是 2012 年除了传统的钢铁、水泥、平板玻璃、煤化工、造船等行业

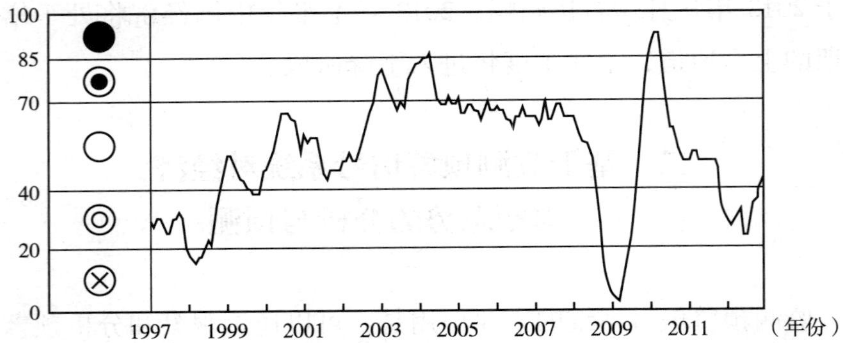

注：● <过热> ◉ <趋热> ○ <正常> ◎ <趋冷> ⊗ <过冷>

图 5 景气动向综合指数

产能大量过剩外，多晶硅、风电设备、新材料等新兴产业也出现产能过剩的倾向。如果不及时加以有效引导和抑制，这些潜在的产能过剩可能形成现实的、较长周期的、大规模的严重产能过剩。“高产能、高库存、高成本、低需求、低价格、低效益”的问题困扰着这些行业的发展，使得这些行业整体经营状况恶化，[①] 也加速了整体经济的下滑。

2012 年 8 月以后景气动向综合指数出现止跌企稳回升态势。2012 年 11 月进入绿灯区的“正常”区间，呈现出向上发展的趋势，预计 2013 年还会保持这种走势。

2. 基于监测预警指标信号的分析

监测预警指标主要包含工业生产、进出口、财政收入、交通运输和房地产等领域，2012 年全年的监测结果由表 2 显示。2012 年 1 月以来，多数指标的景气度呈下降态势。截至 2012 年 7 月，有 2 个指标先后发出“过冷”信号，5 个指标发出过“偏冷”信号，5

① 工业和信息化部运行监测协调局、中国社会科学院工业经济研究所：《2012 年中国工业经济运行报告》，http：//www. miit. gov. cn/，2012 年 12 月 28 日。

个指标在2012年8月进入“正常”区间，到2012年底除铁路货运量增速外，都进入了绿灯区的“正常”区间。

表2　2012年监测预警系统指标信号

指标名称	月份											
	1	2	3	4	5	6	7	8	9	10	11	12
1. 工业企业增加值实际增速	○	○	○	○	○	◎	◎	◎	○	○	○	○
2. 工业产品销售收入实际增速	◎	○	○	○	○	○	○	○	○	○	○	○
3. 发电量产量增速	○	◎	◎	⊗	⊗	⊗	⊗	◎	◎	◎	○	○
4. 国家财政收入实际增速	◎	◎	◎	◎	◎	◎	◎	○	○	○	○	○
5. 增值税实际增速	⊗	⊗	◎	◎	○	◎	◎	◎	○	○	○	○
6. 进口额实际增速	◎	◎	◎	○	○	○	○	○	◎	◎	◎	○
7. 出口额实际增速	⊗	⊗	⊗	⊗	◎	◎	◎	○	○	○	○	○
8. 铁路货运量增速	○	◎	◎	◎	⊗	⊗	⊗	⊗	⊗	⊗	⊗	⊗
9. 沿海主要港口货物吞吐量累计增速	○	○	○	○	○	○	○	○	○	○	○	○
10. 房地产开发综合景气指数	○	○	○	○	○	◎	◎	◎	◎	◎	○	○
综合判断	◎	◎	◎	◎	◎	◎	◎	◎	◎	◎	○	○
	31	28	30	31	34	25	25	33	36	36	42	45

注：●〈过热〉　◉〈趋热〉　○〈正常〉　◎〈趋冷〉　⊗〈过冷〉

（1）工业领域增长指标信号的分析

表2显示，2012年6～8月工业增加值实际增速回落到“偏冷”区间，9月回升进入绿灯区；发电量增速4月发出“过冷”信号，持续到7月后进入“趋冷”区域后回升。从效益情况看，2012年工业产品销售收入累计增速还都在8%以上，但是全国规模以上工业企业盈亏相抵实现利润2～9月都是处于负增长状态，10月才扭亏为盈。影响当前工业增速放缓和企业效益下滑的因素是多方面的，既有世界经济不振、外需持续低迷带来的影响，又有国内

有效需求不足、部分行业产能过剩造成的影响。

（2）进口和出口增长指标信号的分析

2011 年以来全球需求萎缩，欧元区经济增长乏力、美国经济复苏缓慢。在国际市场需求持续低迷、各国发展不平衡的情况下，保护主义明显升温，不仅美欧等发达经济体纷纷设置各种壁垒，一些新兴市场国家贸易限制性措施也明显增多，全球多边贸易谈判长期陷入僵局，这些都对全球贸易稳定增长形成制约，对中国出口增速构成下行压力。表 2 显示 2012 年上半年我国出口增速比较低迷，跌入蓝灯区，下半年开始持续回升，出口增速高于进口增速，2012 年 12 月我国进出口规模双双创历史新高，进口和出口都进入绿灯区。据海关统计，12 月出口 1992. 3 亿美元，增长 14. 1%；进口 1676. 1 亿美元，增长 6%；贸易顺差 316. 2 亿美元。2012 年全年我国出口 20489. 3 亿美元，增长 7. 9%；进口 18178. 3 亿美元，增长 4. 3%；贸易顺差 2311 亿美元。2013 年中国进出口将会维持稳定增长这一良好的势头。

（3）财政收入增速指标信号的分析

2012 年受经济增长放缓、企业利润增幅低、物价涨幅回落等影响，特别是工业品出厂价格下降以及结构性减税力度较大的影响，全国财政收入增幅比上年回落 12. 2 个百分点，其中税收收入增幅回落 10. 5 个百分点。从表 2 的财政收入实际增速和增值税实际增速的信号来看，上半年分别处于“趋冷”的浅蓝灯区和“过冷”的蓝灯区；下半年逐渐回升，尤其是第四季度增幅相对较高，分别进入“正常”的绿灯区。2013 年随着经济的持续上升，财政收入也会水涨船高，处于稳定增长的上升通道。

（4）房地产开发综合景气指数信号的分析

房地产开发综合景气指数是反映房地产开发，即房地产供给方面的重要景气指标。从表 1 可以看出，房地产开发综合景气指数和基准指标在统计上非常同步。表 2 显示，由于政府对房地产市场的调控政策的影响，在政策作用下房地产开发综合景气指数自 2012 年 6 ~ 10 月处于“趋冷”的浅蓝灯区。随着房地产业的供给逐渐减少，刚性需求和人们预期导致房价增速上涨，供求缺口缩小等因素导致房价出现反弹。虽然房地产调控在一定程度上抑制了房地产投资，从而影响到整个投资和经济增长，但是 2012 年 11 月后，房地产开发综合景气指数又开始上升，进入“正常”的绿灯区。估计 2013 年在政府强有力的政策措施作用下，中国房地产市场会稳步增长，不会出现大起大落。

（5）交通运输增速信号的分析

2012 年受国内宏观经济减速导致社会物流需求增长放缓的影响，我国铁路货运业务增速出现较明显的下滑。这主要是由于国内经济增速放缓，加上全球经济持续低迷，造成我国工业生产的内外需求均出现萎缩，进而导致主要通过铁路和水路进行运输的工业生产原料和大宗商品（如铁矿石和煤炭）的需求大幅下滑。2012 年 6 ~ 10 月铁路货运量增速连续 5 个月负增长，11 月、12 月增速虽已变为正增长，也接近为零，因此导致图 6 中铁路货运量增速从 5 月开始一致处于“过冷”的蓝灯区。但是铁路货运量增速的谷底在 2012 年 8 月，于 9 月已开始逐渐回升。

2012 年我国主要港口货物运输业务平稳增长，表 2 中 2012 年全年沿海主要港口货物吞吐量累计增速虽然都处于“正常”的绿灯区，一直下降到 2012 年 8 月，9 月才开始逐渐回升。受经济放缓和外贸萎缩的影响，总体增速明显低于上年水平。由于出口贸易依然回暖乏力，2012 年我国主要港口集装箱吞吐量同比增长也明显放缓。

综合以上监测和预测分析结果，经济景气已经在 2012 年 6 ~ 7 月结束下降局面，此后经济景气进入比较平稳或稳中略升的运行轨道。预计经济景气回到绿灯区后，2013 年全年会继续上升，保持稳定增长的良好态势。本文的预测结果和本课题组陈磊教授在 2012 年中国社会科学院秋季经济形势预测会上的预测结果类似，本文在利用 2012 年 9 月以后新数据信息的基础上，进一步明确了 2013 年宏观经济形势的走势。

三　物价变动特征与走势分析

1. 物价景气分析的指标构成

中国改革开放以来，自物价体制改革伊始，物价的波动就一直呈现出滞后于宏观经济波动的特征。近十几年来这一特征更加明显，具有很强的规律性。说明我国物价波动主要是由市场供求状态和市场投资效益决定的，而我国无论是中央还是地方都是通过推动投资增长来促进经济增长，投资冲动的周期性释放导致了我国通货膨胀的周期性变动，因此应通过对供求本身的调整来平衡市场供求关系，进而将物价波动控制在合理的范围内。

本文首先以居民消费价格指数（CPI）为基准指标，研究物价的周期波动和景气动向。除物价自身外，国民经济各行业以及各宏观经济部门的活动都与物价紧密相关，因此会在一定程度上反映物价的景气状况。本文收集了 200 多个与物价相关的宏观经济月度指标，利用时差相关系数、K－L 信息量等计量方法筛选出能够反映物价波动状况的先行、一致景气指标组，其中，根据指标与物价先行期的长度不同，将物价先行指标划分为长物价先行指标组和短物价先行指标组，以便更好地预测物价的转折点及未来走势，物价景气指标组如表3所示（样本期间为1997年1月~2012年12月，长先行指数截至2013年2月）。

表3　物价景气指标组

长先行指标组	短先行指标组	一致指标组
1. 金融机构储蓄存款增速*	1. 工业增加值增速*	1. 居民消费价格指数
2. 固定资产新建投资额增速*	2. 工业企业产品销售收入增速*	2. 商品零售价格指数
3. 金融机构人民币贷款余额增速*	3. 狭义货币供应量(M1)增速*	3. 工业品出厂价格指数
4. 固定资产投资完成额增速*	4. 国家财政收入增速*	4. 原材料、燃料、动力购进价格指数
5. 地方固定资产投资额增速*	5. 房地产开发综合景气指数	5. 进口商品价格总指数
6. 固定资产投资本年新开工项目个数增速	6. 进口额增速*	
	7. 出口额增速*	
	8. 发电量增速	

注：1. 所有的指标增速是与上年同期比增长率序列，并经过季节调整去掉了季节要素和不规则要素。

2. 指标名后标有“*”号表示经过价格平减的实际值指标。

由居民消费价格指数，商品零售价格指数，工业品出厂价格指数，原材料、燃料、动力购进价格指数，进口商品价格总指数等五个指标构成物价一致指标组。商品零售价格指数等物价指标与居民消费价格指数的波动具有高度的一致性，并且，这些物价指标涵盖了商品消费、生产、原材料、进口等价格的各个方面，能够全面反映物价的走势。

金融机构人民币贷款余额和金融机构储蓄存款的增加，一般都会刺激经济增长，进而推动物价上升，同时由于我国主要是由投资来拉动经济增长，投资波动能够影响物价波动，因此，投资类的指标是预测物价波动的比较合适的先行指标，而且这6个指标也是构成经济总量的长先行指标组，本文将其作为物价的长先行指标组。

2. 根据先行合成指数对物价走势的预测

本文利用表3中的指标，通过合成指数方法计算出物价的一致、长先行和短先行合成指数，如图6所示。

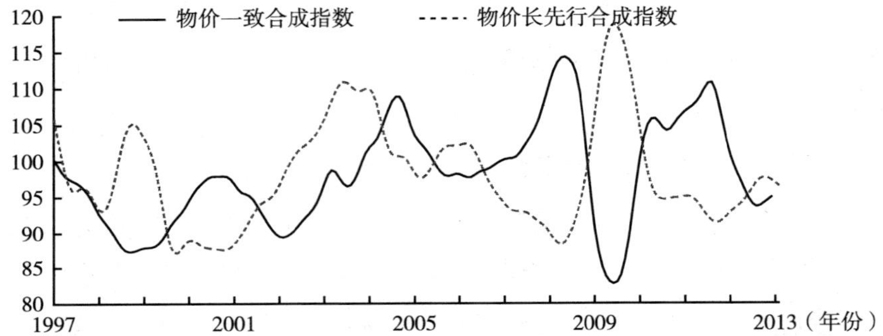

图6（a） 物价一致合成指数与物价长先行合成指数

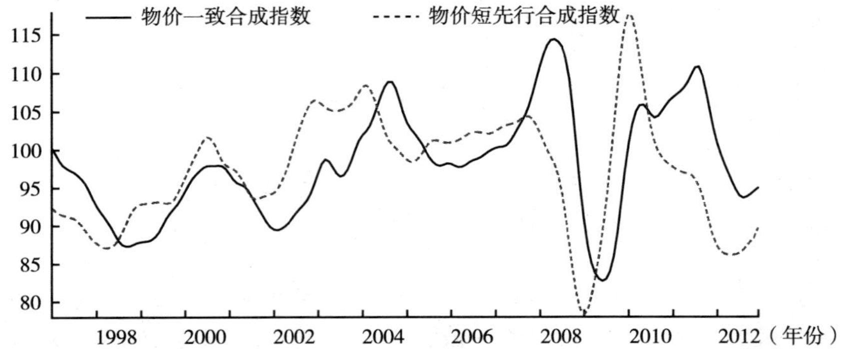

图6（b） 物价一致合成指数与物价短先行合成指数

图6表明，物价一致合成指数的谷底在2012年8月已经显现，但上升幅度很小，基本还是在100以下。从图6（a）和图6（b）

可以看出，相对于物价的一致合成指数，物价的长先行合成指数和短先行指数都具有较好的先行性。

可以利用由金融和投资指标构成的物价长先行合成指数来预测物价未来峰的时点。图 6（a）显示，物价长先行合成指数相对于物价一致合成指数的峰平均先行期为 18 个月。物价长先行合成指数在 2012 年 10 月出现了暂定峰，由此可以推断，物价一致合成指数的下一个峰将会出现在 2014 年下半年的 4 月。而物价短先行指数相对于物价一致合成指数峰的平均先行期为 5 个月，物价短先行指数刚刚越过谷底 8 个月，它的峰还没有出现，还需要继续观察。

3. 根据先行扩散指数对物价走势的预测

本文采用表 3 中的各指标组构建物价一致扩散指数和物价长先行扩散指数、短先行扩散指数。图 7 表明，物价一致扩散指数在 2012 年 11 月由下向上穿过 50% 线，和物价一致合成指数的结论大体一致，即物价一致扩散指数于 2012 年 10 月到达谷底，已处于上升阶段。

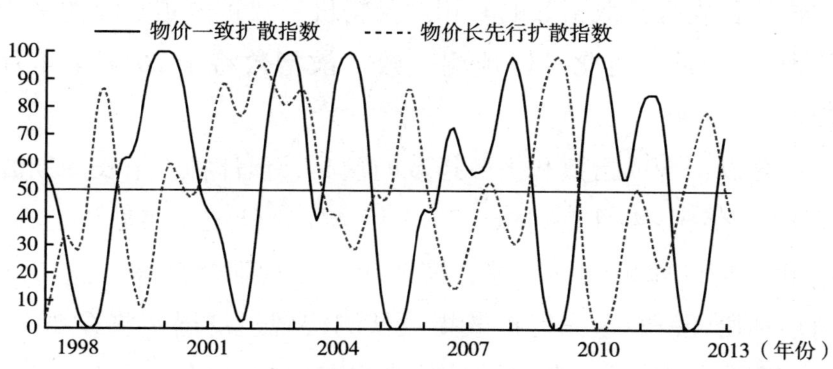

图 7（a） 物价一致扩散指数与物价长先行扩散指数

图 7（a）和图 7（b）显示，物价的长先行扩散指数和短先行扩散指数均具有较好的超前期，其中短先行扩散指数曲线还没有出

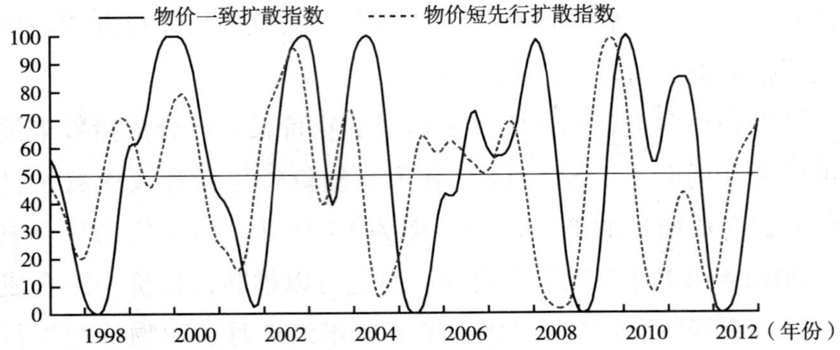

图 7（b） 物价一致扩散指数与物价短先行扩散指数

现从上向下穿过 50% 的现象，即还处于上升期，最近的峰还没有出现。但是物价长先行扩散指数的极大值点在 2012 年 7 月出现了，物价长先行扩散指数的极大值点相对于物价一致扩散指数峰的平均超前期为 20 个月，初步判断物价一致扩散指数的峰将在 2014 年 3 月左右出现；而物价长先行扩散指数已于 2012 年 12 月由上向下穿过 50% 线，即物价长先行扩散指数的暂定峰已出现在 2012 年 11 月，物价长先行扩散指数的峰相对于物价一致扩散指数峰的平均超前期为 17 个月，由此可以预测一致扩散指数将于 2014 年 4 月达到峰。

综合以上合成指数和扩散指数的预测，预计物价增长周期波动将于 2014 年 3 ~4 月达到峰，2013 年全年物价波动将处于上升期。2014 年初物价如果继续上涨，需要防止出现通货膨胀。这一结论与前述利用经济总量先行扩散指数预测宏观经济增速将在 2013 年 9 月左右到达峰相比，物价波动的峰将滞后 6 ~7 个月出现。

2012 年底以来，我国经济回升迹象明显，结合物价的周期波动规律，2013 年物价将进入新一轮上升期，但不会大幅反弹。2013 年导致物价上涨的不确定性因素仍然较多，如国际市场大宗农产品价格上涨的冲击、能源价格的上涨都可能会在一定程度上推高物价。

三　2013 年主要宏观经济指标预测

本文利用限界时间序列、数量化理论模型、增长曲线模型、ARIMA 模型等多种经济计量模型对主要宏观经济指标的变动趋势进行预测，以便进一步把握经济增长的未来走势，为政府的宏观调控提供参考信息。各指标的具体预测结果列于表 4。由于与中国社会科学院秋季经济形势预测会相比，多了 4 个月的新数据，增加了一些新信息，本文的预测结果与本课题组陈磊教授在 2012 年中国社会科学院秋季经济形势预测会上的预测结果相比，趋势大体相同，预测值做了修正，但是调整的幅度较小。

表 4　主要宏观经济指标预测结果

单位：%

指标名称	2013 年第二季度	2013 年第三季度	2013 年第四季度	2013 年全年
GDP 累计增长率(可比价)	8.1	8.4	8.3	8.3
规模以上工业增加值增长率(可比价)	11.2	11.7	11.5	11.5
固定资产投资(不含农户)累计增长率	21.5	22.1	21.0	21.0
社会消费品零售额增长率	14.4	14.6	15.5	15
出口总额增长率	13.6	14.5	10.5	14
进口总额增长率	9.7	11.5	11.2	11
狭义货币供应量(M1)增长率	11.6	13.5	12.2	12.2

续表

指标名称	2013 年第二季度	2013 年第三季度	2013 年第四季度	2013 年全年
广义货币供应量(M2)增长率	15. 0	15. 5	15. 3	15. 3
金融机构人民币贷款总额增长率	15. 7	16. 5	14. 4	14. 4
居民消费价格指数(CPI)上涨率	2. 8	3. 5	3. 8	3. 5
工业生产者出厂价格指数(PPI)上涨率	0. 3	1. 3	2. 1	2. 0

注：数据均为名义同比增长率。

1. 2013 年的经济增长速度将达到 8. 3%

季度 GDP 增长率的回落态势已在 2012 年第三季度结束，此后经济增长缓步回升。2012 年全年 GDP 增长率为 7. 8%，比 2011 年减少 1. 5 个百分点。预计 2013 年的 GDP 增长率将逐季回升，第四季度将有所回落。但受制于控制房地产泡沫和调整经济结构的需要，加上全球经济复苏乏力，增长反弹的幅度有限，预测全年上涨 8. 3% 左右，将略超过全国人民代表大会上《政府工作报告》提出的 2013 年中国 GDP 增长 7. 5% 的预期目标。

2. 物价在 2013 年处于上行通道，预计 2013 年 CPI 上涨不超过 3. 5%

根据前文的分析，在经济增速回升、价格趋稳的背景下，结合物价周期的波动特征，预计物价于 2013 年回到“正常”区间。2013 年居民消费价格指数（CPI）将在绿灯区逐渐上行，预计全年上涨率不超过 3. 5%，处于“正常”区间，通胀压力没有明显增加。因此，2013 年能够达到《政府工作报告》提出的我国物价总水平控制在 3. 5% 的调控目标。

根据预测，工业品出厂价格指数（PPI）从 2013 年也转入上升态势。2013 年的上涨率不超过 2%，工业品出厂价格涨幅不大，处于“正常”区间，是出台价格改革政策的较好时机。

3. 工业生产增速 2013 年将进入新一轮比较温和的工业扩张周期

随着“稳增长”政策的效果逐渐显现，工业生产增速已在 2012 年 7 月份触底，此后进入新一轮比较温和的工业增长周期，逐季攀升至第三季度，第四季度将有所回落，2013 年全年将在“正常”区间运行。预测 2013 年规模以上工业增加值增长 11.5% 左右。

4. 固定资产投资增速在绿灯区稳中趋升，预计 2013 年增长 21% 左右

在“稳增长”政策的影响下，固定资产投资（不含农户）累计增速在止跌企稳的基础上，已从 2012 年第四季度在绿灯区内小幅回升。随着投资需求的逐渐回暖，预测 2013 年固定资产投资（不含农户）增长 21% 左右，增速适中。

5. 消费品零售额 2013 年将平稳增长

在经济增长速度减慢、耐用品市场缺乏更新换代产品的背景下，2013 年消费品市场仍然难有大的起色。预计 2013 年消费品零售额增长 15% 左右，处于绿灯区的中部，与 2012 年大体持平，增速适度，剔除物价因素后的实际消费增长为 12% 左右。

6. 对外贸易增速将小幅上升

2013 年，受欧债危机的影响，世界经济特别是发达国家经济总体上仍复苏乏力，将会影响到中国的进出口形势。预计 2013 年出口增长呈回升趋势，下半年增速回升或更明显，全年增长 14% 左右。随着国内经济的稳定增长，预计 2013 年进口增速也会逐季上升，全年增长 11% 左右。2013 年进出口总额增长 12% 左右，在

“正常”的绿灯区间运行。

7. 货币供应增速已经进入新一轮上升周期

预计2013年M1增长率将回升到12%左右，M2增长率在15%左右，将超出央行13%的调控目标。按此预测，货币供应增速将高于GDP增速与CPI上涨率之和。贷款总额增速将继续呈稳中略升趋势，2013年人民币贷款将增长14%左右，全年新增贷款约9万亿元。

五　结论和政策建议

本文在搜集了大量宏观经济指标的基础上，筛选出28个景气指标，然后利用合成指数、扩散指数和预警信号系统等计量经济方法对我国经济增长周期态势和物价走势进行了测定和预测。结论如下：我国上一轮经济增长周期的下降局面已于2012年6月结束，然后在“偏冷”区间内缓慢回升，2013年初已回升到“正常”区间。在经济结构调整和经济发展方式转变的大趋势下，预计2013年前三季度我国经济都将处于增长周期的上升阶段，第四季度将达到峰，2013年GDP增长率将达到8.3%左右；物价增长周期滞后于经济增长周期，全年将处于缓慢上升阶段，因此，2013年物价上涨压力不会显著增加，全年上涨将不超过3.5%。预计物价增长周期将于2014年3~4月达到峰，因此，2014年初应预防可能出现的通货膨胀。由于国内外形势仍很复杂，具有较大的不确定性，宏观调控宜“以稳为主”，根据经济运行情况，适时进行预调、微调。

1. 政策取向宜“以稳为主”，适度、灵活微调

目前，在我国经济已经开始回升的背景下，2013年我国财政政策取向应“以稳为主”，适度、灵活微调。一方面，政府应有效运用财政杠杆，包括财政补贴等方式刺激我国经济增长；另一方面，应切实推进营业税改增值税试点改革，扩大试点城市和试点行业，并根据实际情况制定差异化的税率政策，促进行业发展和经济增长。

截至2012年底，我国广义货币（M2）余额为97.42万亿元，接近全球货币供应总量的1/4，我国已经成为全球货币存量第一大国。与此同时，货币超发对经济增长的不利影响已经逐渐显现。我国央行也已经制定了适度控制货币增长速度的目标，因此，年内货币政策也应以稳为主，根据经济发展的需要，合理引导商业银行对重点行业、重点企业和小微企业给予信贷支持。

2. 细化房地产调控政策，推进房产税试点改革

房地产行业与宏观经济运行密切相关，2013年初，国务院制定了房地产调控的“国五条”政策。在该政策的基础上，中央和各地方部门应尽快制定符合市场供求规律的相关细则，切实推进房地产调控政策，保证房地产政策的实施效果。另外，对中西部城市、部分中小城市的房地产调控政策应根据需要适当放松，以维持地方经济增长，减缓地方政府的财政压力。

另外，房产税是利用市场化手段控制投机行为、抑制房价过快上涨、解决房地产资源闲置问题的重要途径。国家在推进房地产税改革、扩大试点城市的同时，对高档住宅等房产应适当提高房产税税率，发挥房产税调节房价和收入分配的双重功能。

3. 城镇化过程中抑制过剩产能与推进产业结构调整

城镇化将成为我国扩大内需的重要动力。在推进城镇化的进程中，应特别注重产能过剩与产业结构调整的问题，利用城镇化的政策倾斜等优势，重点发展高端服务业、高技术产业与战略性新兴产业，而对一些产能过剩行业的规模加以严格控制，促进我国经济增长的重心由第二产业向第三产业、战略性新兴产业逐步转移。在抑制产能过剩的同时，加快推进我国产业结构调整，实现我国经济增长方式的转变。

4. 从扩大生产和农产品流通等多个方面防范物价大幅反弹

随着我国经济的不断复苏，居民消费价格指数也出现了反弹的迹象，工业品出厂价格指数也已经由负转正。另外，随着原材料价格、工业品出厂价格的回升，以及劳动力价格的上涨，加之2012年基数较低等因素的影响，物价面临着较大的上涨压力，并会进入上行通道。此外，国际大宗商品价格波动等因素导致的输入型通胀压力也不容忽视。应主要以扩大生产为主，从供给层面予以防范，尤其是与人民生活紧密相关的农业生产和农产品价格方面，全力保障农产品供给，提高农产品流通效率，完善农产品市场调控，保持物价稳定。

参考文献

陈磊、桑红静、张同斌：《2012～2013年经济景气和物价走势分析与预测》，《2013中国经济形势分析与预测》，社会科学文献出版社，2013。

陈道富：《2013年经济运行的若干特征》，新华网经济参考，http://jjckb.xinhuanet.com/，2012年12月31日。

董文泉、高铁梅、陈磊、姜诗章：《经济周期波动分析与预测方法》，吉林大学出版社，1998。

国研网：《2012年第四季度经济运行分析》，http://edu.drcnet.com.cn，2013年1月23日。

工业和信息化部运行监测协调局、中国社会科学院工业经济研究所：

《2012 年中国工业经济运行报告》，http：//www. miit. gov. cn/，2012 年 12 月 28 日。

金融时报评论：《中国经济金融形势展望分析》，中国金融新闻网，http：//www. financialnews. com. cn/，2013 年 2 月 20 日。

吴友群、王立勇、廖信林：《对中国 2012 年经济增长率预测准确性的评析》，《经济学动态》2013 年第 2 期。

中经网预测科学实验室：《CMMEM・2013 年 1 ~2 月宏观经济预测报告》，中经网，http：//www. cei. gov. cn。

张立群：《我国经济运行已进入转方式主导的调整期——2012 ~2013 年经济形势分析与展望》，《经济学动态》2013 年第 1 期。

The Analysis and Forecasting of China's Economic Growth Cycle and Price Movement of 2013

Gao Tiemei　Zhang Tongbin

Abstract: Based on many macro-economic indicators, this paper selected 28 indexes and then measured and forecasted the economic growth cycle and price movement using composite index, diffusion index and signals of early-warning methods. The results are listed as follows. The decline of the last economic cycle was come to an end in June 2012 and the climate index was bottom off slowly during the "partial cold" interval and came into the "moderate" phase at the beginning of 2013. The economic climate is promising to increase until the third quarter of 2013 and reach the peak around September 2013. The GDP growth rate is expected to be about 8. 3% within 2013. The price growth cycle lagging behind the economic growth cycle will increase slightly and reach the peak at March or April of 2014. The inflation rate will not assume significant pressure and is supposed to be at about 3.5% all year around. The macroeconomic regulation policies should keep stable and can be made little adjustment according to the economic situation due to the complicated and dubious circumstance at home and abroad.

Key Words: Economy Cycle; Price Movement; Economic Climate Index; Signals of Early-warning

B.15

2013 年中国物价趋势及调控重点

陈克新*

摘　要：

2013 年开局中国大宗商品行情出现先抑后扬的态势。由于好于预期的住房建设投资和较大的环保投资，短期的回调不影响2013 年市场需求趋好态势。同时，由于需求回暖、预期增强、流动性泛滥、成本提高等因素的存在，2013 年将推动大宗商品价格上行，进一步推动下游整体物价的升高。对此，提出了合理提高物价容忍度、多种手段减弱成本推力、坚决抑制投机炒作与垄断、保障商品供应稳定等具体措施。

关键词：

物价　调控　大宗商品

总体来看，虽然近期大宗商品行情出现回调，食品、能源等产品供应也较为充足，但因为成本底部抬高，2013 年中国物价上涨压力依然较大。为此，需要高度重视，科学分析，区别对待。要在保持物价水平相对稳定的同时，实现国民经济的快速增长。

一　春节前后大宗商品价格出现下调

2013 年开局，中国大宗商品行情出现先扬后抑态势。经过前

* 陈克新，中商流通生产力促进中心。

两个月的持续扬升后，3 月出现向下调整，其中纽约原油价格一度逼近 90 美元/桶，上海螺纹钢主力月份合约价格跌破了 4000 元/吨整数关口，其他如有色金属、天然橡胶、焦炭等产品价格也都有程度不同下跌。近期大宗商品价格之所以普遍下调，主要是受到“国五条”、欧元区经济数据不理想、美联储提前退出“QE”预期，以及季节性因素叠加的影响，由此引发了未来需求大幅减弱的担忧情绪，世界矿业巨头甚至发出了未来 18 个月内铁矿石暴跌 5 成以上的“绝望预测”。

二　短期回调不改市场需求趋好态势

虽然出现价格短期性向下调整，但受到需求增加等多方面力量支撑，大宗商品市场中、长期升温态势不会改变。

从国内需求来看，除了政府主导的交通建设投资继续发生效应外，还出现了以下一些投资增长新因素。

首先是住房建设投资明显好于预期。这主要是自 2012 年四季度以来，在全国主要城市中，房价上涨城市越来越多，销售情况越来越好，开发商资金情况不断好转。国家统计局数据显示，2013 年 1 月全国 70 个大中城市中，房价同比上涨城市超过 7 成，而且涨幅扩大。2013 年 1 ~2 月累计，全国商品房销售面积与销售额分别同比增长 49.5% 和 77.6%，增速比 2012 年全年分别提高 48 个百分点和 68 个百分点。同期房地产开发企业到位资金 18926 亿元，同比增长 33.7%，增速比 2012 年全年提高 21 个百分点。为了抑制住房价格可能出现的暴涨局面，有关部门出台了“新国五条”。其实这也是大宗商品，尤其是建筑钢材、水泥等产品需求的利多因素。原因在于，无论是住房价格稳定，还是增加住房供应，都会刺激投资规模扩大，进而增加建筑钢材、水泥、施工机械，以及关联原材料需求的增加。

其次是污染严重要求加大环保投资力度。新年伊始，一场严重雾霾席卷而来，笼罩几乎半个中国，多日不散，引起国人乃至全球瞩目。现在环境保护已经引起社会各个方面重视。近期高层呼吁采取行动减少环境污染。如何采取行动？其中一个重要方面，就是要大幅增加环保投资，开展全方位、大力度的污染治理。应该说，从 2013 年起，环保投资将会逐步增多，这是一个潜力极大的投资增长领域。而大规模的环保投资，环保装备生产订单显著增多，势必产生相关数量大宗商品需求，成为消化产能新空间。

受到上述几个方面影响，2013 年中国固定资产投资将会明显提速。据统计，2013 年前 2 个月全国固定资产投资同比增长 21.2%，已经超出 2012 年全年增长水平。其中住宅建设投资同比增长 23.4%，比 2012 年全年提速 12 个百分点。预计 2013 年全年固定资产名义增速将会接近或达到 25%，比 2012 年提速 5 个百分点左右。其中住宅投资增幅有可能达到 30% 左右。固定资产投资超预期增长，并对制造业与物流业派生拉动效应，势必增加新一年内矿石、金属、能源、化工、食品等大宗商品需求。

从境外需求来看，尽管因为债务危机严重，世界经济二次衰退风险仍存，但从整体情况来看，全球经济还是以脆弱复苏为主调，比较 2012 年状况是趋好而非更差。美联储最新发布的调查报告显示，因为强劲的汽车销售、就业形势改善以及持续的房地产复苏，推动美国经济在 2013 年 1 月、2 月实现增长，有专家（比尔·格罗斯）认为美国经济前景一片光明，已经将美国经济 2013 年增长预测值由先前的 1.5% 左右上调至 3%。

美国经济数据好转，是否会导致美联储提前退出“QE”？还具有很大的不确定性。有关数据显示，美国 2013 年 2 月失业率仍然高达 7.7%，远远超出美联储当初失业率不能高于 6.5% 的承诺，而这是“QE”的退出条件之一。与此同时，全球“货币战”硝烟弥漫，美联储必须防止美元升值而损害美国实体经济复苏与就业增加。在这种情况下，美联储还需要借助“QE”，巩固与促进当前经济复苏势头，进一步降低失业率。

如果美联储提前退出“QE”，那就只有一种可能，即意味着实体经济复苏已经稳固，失业率大幅下降，从而保障个人消费开支显著好转。这种情况同样会增加大宗商品需求增加，对于市场价格由此而产生的上涨刺激效应，会远高于宽松的货币政策。

三　全年大宗商品价格震荡上行

由此可见，2013 年中国大宗商品需求状况将是较好，而非更差。只要这个基本因素没有消失，甚至还在增强，2013 年中国大宗商品市场的升温态势就不会改变，价格水平仍将以震荡上行为主调。为此，国际投资公司高盛建议重仓迈进大宗商品，等待未来需求回暖推动价格扬升。

过去一年，西方发达国家普遍实施极为宽松的货币政策，可以说是一场资金注入盛宴。大肆印钞势必导致全球流动性严重泛滥。随着实体经济需求的逐步复苏与增加，流动性风险偏好出现改变，开始由国债市场流向资本市场与商品市场，从而增加大宗商品的金融性购买需求，助涨其价格行情。

除了需求回暖、预期增强、流动性泛滥等因素之外，成本提高也是推动 2013 年大宗商品价格上行的重要动力。其成本提高因素首先在于进口价格的提高。2012 年下半年以来，国际市场重要大宗商品价格普遍扬升。尽管经历了近期市场行情回调，但目前国际市场原油价格仍然处于 90 美元/桶以上高位；春节前后，中国高品位铁矿石进口到岸价格已经突破 150 美元/吨，比前期低位上涨近 1 倍，预计 2013 年全年均价为 130 美元/吨以上；2013 年 1 月全国大豆进口平均价格为 632 美元/吨，比 2012 年同期上涨 2 成；其他如煤炭、有色金属、塑料等产品的价格同比都有不同程度的上涨。其次在于物流、能源、工资费用的增加。

成本提高因素中，环保成本提高趋势需要引起关注。长期以来，由于环保标准过低、执法宽松，中国大宗商品价格中的环保成本未能充分体现。随着社会各个方面对于环保的压力增强，将会产生倒逼机制，迫使大宗商品生产企业大幅增加环保投入，提高环保成本，使得人为扭曲的价格体系获得修正。可以预见，环保成本增加，对国内大宗商品价格的顶升力度不会弱于进口价格上涨因素。环保成本推动大宗商品价格上涨，虽然不会在短期内马上集中释放，但在 2013 年一定会有所体现。

综上所述，初步测算，预计全年中国大宗商品价格（CCPI）涨幅达到或超过 5%，全年走势基本呈现前低后高局面。主要品种中，农产品价格上涨首当其冲；由于理顺能源价格的需要，天然气、发电用煤等一些能源产品价格也会出现上涨。

四　大宗商品价格上涨推高下游整体物价水平

大宗商品构成中国制造业主要原材料成本。因此，尽管近期大宗商品价格出现回调，2013 年国内制造业产能宽松，尤其是未来粮食、油脂、蔬菜、肉类等食品供应较为充裕，一般不会出现紧张局面，并且调控部门加强对于囤积投机行为的抑制力度，但从全年来看，因为大宗商品价格的震荡上行，以及工资费用增加，各类成本提升，中国物价上涨压力依然较大，不可掉以轻心。国家统计局数据显示，2013 年 2 月全国居民消费价格指数（CPI）同比上涨 3.2%，较 1 月扩大 1.2 个百分点，创下 10 个月新高；同期全国工业生产者出厂价格（PPI）环比上涨 0.2%，同比下降 1.6%，降幅趋向收窄。预计 2013 年全年工业生产者出厂价格（PPI）将结束负增长局面，居民消费品价格（CPI）涨幅有可能超过 3%。在终端消费品价格中，住宅价格（包括房租）与食品价格都会出现较大幅度上涨，最能牵动调控部门神经。

五　进一步完善物价调控政策

综合判断，推动 2013 年中国物价上涨诸多因素有着成本增加的合理因素与投机炒作不合理因素两大部分，主管部门在宏观调控中应当予以区别对待，进一步完善物价管理。

1. 承认合理成本因素，提高物价容忍度

必须指出，2013 年中国物价上涨因素多数属于成本推动的合理因素，譬如进口原材料价格的提高、工资支出的增长、环保费用的加大等。对于这些合理因素，有关部门在物价调控中，必须予以承认，也就是说，要尊重必要成本，尊重合理利润，尊重价值规律，提高政府部门物价上涨容忍度。否则，忽视中国物价上涨中的刚性成本因素，提出脱离实际的过高调控目标，势必会引发很多问题，包括生产供应问题、食品安全问题、以次充好问题、变相涨价问题等，结果将事与愿违，严重偏离调控初衷。搞得不好，还会严重损害经济正常增长，引发最为糟糕的滞胀局面。

在承认物价上涨合理成本因素、提高调控部门物价上涨容忍度的同时，还要搞好对弱势群体的直接资金补贴，从另外一个方面缓解物价上涨冲击力度，实现城乡居民生活水平稳定。

2. 多种手段减弱成本推力

既然 2013 年中国物价上涨力量主要来自成本推动，因此需要采取多种手段，降低商品成本，对中国物价水平釜底抽薪。比如大幅降低大宗商品，尤其是食品及食品原料的进口关税，降低石油等最基础产品进口关税等。此外，应当减免某些政府税费。比如降低住房产业链中的一些政府税费，降低土地费用，因为这是构成房价成本的重要组成部分，甚至是最主要部分。否则，一味以加税、加息作为房价调控手段，结果是价格越调越高，普通居民购房负担越来越重，与调控初衷南辕北辙。

削弱中国物价成本推动力量，还需要借助金融汇率手段。现阶段中国金融机构利率远高于世界发达国家水平，具有很大降息空间，这样做有利于减轻国内企业的资金成本。而人民币的适度升值，也可以相应降低国内商品销售成本。

3. 坚决抑制投机炒作与垄断

投机炒作、推波助澜、行业垄断、联手涨价是现阶段物价上涨中的不合理因素，必须坚决抑制。要制止供应紧张商品的囤积与联手涨价行为；要约束产业过度集中行为，削减垄断利润；要落实“国五条”中坚决抑制投机投资性购房，挤出住房价格中的“泡沫成分”。抑制投机炒作，要尽可能使用经济手段，完善制度改革，少用行政干预，避免误伤合理需求。其中最有效的经济手段，是要加强重要商品国家储备，在市场紧张时抛售库存，平抑价格。在抑制投机炒作的整体战中，严控境外“热钱”流入是一个重要方面。

4. 保障商品供应稳定

对于所有重要商品，从蔬菜、肉类、能源到住房等，都要保障供应，这是稳定物价的最重要基础。商品（包括服务）供应保障，应贯穿于整个产业链的全过程。比如食品领域，要继续加大对农产品生产投入，降低农产品流通费用，建立国家及地方商品储备，建立与完善信息监测预警应急制度等。

Trends and Regulatory Emphasis of China's Price in 2013

Chen Kexin

Abstract: In the beginning of 2013, China's commodity prices present the situation of reducing first and increasing later. Due to the better-than-expected housing construction investment and greater investment in environmental protection, a short-term correction does not affect the 2013 market demand which is getting better and better in the whole year. At the same time, because the commodity demand is getting better, commodity situation perspective is better than expected, and the cost of commodity is increasing, in 2013, commodity prices will rise, and will further promote the overall price of downstream industry. In this regard, it is proposed to raise reasonable price tolerance, to weaken the thrust of costs by various methods, to resolutely curb speculation and monopoly, and to protect the supply of goods stably.

Key Words: Price; Regulate; Commodity

中国皮书网

发布皮书研创资讯，传播皮书精彩内容
引领皮书出版潮流，打造皮书服务平台

栏目设置：

- ☐ 资讯：皮书动态、皮书观点、皮书数据、 皮书报道、皮书新书发布会、电子期刊
- ☐ 标准：皮书评价、皮书研究、皮书规范、皮书专家、编撰团队
- ☐ 服务：最新皮书、皮书书目、重点推荐、在线购书
- ☐ 链接：皮书数据库、皮书博客、皮书微博、出版社首页、在线书城
- ☐ 搜索：资讯、图书、研究动态
- ☐ 互动：皮书论坛

www.pishu.cn

中国皮书网依托皮书系列“权威、前沿、原创”的优质内容资源，通过文字、图片、音频、视频等多种元素，在皮书研创者、使用者之间搭建了一个成果展示、资源共享的互动平台。

自2005年12月正式上线以来，中国皮书网的IP访问量、PV浏览量与日俱增，受到海内外研究者、公务人员、商务人士以及专业读者的广泛关注。

2008年10月，中国皮书网获得“最具商业价值网站”称号。

2011年全国新闻出版网站年会上，中国皮书网被授予“2011最具商业价值网站”荣誉称号。

权威报告　热点资讯　海量资源

当代中国与世界发展的高端智库平台

皮书数据库 www.pishu.com.cn

皮书数据库是专业的人文社会科学综合学术资源总库，以大型连续性图书——皮书系列为基础，整合国内外相关资讯构建而成。包含七大子库，涵盖两百多个主题，囊括了近十几年间中国与世界经济社会发展报告，覆盖经济、社会、政治、文化、教育、国际问题等多个领域。

皮书数据库以篇章为基本单位，方便用户对皮书内容的阅读需求。用户可进行全文检索，也可对文献题目、内容提要、作者名称、作者单位、关键字等基本信息进行检索，还可对检索到的篇章再作二次筛选，进行在线阅读或下载阅读。智能多维度导航，可使用户根据自己熟知的分类标准进行分类导航筛选，使查找和检索更高效、便捷。

权威的研究报告，独特的调研数据，前沿的热点资讯，皮书数据库已发展成为国内最具影响力的关于中国与世界现实问题研究的成果库和资讯库。

皮书俱乐部会员服务指南

1. 谁能成为皮书俱乐部会员?

- 皮书作者自动成为皮书俱乐部会员；
- 购买皮书产品（纸质图书、电子书、皮书数据库充值卡）的个人用户。

2. 会员可享受的增值服务：

- 免费获赠该纸质图书的电子书；
- 免费获赠皮书数据库100元充值卡；
- 免费定期获赠皮书电子期刊；
- 优先参与各类皮书学术活动；
- 优先享受皮书产品的最新优惠。

（本卡为图书内容的一部分，不购书刮卡，视为盗书）

3. 如何享受皮书俱乐部会员服务?

（1）如何免费获得整本电子书?

购买纸质图书后，将购书信息特别是书后附赠的卡号和密码通过邮件形式发送到pishu@188.com，我们将验证您的信息，通过验证并成功注册后即可获得该本皮书的电子书。

（2）如何获赠皮书数据库100元充值卡?

第1步：刮开附赠卡的密码涂层（左下）；

第2步：登录皮书数据库网站（www.pishu.com.cn），注册成为皮书数据库用户，注册时请提供您的真实信息，以便您获得皮书俱乐部会员服务；

第3步：注册成功后登录，点击进入“会员中心”；

第4步：点击“在线充值”，输入正确的卡号和密码即可使用。

皮书俱乐部会员可享受社会科学文献出版社其他相关免费增值服务

您有任何疑问，均可拨打服务电话：010-59367227　QQ:1924151860

欢迎登录社会科学文献出版社官网(www.ssap.com.cn)和中国皮书网（www.pishu.cn）了解更多信息

社会科学文献出版社

皮书系列

“皮书”起源于十七、十八世纪的英国，主要指官方或社会组织正式发表的重要文件或报告，多以“白皮书”命名。在中国，“皮书”这一概念被社会广泛接受，并被成功运作、发展成为一种全新的出版形态，则源于中国社会科学院社会科学文献出版社。

皮书是对中国与世界发展状况和热点问题进行年度监测，以专家和学术的视角，针对某一领域或区域现状与发展态势展开分析和预测，具备权威性、前沿性、原创性、实证性、时效性等特点的连续性公开出版物，由一系列权威研究报告组成。皮书系列是社会科学文献出版社编辑出版的蓝皮书、绿皮书、黄皮书等的统称。

皮书系列的作者以中国社会科学院、著名高校、地方社会科学院的研究人员为主，多为国内一流研究机构的权威专家学者，他们的看法和观点代表了学界对中国与世界的现实和未来最高水平的解读与分析。

自 20 世纪 90 年代末推出以经济蓝皮书为开端的皮书系列以来，至今已出版皮书近 800 部，内容涵盖经济、社会、政法、文化传媒、行业、地方发展、国际形势等领域。皮书系列已成为社会科学文献出版社的著名图书品牌和中国社会科学院的知名学术品牌。

皮书系列在数字出版和国际出版方面成就斐然。皮书数据库被评为“2008~2009 年度数字出版知名品牌”；经济蓝皮书、社会蓝皮书等十几种皮书每年还由国外知名学术出版机构出版英文版、俄文版、韩文版和日文版，面向全球发行。

2011 年，皮书系列正式列入“十二五”国家重点出版规划项目；2012 年，部分重点皮书列入中国社会科学院承担的国家哲学社会科学创新工程项目；一年一度的皮书年会升格由中国社会科学院主办。

法律声明

“皮书系列”（含蓝皮书、绿皮书、黄皮书）由社会科学文献出版社最早使用并对外推广，现已成为中国图书市场上流行的品牌，是社会科学文献出版社的品牌图书。社会科学文献出版社拥有该系列图书的专有出版权和网络传播权，其 LOGO（ ）与“经济蓝皮书”、“社会蓝皮书”等皮书名称已在中华人民共和国工商行政管理总局商标局登记注册，社会科学文献出版社合法拥有其商标专用权。

未经社会科学文献出版社的授权和许可，任何复制、模仿或以其他方式侵害“皮书系列”和 LOGO（ ）、“经济蓝皮书”、“社会蓝皮书”等皮书名称商标专用权的行为均属于侵权行为，社会科学文献出版社将采取法律手段追究其法律责任，维护合法权益。

欢迎社会各界人士对侵犯社会科学文献出版社上述权利的违法行为进行举报。电话：010－59367121，电子邮箱：fawubu@ssap.cn。

社会科学文献出版社